JN445427

여성주의교육, 시공을 묻다

(사)부산여성사회교육원 엮음

신정

머리말

이야기를 1995년에서 시작해야겠다. 그해, 부산 지역에서 한 무리의 여성주의자들이 '다원화, 전문화, 지식정보화되는 사회를 이끌어갈 여성에 대한 사회교육 전문기관'(부산여성사회교육원 창립선언문 중)의 기치를 걸고 〈부산여성사회교육원〉의 문을 열었다. 그리고 이십여 년이 지났다. 그 시간은 부산여성사회교육원이 지역에서 교육을 통해 성 평등을 실현하고자 애쓴 시기이기도 하며, 한국 사회 전반에서 여성주의 교육이 활발히 전개되던 때이기도 하다.

1995년은 케이블TV 본방송 송출로 바둑TV, 여성TV 등 전문화된 TV 방송을 24시간 골라보는 시대를 연 해이다. 대구 지하철공사장 가스폭발 사고가 발생하여 220명의 사상자가 생겼고, 삼풍백화점이 붕괴하여 508명이 사망하고 900여 명이 넘는 부상자와 실종자가 발생하는 일도 있었다. 1977년, 1988년 이어 동성동본 결혼이 한시적 허용되었다. 연말에는 민주노총이 설립되었으며, 전 대통령인 노태우・전두환 씨가 앞서거니 뒤서거니 구속되었다. 그해 치러진 제1회 전국동시 지방선거 실시에서 당시 집권여당인 민자당이 참패하였으며, 드라마 〈모래시계〉와 〈젊은이의 양지〉가 각각 시청률 64.5%, 62.7%를 찍으며 방영되었다. 1970년대에 시청자에게 혐오감을 줄 수 있다는 이유로 금지되었던 생리대 TV 광고가 해제되었다. 이러한 소사(小事/小史)가 있던 해였다.

여성 운동에 대해서 좀 아는 이들은 1995년을 베이징 세계여성대회의 해로 기억한다. 일본군위안부 문제가 직접 언급되었으며 전쟁범죄로 명확히 규정하였다. 이때 힐러리 클린턴은 "여성의 권리는 인간의 권리"라는 연설을 하기도 하였다. 그러나 무엇보다 베이징 세계여성대회는 '성 주류화'를 빼놓고 이야기할 수 없다. 성 평등을 위해 성 주류화를 전략으로 채택하였으며, 한국도 공무원 임용시 여성채용목표제 도입(1995), 공무원의 육아휴직제 및 가족간호제 신설(1995), 남녀고용평등법의 개정(1995), 윤락행위등방지법의 개정(1995), 여성발전기본법의 제정(1995) 등 성 주류화 제도를 도입하였다. 그리고 기존의 정무장관 제2실을 후일 여성부의 전신인 대통령 직속 여성특별위원회로 개편하였다. 진보적 여성운동이 제도화의 길로 들어선 첫 해라 할 수 있다.

이제 1995년에서 이십여 년이 흘렀다. 미디어 세계는 매일 아침 눈을 비비고 봐야 할 정도로 엄청난 속도로 변화하고 있지만, 미디어 환경이 평등한 것 같지는 않다. 세월호와 같은 인재사고는 끊임없이 일어나고, 노동자의 노동조합 가입률은 10%대에 머물고 있다. 2016년 제20대 총선에서 여소야대 국회가 구성되었으나 체감되는 변화는 없어 보인다. 생리대 광고는 자유로워졌으나 생리대를 구입할 형편이 되지 못해 청소녀들이 고통받고 있다. 일본군 위안부 문제가 전쟁범죄로 규정되었음에도 책임 있는 사과는 없다. 성 주류화가 국가의 의제가 되었으나 여성주의가 제도화되는 속도만큼 빠르게 여성에 대한 혐오문화가 만들어지고 있다. 이것이 이 책을 출판하게 된 계기이다. '여성사회교육'을 목표로 모인 여성주의자들의 이십여 년 세월이 하 수상해서 한번 살펴보고 싶었다. 그동안 우리는 무엇을 하였던가.

첫 번째 필자모임을 하고 1년 6개월 만에 책이 나온다. 기획 과정까지 합치면 2년 가까이 걸린 셈이다. 생각보다 길어졌다. 계획대로라면 작년 연말에 출판되었어야 했다. 함께 모여서 세미나를 진행한 후 집필에 들어가는 방식이 아니었기에 원래대로 하자면 기획팀에서 발간 의도를 포함해 걸개를 짜고, 집필진을 구성하고 집필방향 및 방식 등을 공유하는 전체 필진 회의를 하고 각자 원고 집필에 들어가면 그걸로 끝나는 것이었다. 원고 집필 전까지의 과정은 계획대로 되었다. 그런데 집필을 하면서 조금씩 힘들어지기 시작했다.

어려움은 아주 사소하지만, 매우 본질적인 데서 발생하였다. 먼저 '여성교육'과 '여성주의 교육'을 선명하게 나누어 정의 내리고 동의하는 절차가 없었다는 것이다. 대체로 큰 틀에서 '여성교육'은 '여성주의 관점', 즉 성평등의 실현을 목표로 하는 이론적 · 실천적 관점과 무관하게 여성을 대상으로 하였거나 여성이 중심이 된 교육을 말하며, '여성주의 교육'은 여성주의 관점에서 기획되고 실천된 교육을 의미하는 정도로 이해하고 각자 내용을 기술하였다. 그러나 필자들마다 여성주의 교육에 대한 관점이 서로 달랐으며, 각자의 현장에 따라 차이는 두드러졌다.

근대 여성교육의 역사를 영국, 중국, 한국의 역사를 통해 살펴보는 1부의 세 장은 기획단계에서부터 '여성주의 교육'이 아니라 '여성교육'의 시기일 수밖에 없음에 동의하고 원고를 집필하였다. 다만, 이러한 여성교육이 어떻게 현대의 여성주의 교육으로 이어지게 되었는가를 보여 줄 수 있도록 기술하기로 합의하였으나 필자마다 기술방식과 논의의 방향이 다른 지점이 발생하였다. 제2부에서는 초 · 중등교육 및 대학에서의 여성주의 교육 현장에 대해 기술하고 있다. 초 · 중등학교 교육현장에서의 여성주의 교육은 주로 배려의 윤리학으로 대표되고 있는데, 이것을 긍정적으로 이해해야 하는지 비판적으로 고찰해야 하는지에 대해 집필진 내부의 입장차가 컸다. 여성(주의) 교육의 구체적 실천현장을 살펴본 제3부는 여성주의 교육의 정의가 가장 선명하게 드러나야 하고 각각의 현장에서 그것이 어떻게 적용되어 실천되어 왔으며 향후 전망은 어떠한지 논의하기로 했으나, 성평등 교육, 섹슈얼리티 교육, 리더십 교육 각 실천현장에서 공유하는 '여성주의' 개념이 없었다. 영역별 교육의 목표에 따라 여성주의는 조금씩 달리 정의되거나 수용되고 있는 것을 확인하였다. 어쩌면 이러한 차이와 역설이 현재 여성주의 교육의 현실일 듯하다. 여성주의 이론이 정치하게 발달하는 것과 별개로 현장에서의 여성주의 교육은 상황과 입장에 따라 매우 다르게 이해되고 적용되고 있는 것이다.

한편으로는 공간성의 문제가 발생했다. 특히 여성주의 교육 현장에 관해 이야기하고 있는 제3부의 글들은 그 내용을 담는 데 지역을 중심으로 할 것인가, 전국적인 현황을 논할 것인가를 두고 고민이 생겼다. 한국 사회에서 서울에 거주하는 필자는 본인 동네에 대한 글을 써도 '전국적인 이야기'로 받아들여지나 안타깝게도 지방에 거주하는 필자는 자신의 지역에 대해 이야기할 경우 특정 지역에 관한 '제한적'이라는 평가를 들을 수밖에 없다(간혹 특정 지역에 관해 썼다는 이유로 '특별하다'라는 평가를 받기도 한다). 이 글이 부산 거주자만을 독자층으로 삼지 않기에 글의 자료가 '전국적'이 되어야 한다는 압박감이 있었으나 필자들은 현장의 목소리를 담고 싶어 했고, 그렇게 하는 데에는 필자들이 활동하고 있는 지역에 기반할 수밖에 없었다. 그 결과 제3부는 부산 지역 또는 부산에 있는 특정 단체의 사례를 중심으로 기술되었다.

그렇게 집필된 본 책의 내용을 구체적으로 살펴보면 다음과 같다. 제1부는 영국, 중국, 한국의 근대 여성교육의 역사를 살펴보고 있다. 1장은 영국의 여성교육에서 여성대학이 성립되고 보통교육이 실시된 획기적인 변화가 일어났던 19세기 중엽, 즉 '예기치 못한 혁명'를 전후하여 여성교육옹호론자들과 제도권 및 비제도권에서 여성교육이 확대된 역사를 살펴보고 있다. 2장은 '전족'으로 상징되는 명 · 청대 중국 여성의 지위, 아편전쟁으로 근대로 접어들기 전 일련의 지식인들의 여성교육 주장, 5.4운동 이후 여성들의 사회적 진출과 함께 여성교육의 확대, 여성에 의한 여성해방운동 등에 대해 살펴본다. 3장에서는 개항 이후 개화운동 속에서 시작된 한국 근대 여성교육을 살펴본다. 한국 근대 여성교육은 누구나 교육 받을 수 있다는 대중교육, 남녀 평등주의 교육으로 출발했지만 그 내용에서는 개화와 국권회복, 민족해방을 주창하는 민족주의 교육이 주가 되면서 자연스럽게 현모양처 교육을 크게 담았으며, 1920년대 여성해방운동의 전개 속에서 여성해방교육론이 등장하는 상황을 펼쳐 보이고 있다.

제2부는 여성주의 교육 이론과 학교 현장을 주제로 세 편의 글을 묶었다. 4장에서는 그동안 칸트, 롤스, 콜버그 등의 정의의 윤리에 의해 주변으로 밀려난 돌봄/보살핌/배려의 윤리가 현재의 도덕교육과 학교 문화·교직 문화의 변화 그리고 시민사회

의 사회적 자본 형성에 새로운 전기를 제공해 줄 것이라는 인식론적 기반에서 향후 전망을 제시하고 있다. 5장은 한국에서 여성학이 주로 대학을 중심으로 논의된 결과 여성주의 교육이 성인 여성에게 집중되어 청소년기에 여성주의 교육을 접할 기회가 제한되어 있음을 분석하면서 현재 중학교 도덕과 교과를 중심으로 학교 여성주의 교육의 특징과 한계 그리고 향후 실천과제를 살펴본다. 6장은 대학을 중심으로 한국 '여성학' 교육의 제도적 변화를 태동, 성장, 확산과 위기의식의 고조 과정으로 나누어 논한다. 대학 내 여성학 교육의 제도화 과정, 학위과정의 여성학/젠더 관련 학과(대학원과 학부 연계전공), 여성학/젠더/여성 관련 교과목, 교양여성학의 현황 등의 자료를 제시하고 있으며, 이러한 자료를 바탕으로 대학 내 여성학의 현재 위치와 향후 전망을 제시한다.

여성주의교육 실천 현장을 살펴보는 제3부는 네 개의 장으로 구성하였다. 7장은 '성 평등교육'의 대중화 및 제도화의 역사를 기록하고 정리하고 있다. 1990년대 후반 대중화된 성 평등교육의 양상 및 변화 과정과 이것이 2000년대 들어 '양성평등교육'으로 제도화되면서 관 주도의 교육으로 재편되는 과정을 정리하고 있다. 8장은 1990년대 이후 섹슈얼리티 교육의 흐름을 정리하면서 부산성폭력상담소의 사례를 통해 여성운동의 성장과 함께 변화해 온 섹슈얼리티 교육의 한계와 전망을 분석하고 있다. 9장은 여성리더십 교육 현장을 살펴본다. 여성리더십교육의 배경, 여성리더십의 개념과 교육의 방향 등을 다루고 있다. 마지막으로 10장은 이 책의 기획 배경이 된 부산여성사회교육원의 설립부터 현재에 이르기까지의 활동을 정리하면서 여성주의 교육이 어떻게 진행되어 왔는지 혹은 변화하고 있는지를 검토해 보고자 한다. 여성주의 교육을 목표로 창립하고 꾸준히 그 역할을 수행하고 있는 한 단체의 사례를 통해 여성주의 교육에 대한 전망을 마련해 보고자 하였다.

《여성주의 교육, 시공을 묻다》라는 제목은 중의적이다. '여성주의 교육'은 '여성/주의/교육'을 어떻게 교차시키는가, 누가 발화하는가, 어디서 실천하고 있는가에 따라 수많은 의미를 만들어내며, '시공'은 시공(時空)이 되기도 하지만 시공(施工)이 될 수도 있다. '묻다' 역시 마찬가지이다. '묻(어버리)다'가 되었다가 '물(어보)다'가 되기도 한다. 제목의 중의성은 성 평등 가치의 자리매김을 위해 각자의 현장에서 서로 다른 '여성/주의 교육'을 실천하였던 필자들의 고민과 연결되면서 2016년의 한국 여성주의 교육의 위치를 드러내고 있다. 많은 분들이 이 책의 독자가 되어 한국 '여성주의 교육의 시공'에 대한 고민을 함께해 주기 바란다.

2016년 8월

(사)부산여성사회교육원 제9대 원장 박해숙 씀.

차례

Part 01

여성교육의 역사

Chapter 1 근대 영국 여성교육, 그 도전의 역사

Chapter 2 중국 근대 여성교육: 전족을 벗어나서

Chapter 3 한국 근대 여성교육의 전개와 그 특성

1

CHAPTER

근대 영국 여성교육, 그 도전의 역사

"올바른 여성교육이 도처에서 무시되는 상황에 나는 통탄을 금치 못하겠다. 오늘날에는 더 악화되어 제 남편과 외간남자의 침대만 구별할 줄 알면 충분히 교육받은 현명한 여성이라고 으레 생각한다. 하지만 확실한 것은 남자의 영혼이 우리의 영혼보다 더 숭고하리라 장담할 수 없다는 점이다. 여자도 좋은 교육을 받아 똑같이 발전해 나갈 능력이 있다. (…) 멍청이라도 아들은 대학에 보내지만 똑똑한 딸은 방치해버리는 부모를 나는 비난하지 않을 도리가 없다." (Woolley, 1673)

오늘날 대학이 중세유럽에서 기원했다는 것은 다들 잘 아시리라. 유럽의 유수 깊은 대학들은 지금도 그 역사를 자랑하며 중세 지식인의 언어인 라틴어로 졸업식을 거행한다고 한다. 하지만 여성이 그 졸업식장에 발을 들여놓은 지는 그리 오래되지 않았다. 근래까지도 여성은 수준 높은 교육을 받을 능력도 없거니와 그런 교육이 적합하지 않다는 통념이 지배했기 때문이다. 고등교육은 공적 분야로 진출할 이들을 위한 교육이었고 '당연히' 남성의 것이었다.

그러나 여성은 가만히 있지 않았다. 누가 듣든 말든, 여성도 남성과 마찬가지로 지적 능력이 있다고, 여성에게도 고등교육이 필요하다고 부단히 외쳐왔다. 한 여성이 라틴어로 말하는 것을 듣고 마치 밀랍인형이 말을 하는 걸 본 듯 깜짝 놀랐다던 그 시절, 여성교육운동에 힘겹게 한발을 내딛은 과거 여성들의 발자취를 따라가 보자. 눈보라가 휘몰아쳐 한치 앞도 안 보이는 대지에서 누군가가 남긴 발자국을 발견한다면 이보다 더 반가운 일이 어디 있겠는가.

●●● 근대 초 여성교육의 현실

《자기만의 방》(1929)에서 버지니아 울프(Virginia Woolf)는 주디스 셰익스피어(Judith Shakespeare)라는 인물을 창조하여 근대 초 재능 있는 한 여성의 파국적인 삶을 보여 준다. 주디스는 윌리엄 셰익스피어만큼이나 문학적 재능이 풍부한 소녀지만 오빠와 달리 제대로 된 교육을 받지 못하고 집안일을 하는 틈틈이 혼자 글을 익혔다. 그녀는 재능을 살릴 지원을 전혀 받지 못했어도 작가가 되고자 하는 강렬한 열망으로 가출을 감행하고 연극판에 뛰어든다. 그러나 결국 비웃음만 사고 감독의 아이를 임신한 채 자살로 생을 마감한다(72–75). 이런 주디스의 삶은 당시 여성의 현실과 얼마나 닮았을까?

근대 초 여성의 열악한 교육상황만 봐도 충분히 개연성 있는 이야기이다. 17세기 말까지 적게 잡아도 절반 이상의 여성이 문맹이었고, 그래머 스쿨(grammar school)과 아카데미, 대학 같은 남성 교육제도에 비하면 여성의 교육제도는 거의 전무했다 말해도 무방할 정도였다. 하지만 분명 변화의 조짐은 있었다. 완만하지만 남성보다는 조금 더 빠른 속도로 여성의 문자해독력이 높아지고 있었다.[1] 미미하지만 교육시설도 갖춰지기 시작했다. 종교개혁 이후 읽기교육이 강조됨으로써 국가와 교회의 장려하에 소녀도 다닐 수 있는 초등교육시설이 세워졌다. 부유한 중상류층 딸을 위한 기숙학교가 설립되었다는 점도 눈에 띄는 변화였다. 이 학교는 수녀원이나 다른 집안으로 딸을 보내 가르치는 중세적 전통의 연장선상으로, 수도원이 사라진 이후 새롭게 등장한 세속적 여성교육기관이었다.[2] 다행히 17세기 후반에는 여성교육을 위한 대책이 미약하지만 꾸준히 마련되고 있었다.

그러나 한 가지 변함없는 사실은 사회계층에 따라 차이가 있긴 하나, 어떤 계급에서라도 딸은 아들에 비해 교육의 혜택을 덜 받았다는 점이다. 교육기간이 짧았던 것은 물론이고 교육수준도 현저히 낮았다. 하층민 여자아이는 남자아이에 비해 초등수준의 교육조차 받기 어려웠다. 간혹 초등학교에 갈 수 있었다 해도 읽기와 쓰기를 동시에 가르치지 않았던 시절이라 읽기만 배우고 쓰기는 배우지 못하는 경우가 허다했다. 중상류층 여성교육도 상황은 별반 다르지 않았다. 그래머 스쿨에 다니는 중상류층 소년들은 대학 진학이나 전문직 진출을 위해 라틴어 문법을 배웠고 수사학과 그리스어 같은 고전을 공부하기도 했다. 이에 반해 여자기숙학교에 머문 소녀들은 학술적인 수업을 거의 받지 않았다. 이들은 주로 글쓰기와 산술 같은 기초교육과 음악, 춤, 요리, 가사, 자수 등을 배웠다(O'Day: 187). 이들 여학교가 간혹 '아카데미'나 '칼리지'라는 명칭을 달고 있을지라도 내용상에서는 이름값을 전혀 하지 못했다. 17세기에 학술적인 강의를 제공하는 여학교가 아예 없었던 것은 아니나[3], 고전 언어나 역사, 과학 같은 과목이 들어간 커리큘럼은 18세기에 가서도 쉬이 볼 수 있는 것은 아니었다.

16세기에는 상류층 여성이 수준 높은 교육을 받는 일이 더러 있었다. 르네상스 시기에 아들과 마찬가지로 딸이 집에서 가정교사나 부모로부터 교육받는 새로운 방식이 출현한 덕택이었다. 영국에서도 튜더 왕조 시절에는 인문주의의 영향으로 특권층에 한해서지만 여성도 라틴어와 그리스어, 철학 같은 인문주의 교육을 받기도 했다. 그러나 인문주의 분위기가 식어 갔던 스튜어트 왕조 시대에는 여성에게 고전을 가르치는 경우는 보기 드문 일이 되어갔다. 결국 17세기 후반 중상류층 여성교육에서 학술교육은 거의 사라지다시피 했다(Sutherland: 147).

당시 중상류층 여성교육의 가장 중요한 목표는 '교양'의 습득이었다. 제임스 1세의 자녀를 가르친 머리(Thomas Murray)에 대한 회고록에서 딸 앤(Anne, Lady Halkett)은 "어머니는 자식을 가르치는 데 돈을 아끼지 않았고 (…) 언니와 나를 위해 프랑스어를 읽고 쓰고 루트와 버지널을 연주하며 춤추는 법을 가르치는 선생님들을 고용했다. 또 온갖 종류의 바느질과 자수를 가르치기 위해 젠틀우먼을 한 분 두었다"라고 어머니를 추억했다(Loftis, 1979: 10). 통상 '교양'이라고 불린 이런 교육은 중상류층에 어울리는 가사 기술, 사교술 같은 것들을 주로 다루었고 여기에 프랑스어가 포함되기도 했다. 17세기에는 고전 언어보다는 외국어, 특히 프랑스어가 유행했고 프랑스어를 한 자락 읊는 것이 교양의 중요한 요소가 되었다. 같은 맥락에서 음악과 춤 또한 중상류층에게 필수 교양이었다. 요리와 자수 같은 가사 기술이 당시 여성이 갖추어야 할 기본 소양인 것은 당연지사였다(Charlton, 2002: 12-13). 우리 앞 세대 부모가 그랬듯이, 그 시절 부모도 좋은 결혼 상대를 고르기 위해 그들 지위에 어울리거나 결혼할 때 필요하다고 여겼던 자질과 기술을 딸에게 가르쳤던 것이다.

17세기 후반에는 몇몇 저명인사들이 딸을 가르치지 않는 관행을 비판하며 여성교육의 필요성을 논하기도 했다. 하지만 면밀히 들여다보면 이들이 여성교육을 주장한 연유는 새로운 것이 아니었다. 로크(John Locke)는 가정 내 교육의 승패를 좌우하는 것이 여성교육이라고 보았는데, 어린 자식을 처음 가르치는 사람이 바로 여성이라는 이유에서였다(Axtell, 1968: 354-355). 여성교육을 지지한 디포(Daniel Defoe)는 여성이 교육을 잘 받아야지 남편의 더 나은 동반자가 될 수 있다고 생각했다(Defoe, 1697: 302). 이렇듯 이들은 애초에 교육이 여성 자신에게 어떤 이점이 있는지는 고려하지 않았다. 오직 전통적인 여성의 역할을 수행하는 데 교육이 얼마나 기여할 것인지가 관심사였을 뿐이다.

이와 같이 근대 초 교육은 계급 차이만큼이나 성별 차이가 확연했다. 여성은 어떤 계급에 속하든 대학을 비롯한 공식적인 중고등교육기관에 입학할 수 없었다. 그나마 초중등교육기관으로 기능했던 기숙여학교도 존속 기간이나 커리큘럼, 교육목표 등 여러 가지 면에서 남학교와 수준 차가 컸다.

결국 17세기 후반 열악한 여성교육의 현실을 직접 개선하려는 여성들이 등장했다. 이들의 출현은 내전과 공위기라는 정치적, 종교적 격동의 상황과 관련이 깊었던 것으로 보인다(Crawford, 1985: 213). 대격변기였던 이 시기에는 다방면에서 기존의 가치가 도전받으면서 가족과 결혼, 여성의 역할에 대한 전통적인 관념 또한 심하게 요동쳤다. 게다가 교회 법정이 붕괴되면서 도덕적 통제도 느슨해졌다. 이런 위기가 여성에게는 전통의 틀을 벗어날 수 있는 기회를 부여했던 것이다(Hill, 1986: 19).

물론 왕정복고와 더불어 곧 정치와 사회질서를 재정립하려는 분위기가 강화되고 변화에 대한 반동의 강도는 도리어 더 세졌다. 하지만 정치적 복고가 완성되지 못했듯, 남녀의 위계질서를 되돌려 놓으려는 시도도 완전히 실현되지는 못했다. 특히 자신을 표현하고자 하는 여성의 욕구를 막지는 못했다. 내전과 공화기에 검열제도가 폐지되는 등 출판시장이 활성화되는 것과 함께 17세기 후반부터 글을 쓰는 여성이 꾸준히 늘어났고 그 계층도 다양해지고 주제의 폭도 넓어졌다(Perry, 1986: 116). 비방과 풍자, 경멸이 여성작가에 대한 평가에서 여전히 주류를 형성했지만, 종교, 정치, 사회적 쟁점을 다루는 논쟁에서 주목받는 여성도 나타났다. 이 속에는 '여성에게는 지성이 없다'는 통념에 반기를 드는 이들도 있었다.

●•• 남성과 동등한 여성교육을 향한 도전

바슈아 메이킨(Bathsua Makin)은 《여성교육의 부활론》(1673) 첫 머리에서 여성교육에 대한 인식을 바꾸려는 시도가 얼마나 어려운 일인지 이렇게 토로했다. "뿌리가 깊으면 깊을수록 관습의 영향력은 엄청나다. (…) 여성을 열등하게 키우는 야만적인 관습이 우리 사회 전반에 퍼져있고, 급기야 여성에게는 남성과 같은 이성이 부여되지 않았으며 교육으로도 개선될 수 없다고 진실로 믿는 지경에 이르렀다. 반대로 얘기하면 터무니없는 일로 치부된다. 학식 있는 여성은 혜성의 출현처럼 재앙의 징조로 여겨진다. 여성에게도 인문학을 가르치자고 제안하면 이는 신의 이미지를 손상시키는 짓이고 여성을 높은 위치로 남성을 낮은 위치로 만드는 일이며, 지붕 위에 난 불처럼 온 세상을 불구덩이 속으로 집어넣는 행위라고 남자들은 생각한다. (…) 이에 반대하는 일은 무모한 짓이고 이를 시도하는 자는 틀림없이 큰 역경에 부딪힐 것이다"(3).

그럼에도 불구하고 메이킨을 비롯한 근대 초 여성교육옹호론자들은 이 '무모한

일'을 감행했다. 이전에도 여성교육을 논하는 사람들이 없었던 것은 아니지만, 이들은 여성의 교육 현실을 강도 높게 비판하고 남성과 동등한 여성교육을 주창한다는 점에서 상당히 새롭다. 대표적으로 두 사람의 도전적인 목소리를 들어보자.

바슈아 메이킨(Bathsua Makin) 판화
by William Marshall(1640)

남성과 동등한 여성교육: 바슈아 메이킨(1600~1675?)

메이킨이 태어난 시기는 튜더왕조의 맨 끝자락에 해당된다. 이때는 인문주의 영향을 받아 상류층 여성의 학식이 교양으로 자리매김할 정도로 여성교육이 다소 향상되었다. 그러나 영국여성사에서 튜더 왕조 시기는 이례적인 시기일 뿐, 뒤이은 스튜어트 왕조 시기에는 가부장적 계서제가 재구축되면서 여성의 지적 교육을 장려하는 분위기도 금세 가라앉았다. 이런 여성교육의 침체기에도 다행히 메이킨은 언어학자이자 교장이던 아버지 헨리 레지널드(Henry Reginald) 덕분에 '학식 있는 아버지의 학식 있는 딸'의 전통을 이어갔다. 16살에 출간한 첫 작품 《처녀 뮤즈》는 그리스어와 라틴어, 헤브루어, 스페인어, 독일어, 프랑스어, 이탈리아어로 쓴 시집으로, 이 책만으로도 메이킨의 지적 수준을 충분히 가늠하고도 남는다. 이 시집을 헌정 받은 제임스 1세는 "그런데 그 처자가 바느질은 할 수 있느냐"고 물었다고 하지만 말이다.

메이킨은 국왕에게 소개될 정도로 영국에서 '가장 학식 있는 여성'으로 일컬어졌고, 그 평판에 걸맞게 찰스 1세의 딸 엘리자베스 공주를 비롯한 상류층 여성의 개인교사로 활약하다가, 말년에는 직접 여학교를 설립했다(Brink, 1991: 1). 그 학교를 홍보하려고 쓴 《고대여성교육부활론》(1673)은 영국 최초로 여성에게도 남성과 동등한 교육을 실시하자고 호소한 공식책자였다. 이 글에서 메이킨은 여성교육의 필요성을 설득하고 기존의 여학교와 차별적인 학교, 곧 남학교와 유사한 학교를 기획했다.

이 책에서 메이킨은 여성교육 반대자를 앞세우고 이를 반박하는 식으로 자기주장을 펼친다. 책에 등장하는 여성교육 반대자는 그 근거를 이렇게 설명한다. "여성은 지식에 대한 열망이 크지 않다. 자질이 부족하고 본성이 허약하다. (…) 교육의 목적은 공적인 일에 적합한 사람을 양성하는 것인데, 여성은 그런 능력이 없다. 여성은 교회에서 설교해서는 안 된다. 이는 관습에 반하는 것이다. 솔로몬의 훌륭한 아내는 인문학과 언어 실력이 아니라 하인을 잘 다루었기 때문에 칭송받는다. 더군다나 여성은 사악한 본성을 가지고 있어서 자신의 배움을 악용하고 (…) 결국 우리는 그런 여성과 살 수 없게 될 것이다"(6). 당시 여성교육을 반대하는 논거의 요점을 잘 정리한 것이다.

여성교육에 반대하는 이 편지는 싸움을 걸기 위해 메이킨이 고안한 것으로, 《고대여성교육부활론》 곳곳에서 메이킨은 다양한 수사 전략으로 이를 하나하나 논박해 간다. 여성의 지적 능력을 부정하는 주장에 대해 "만약 신이 여성을 더 나은 종류의 가축 정도로만 만들고자 하셨다면, 여성을 생각할 수 있는 존재로 만드시지는 않았을 것"(23)이라고 일축한다. 교육받은 여성은 결혼을 못한다는 주장에 대해서도 바보나 그런 여자를 싫어하지 학식 높은 남자는 격에 맞는 여자를 원하기 때문에 학식 있는 여성을 선택할 것이라고 장담한다(30). 또한 여성교육이 관습에 반하는 일이라는 반대의견에 대해 "악습은 타파되어야 한다"고 퉁명스럽게 대꾸한다. 여기서 메이킨은 '여성을 바보로 두면 손쉽게 노예로 만들 수 있을 것'이라고 말하며 이런 악습이 유지되는 원인을 예리하게 꼬집는다(34). 이런 논리는 여성교육을 반대하는 남자를 조롱할 때면 어김없이 등장한다.

더욱이 메이킨은 '고대여성교육을 부활하자'는 책 제목의 취지에 맞게 과거에 칭송받았던 여성명사의 역사를 길게 열거하여 여성교육이 관습에 반한다는 통념을 뒤엎는다. "남성은 여성이 마치 교육으로도 전혀 개선될 수 없고 견고한 판단이 필요한 학문을 소화할 수 없다는 듯 말한다. (…) 그러나 역사를 살펴보자. 그 주장을 논박하기에 충분할 정도로 탁월한 여성의 예를 쉬이 발견할 수 있다"(29)고 말하며 역사를 통해 여성의 지적 능력을 입증하고자 했다.

이렇게 여성의 학습 능력을 증명한 후, 메이킨은 성별에 관계없이 '모든 인간은 배움에 대한 열망이 있다'는 전제 아래 양성 모두가 똑같은 방식과 내용으로 교육받아야 한다고 역설한다. 먼저 메이킨은 배움이 모두를 위한 것이고 성별로 분리될 수 없다는 점을 강조한다. 그런데 그 논의방식이 독특하다. 메이킨은 여성교육에 반대하는 논거를 반박할 때마다 항상 그런 논리가 남성에게도 적용될 수 있다는 논지를 편다. 여성은 배움을 악용할 것이라는 주장에 대해 "남자도 그렇다. 필요하거나 매우 편리한 어떤 것을 악용할까봐 사용해선 안 된다고 주장하는 이는 지나치게 단순한 사람이다. 그 주장에 따르면 어떤 남자도 자유롭게 키워서는 안 되고, 독한 술은 세상에서 더 이상 사용해서는 안 된다. 비슷한 경우는 얼마든지 더 있다"(32)라고 말한다. 마찬가지로 여성의 잘못된 행동은 '너무 많이 알아서가 아니라 너무 몰라서 생기는 것'이고 똑같은 논리가 남성에게도 적용될 수 있으므로 남자든 여자든 배워야 한다고 단언한다.

따라서 메이킨은 여학생에게도 남학생과 동일한 과목을 가르치는 것을 그 누구보다도 중요하게 생각했다. 많은 프로테스탄트 인문주의자들이 여성도 교육받을 가치가 있다고 주장함으로써 여성교육에 기여했음은 주지의 사실이다. 그러나 이들은 여성교육에서 진리 추구를 전혀 장려하지 않았고 초보적인 읽기와 종교 교육, 가사 의무 등에 치중했다. 이에 반해 메이킨은 고전을 비롯해 여태껏 여성에게는 허락되지 않은 학문까지도 가르쳐야 한다고 주장하며, 천문학과 식물학, 광물학, 지질학, 물리학, 지리학, 수학이 들어가는 과학 커리큘럼까지 기획했다(24).

마찬가지로 라틴어 교육을 강조하는 메이킨의 모습도 남성과의 동등한 교육을 중시하는 주장과 일맥상통한다. 라틴어는 교육받은 남성 엘리트의 언어로서 유전자로 결정된 언어이자 정교한 입문식을 통해 획득된 남성성의 표식이었다. 한마디로 "라틴어 세계는 남성의 세계였다"(Ong, 1967: 257). 곧 라틴어를 배운다는 것은 당대의 성별 경계선을 넘어 남성만이 누리던 특권에 접근한다는 것을 뜻했다.

나아가 메이킨은 남성과 동등한 여성교육을 실현하기 위해 구체적인 교육방법론을 제안함으로써 여성교육옹호론자에 머물지 않고 실천적인 교육자로서의 면모를 여실히 드러냈다. 여성교육 반대자는 가사 일을 배워야 하는 소녀가 소년보다 교육받을 시간이 턱없이 부족한데, 어떻게 그 많은 과목을 배울 수 있느냐는 현실적인 문제를 제기한다. 메이킨이 생각하기에도 이 반대의견은 실제로 가장 답하기 어려운 문제였다. 하지만 메이킨은 여학생도 쉽게 배울 수 있는 교수법을 제시하여 이를 해결한다. 그녀의 설명에 따르면, 당시 기본 교재로 이용하는 릴리의 문법론은 각각의 문법을 추상적으로 설명하여 초보자에게 너무 어렵고, 더군다나 라틴어로 쓰여 있기 때문에 이 교재를 떼는 데만 3, 4년 이상이 걸린다. 그런데 코메니우스의 새로운 교수법을 이용하면 여학생도 1년 안에 라틴어를 습득할 수 있다. '아는 것에서 모르는 것으로', 즉 영어 문법을 가르쳐서 라틴어의 기초로 이용하면 된다는 설명이다. 또 문법구조를 분석하여 좀 더 이해하기 쉽게 가르칠 방법도 제안한다. 예를 들어 릴리가 해설하듯 '명사란 보거나 느끼거나 듣거나 이해할 수 있는 사물의 이름'이 아니라, 'a man', 'the book'처럼 'a'나 'the'가 보통 앞에 붙는 단어라고 설명하는 편이 처음 문법을 접하는 아이에게 더 좋은 방식이라고 권한다(37–39).

이렇게 메이킨은 교육방법론까지 제시하며 남성과 동등한 여성교육을 현실화하고

자 애썼다. 물론 메이킨이 현모양처 교육을 중시하지 않았다는 말은 아니다. 하지만 메이킨은 그 목적을 위해 여성교육을 주장한 것이 아니라, 재치 있게도 여성교육의 이점을 현실적으로 설득하기 위한 근거 중 하나로서 현모양처 교육을 이용했다. '솔로몬의 아내는 인문학과 언어 실력이 아니라 가정을 잘 돌보아서 칭송 받는다'는 반대자의 주장에 대해, 메이킨은 "양모를 고르고 (…) 염색을 하는 데는 자연철학에 대한 재능이 필요하다. 뜰의 면적과 토질을 살펴보기 위해서는 기하학 지식이 필요하다. 포도밭을 일구기 위해서는 농업 지식이 필요하다. (…) 정치와 경제 지식 없이 그렇게 큰 규모의 집안을 운영할 수 없다. 그녀가 약제나 의술에 대한 이해가 없었다면 가사를 잘 살필 수 없었을 것이다. 문법과 수사학, 논리학을 알지 못했다면 지혜롭게 말할 수 없었을 것"(35)이라고 반박한다. 이 논지의 핵심은 '여성교육의 목적은 훌륭한 가정주부가 되는 것이다'가 아니라 '결혼을 해도 여성의 학식은 전과 다름없이 중요하다'는 점이다.

게다가 메이킨은 부유한 여성을 주요 교육 대상으로 삼고 있지만 경제적 조건과 상관없이 모든 여성에게 교육이 이롭다는 점을 보여 줌으로써 여성교육의 의미를 더욱 확장시킨다. 가난한 처자나 과부가 교육을 잘 받는다면 더 좋은 조건에서 일할 수 있고 유사시에는 생계를 책임질 수도 있다고 주장한다(26–27). 이는 메이킨이 교사로서 집안을 책임진 자신의 경험을 토대로, 당시로는 그 누구도 생각지 못했던 '생계수단으로서의 교육기능'을 인식했던 덕분이다.

이처럼 메이킨은 고등교육이란 '응당' 남성의 것이라고 생각하던 시대에, 지적 영역에서만큼은 남성과 여성이 똑같아야 하고, 결혼을 하든 않든 계급이 높든 낮든 모든 여성에게 교육은 필요하다고 주장했다. 갈라디아서 3장 28절을 인용한 《여성교육부활론》의 마지막 구절은 이런 메이킨의 생각을 단적으로 드러낸다. "모든 영혼은 신에게 똑같이 귀하고 예수 그리스도 안에서는 남성도 여성도 없다"(42). 메이킨은 진정 이 말을 몸으로 실천한 선구적인 여성교육론자였다.

여성의, 여성에 의한, 여성을 위한 제안: 메리 아스텔(1666~1731)

메리 아스텔(Mary Astell)은 1666년 뉴캐슬에서 한 사업가의 딸로 태어났다. 이 시기 영국에서는 밀턴(John Milton)과 뉴턴, 로크가 각자의 분야에서 근대의 길을 열심히 닦는 중이었다. 아스텔은 이러한 흐름에 상응하는 삶을 살았다. 그녀는 이성, 즉 정신을 통해 현실의 다양한 흐름과 체계들을 이해할 수 있다고 믿었고, 여성 역시 이성적이기에 교육을 받을 자격이 충분히 있다고 선언했다. 그러나 동시대를 살았던 도전적인 여성들처럼, 아스텔도 이브의 딸들에게는 두뇌가 아니라 외모를 부여한 젠더 이데올로기와 싸워야만 했다.

아스텔은 용감했다. 20살 쯤 혈혈단신으로 고향을 떠나 아무런 연고도 없는 거칠고 시끄러운 도시, 런던에 입성했다. 거기서 내로라하는 지식인들이 벌인 신학논쟁과 정치논쟁에 거침없이 발을 담갔다. 무엇보다 여성고등교육의 필요성을 주창한 《진지한 제안》(1694)과 불평등한 결혼실상을 고발한 《결혼에 관한 고찰》(1700)을 통해 여성혐오가 판을 치는 세태에 경종을 울렸다. 지극히 원칙적이고 금욕적인 생활로 사교성이 높은 편은 아니었지만, 작가로서의 명성과 재능을 무기로 연줄이나 재력이 없는 독신여성치고는 사회에서 상당한 지위와 인맥을 확보할 수 있었다. 신학자나 출판업자와도 많은 접촉을 가졌지만 아스텔이 죽을 때까지 친분을 나눈 사람은 거의 여성이었고, 이들은 대다수 휘그 정치와 남성위주의 사회에 대한 불만을 공유하며 아스텔에게 정신적, 재정적 후원을 아끼지 않았다(Hill, 1986: 9-12). 이렇게 아스텔의 여성주의 신념은 여성들과의 연대 속에서 발현된 것이었다.

아스텔은 정치적으로나 종교적으로 상당히 보수적인 노선을 따랐던 탓에, 기존 위계질서에 정면으로 도전하지는 않았다. 하지만 이런 보수적인 신념 때문에 오히려 급진적인 정치를 표방하면서도 남녀의 불평등한 권력 관계는 옹호했던 자유주의자들의 위선을 일찍이 꿰뚫어 볼 수 있었다. "절대적인 통치권이 국가에 필요 없다면 가정에서는 왜 필요한가? (…) 가정에서는 전제적인 지배를 지지하면서, 국가에서는 그런 권력을 질색하고 반대를 외치는 것은 편파적이지 않는가? (…) 한 명의 군주보다 십만의 군주가 더 나쁘니, 왕국에서보다 가정에 있는 전제 권력이 더 유해하다" 라는 선언이나 "모든 남자가 자유롭게 태어난다는데, 어떻게 모든 여자는 노예로 태어나는가?"(Astell, 1706: 10-11)라는 아스텔의 유명한 발언들은 이런 비판적 시선에서 나온 것이다.

이처럼 아스텔은 여성의 열악한 현실에 뚜렷한 문제의식을 가지고 있었고, 그 주요한 원인 중 하나가 여성의 교육 부족이라고 보았다. 이런 생각을 구체적으로 표방한 첫 저작이 바로 《진지한 제안》(1694)이다. 이 글에서 아스텔은 여성의 열등한 지위를 개선하기 위해 교육의 필요성을 역설하고 해결책으로 여성을 위한 고등교육기관을 설립하자고 제안한다. 이 책자로 아스텔은 당대에 이미 일약 스타반열에 올랐고 오늘날에도 다방면에서 '최초의 인물'로 인정받았다. 특히 여성대학을 주창한 최초의 인물이자 영국 최초의 페미니스트로 일컬어졌다(Hill, 1986: 1).

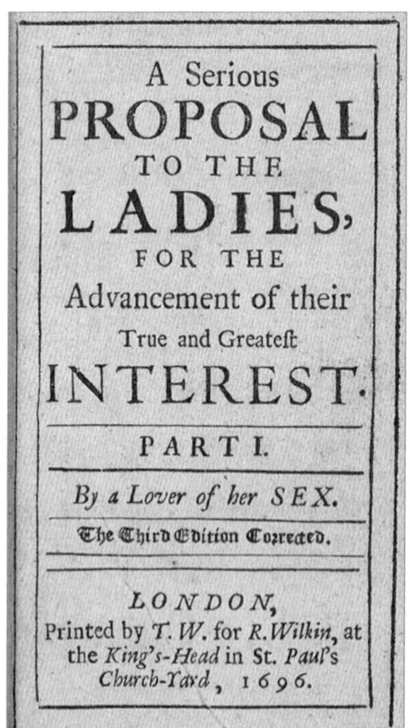

A Serious
PROPOSAL
TO THE
LADIES,
FOR THE
Advancement of their
True and Greatest
INTEREST.
PART I.
By a Lover of her SEX.
The Third Edition Corrected.
LONDON,
Printed by *T. W.* for *R. Wilkin*, at
the *King's-Head* in St. *Paul's*
Church-Yard, 1696.

《진지한 제안 A Serious Proposal to the Ladies》의 표지

아스텔과 《진지한 제안》은 오늘날 못지않게 당대에도 주목을 받으며 큰 반향을 불러일으켰다. 1701년에 이미 5판이 발행되었고 책에 대한 비평이 편지와 잡지, 책 등 곳곳을 수놓았다. 자기 여자 친구도 교육이 필요한지를 묻는 일반 독자의 글이 잡지에 실리기도 했고, 남성지식인 중에서도 찬사를 보내는 이들이 적지 않았다. 출판업자이자 잡지 편집인인 던톤(John Dunton)은 자서전 형식의 책 《인생과 실수들 Life and Errors》(1705)에서, 자신은 여성이 교육을 통해 발전할 수 있다고 단 한 번도 생각해 본 적이 없지만 아스텔을 보면 그런 마음이 흔들린다고 고백하며, 단연코 그 어떤 책보다 《진지한 제안》을 추천한다(382). 곧 《로빈슨 크루소》로 유명해질 디포는 《기획론 An Essay upon Projects》(1697)에서 '한 지적인 여성이 제안한 기획'에 경의를 표하며, 아스텔이 구상한 학교와 거의 유사한 '여성 아카데미'를 제안한다. 인기잡지 편집인 스틸(Richard Steele)은 1714년 《여성 도서관 The Ladies Library》(1714)을 출판했는데, 아스텔을 전혀 언급하지 않고 《진지한 제안》에서 100페이지 이상을 그대로 베끼기도 했다(Perry, 1986: 100). 물론 아스텔은 다양한 비판과 풍자의 대상이 되기도 했다. 훗날 《걸리버 여행기》로 풍자작가의 위풍을 드러낼 스위프트(Jonathan Swift)는 한 잡지에서 '자칭 플라톤주의자, 여성이라는 성 중 가장 기묘한 피조물'이라고 아스텔을 비꼬았다. 아스텔이 장편의 후속작 《진지한 제안 2부》(1697)로 논란에 답변했다는 사실은 당시 반응이 얼마나 뜨거웠는지 짐작케 한다.

《진지한 제안》의 인기비결을 알기는 어렵지 않다. 거기에 담긴 아스텔의 목소리는 신랄하고 강렬하며 감각적이다. 논쟁을 즐기던 시절, 아스텔은 상대편을 압박하며 반론을 펼치는 기술에서 단연 최고였다(Perry, 1986: 101). 여성은 '머리가 비어 겉치장에나 돈을 마구 쓰고 결국 남자들을 망친다'는 당대의 여성혐오주의자들을 향해, "젊은 여성이 차림새로만 자신의 가치를 인정받을 수 있고 (…) 또 옷을 잘 입어야지 남자 눈에 예뻐 보일 수 있다는 말을 들으며 자랄 때, 그녀가 그것을 얻기 위해 돈과 노력을 쏟아붓는다고 해서 (…) 누가 욕할 수 있느냐?"(59-60)고 일침을 가한다. 그리고 "신께서 남성뿐 아니라 여성에게도 지성을 부여했는데, 왜 여성은 자신을 발전시키는 일을 금지당해야 하는가? (…) 여성이 선을 실현하는 일뿐 아니라 진리를 깨닫는 일에서도 배제된 상황이 어찌 가혹하고 부당한 일이 아니겠는가?"(79-80)라며 교육에서 배제된 여성의 현실을 따지고 들었다.

아스텔의 주장은 여성이 남성보다 열등하다면 그 이유는 '타고난 것이 아니라 만들어진 것'(23)이라는 기본 전제에서 출발한다. "남자들은 (…) 발전 수단을 주지 않음으로써 우리를 망치려 애쓰고 있다. (…) 만약 그들도 그렇게 무시당하고 정신을 계발하지 못하도록 키워졌다면, 자신이 그토록 경멸하는 사람보다 결코 뛰어날 수 없을 것이고 가장 어리석고 야만적인 상태로 추락했을 것"(20)이라고 항변한다. 또한 이러한 잘못된 구조가 유지되는 원인은 악습 때문이라고 꼬집었다. 관행에 따라 세상의 유혹과 고통에서 벗어나도록 여식을 가르치지 않는 부모의 행동은 짐승만도 못한 짓이라고 통렬히 비난한다. "오히려 짐승이 더 인간답다. 왜냐하면 짐승은 스스로를 책임질 수 있을 때까지 새끼를 돌보기 때문"(28)이라는 것이다.

이렇게 아스텔이 여성의 현실을 매섭게 비판한 이유는 이런 상황을 개선하자고 설득하기 위해서였다. 곧바로 아스텔은 자신이 기획한 구체적인 대안을 내놓는다. 그것은 여성이 고등교육을 받을 수 있는 '종교적 은신처'를 세우는 것이다. 이 기관은 '신을 찬미하고 서로 사랑하며, 유용한 지식을 교류하는 장'(71)이라는 자기규정에 걸맞게, 여성의 종교적 이상을 실현하는 곳이기도 하면서 동시에 여성 생활공동체이자 고등교육기관으로 이용할 수 있는 세속적인 공간이기도 했다. 아스텔은 가톨릭 제도를 부활시킨다는 강한 비난에 맞서 자신의 '종교적 은신처'가 서약 없이 드나들 자유가 보장되어 여느 수녀원과는 차원이 다른 곳이라고 반박한다(105). 특히 '이곳은 당신을 세상에서 격리시켜 당신이 세상을 더 살기 좋게 발전시키는 일을 방해하는 곳이 아니라' 여성이 사회로 다시 나가 유용한 사회 성원이 될 수 있도록 준비시키는 '수준 높은 학교'임을 분명히 하고 있다(73).

그래서 아스텔은 "관습이 우리에게 드리운 무지의 먹구름을 걷어내고 우리 정신에 견고하고 유용한 지식을 축적하는 것"(75)이 이 학교의 목적 중 하나라고 밝힌다.

곧 아스텔이 지향한 여성교육의 방향은 현모양처의 양성이 아니라 지식 추구 그 자체였다. 그래서 아스텔은 당시 중상류층 여성들 사이에서 유행하던 프랑스어로도 로망스나 읽지 말고 '데카르트와 말브랑슈를 비롯한 여러 철학자의 사상을 연구'하라고 충고한다(85). 종교적 향취를 물씬 풍기는 아스텔의 학교가 영국 최초로 여성 '대학'을 제안한 것이라고 평가하는 것도 이 같은 연유에서였다.

물론 여성공동체는 피장(Christine de Pisan)의 '숙녀의 도시'부터 스콧(Sarah Scott)의 '밀레니엄 홀'에 이르기까지 페미니즘 역사에서 여성의 열악한 현실을 타개하는 방안 중 하나로 꾸준히 제안되어 왔다. 피장의 '숙녀의 도시'는 수많은 공격으로부터 여성을 보호해 주는 요새로, 스콧의 '밀레니엄 홀'은 사회에서 소외된 여성들의 쉼터이자 목가적인 자립공동체로 구상되었다(de Pisan, 1405). 이런 여성공동체는 단순히 도피처에 불과한 듯 보이지만, 현실 사회에서는 불가능한 일들을 여성이 구애받지 않고 실행할 수 있는 자유의 공간일 뿐 아니라 정신적 교류를 통한 여성의 연대를 창출하는 장이기도 했다. 특히 아스텔이 제안한 제도는 유토피아가 아니라 현실 공간으로 기획된 곳이라는 점에서 더 큰 의미를 부여할 수 있다.

실제로 아스텔은 이 학교의 설립과 운영에 대한 계획을 구체적으로 제시했다. 일단 부유한 독신여성을 비롯한 후원자들의 공동출자로 학교를 설립하고 학교 운영자금은 학생의 입학금과 수업료로 충당한다. 그러면서 아스텔은 '너무 많은 재산을 축내지 않고도 과년한 딸을 품위 있게 처리하고 싶은 부모'에게 자기 기획의 이점을 들어 입학을 권하고 있다. 1년 치 수업료인 500~600파운드의 돈은 '사회적 통례로는' 얼마 되지 않는 지참금 정도에 불과해 평생 독신의 딸에게 드는 돈보다 훨씬 더 저렴하다는 것이었다(157).

아스텔의 제안은 실현가능할 정도로 체계적이어서 이에 공감하고 기부하려는 후원자도 나왔다. 앤 공주로 보이는 높은 귀부인이 아스텔의 계획을 실현하는 데 1만 파운드를 기부하려고 했는데, 어떤 주교가 끼어들어 만류했다는 일화도 전해진다(Ballard, 1752: 446). 어릴 적부터 아스텔을 따랐던 유명한 문필가 레이디 몬터규

(Lady Mary Wortley Montagu)는 "아스텔의 수녀원은 내가 15살 때 가장 좋아했던 기획이었고, 만약 내가 독립 자산을 가진 여주인이었다면 틀림없이 나는 그것을 세워 수녀원장이 되었을 것"이라고 쓴 바 있다(Montagu, 1967).

이처럼 아스텔의 주장은 특히 여성들에게 호소력이 있었다. '여성에게 하는 진지한 제안'이라는 책 제목에서 드러나듯, 앞선 교육론자들과 달리 아스텔이 의도적으로 남성을 배제하고 여성교육 당사자를 직접 설득한 점이 유효했다. 실크와 레이스로 치장한 독자들을 향해 "외양을 장식하는 것 빼고는 별 쓸모도 없는 정원의 튤립같이 살아가는 데 만족하느냐"고 다그치기도 하고, "스스로 가치를 둘 만한 어떤 것도 갖추지 못한 여성이나 미모와 재력을 자랑스럽게 여긴다"(35)며, 춤 선생과 인생을 상담하지 말고 교육을 통해 인성과 덕성을 키우라고 충고하기도 한다(8).

그러면서도 아스텔은 자신의 목적이 여성의 잘못을 '들추어내는 것이 아니라 교정하는 것'이라는 말을 빠트리지 않는다. 곧 '여러분이 가야할 길에 놓인 걸림돌을 치우는 것'이 자신의 임무임을 선언한다(22). 물론 이런 장애물을 제거하는 가장 좋은 방법은 수준 높은 교육을 받는 것이다. 여성이 교육을 받는다면 "다른 사람이 아니라 자신의 칭찬이 진정한 칭찬이자 자신을 높이는 유일한 길임을 알 것"이라고 역설한다(38-39). 《결혼에 관한 고찰》(1700)에서도 여성이 교육을 받으면, "결혼생활의 해악과 이로움을 철저히 따져 볼 것이다. 그리고 나면 아내가 되는 데 절대 동의하지 않거나 결혼을 했을 때 더 좋은 아내가 될 것"이라고 내다봤다(83). 나아가 교육을 받아 결혼 말고 자립할 수 있는 더 높은 이상을 꿈꾸라고 넌지시 제안하기도 한다(39). 한마디로 아스텔은 여성이 노예상태에서 벗어나려면 그 변화의 주체 역시 여성이어야 함을 역설한 것이다. 그리고 그 변화를 이루기 위한 최우선 과제가 바로 교육이었다.

●●● 여성고등교육의 실현

여성을 위한 정규교육의 출발

여성도 남성만큼 배울 수 있다고 외친 17세기 후반 여성교육옹호자의 노력은 18세기 블루스타킹 서클(Bluestocking Circle) 같은 여성지식인 그룹의 형성으로 이어졌다. 그리고 18세기 말 메리 울스톤크래프트(Mary Wollstonecraft)를 위시한 자유주의 페미니스트들은 이성에 근거하여 여성교육의 정당성을 피력한다. 자유주의사상에 영향을 받아 신에 근거하지 않고 이성이라는 세속적 이데올로기 속에서 여성교육의 존재이유를 찾기 시작한 것이다. 한편 영국의 사회와 경제가 급격히 발전함에 따라 직업과 배움에 대한 여성의 열망도 커져갔다. 18세기에 들어 교본서, 조언서, 규범서, 잡지, 연감 등 여성을 대상으로 한 출판시장이 확대되었다는 사실로도 이런 분위기를 확인할 수 있다. 특히 과학서의 인기는 여성의 충만한 지적 욕구를 대변해 준다(Raftery, 1997: 43–45).

하지만 갈수록 더 많은 여성이 배움을 갈망했음에도, 여성교육에 대한 인식은 이전과 별반 달라지지 않았다. 오히려 18, 19세기에는 성별에 따른 공사영역의 분리 이데올로기가 공고화되면서 여성을 가정의 테두리로 몰아넣는 분위기가 한층 고조되었다. 이제 가정은 일터에서 돌아온 남편에게 안락함을 주고 사랑스런 아이를 양육하는 애정 어린 공동체이자 사회의 쾌락에서 격리된 도덕적 공간으로 신성시되고, 이 가정을 수호하는 여성의 정체성은 '달콤한 초콜릿'이나 '집안의 천사'로 이미지화되었다(이영석, 2007: 144). 여성도 기초 교육이 필요하다는 공감이 점차 퍼지고 있었다 해도, 고등교육과 정규교육기관 같은 여성교육에 대한 심도 깊은 논의는 여전히 뒷전이었다. 여성잡지 시장의 중요성을 일찌감치 감지했던 《아테나 머큐리 Athenian Mercury》지는 여성에게 글을 가르칠 수는 있지만 '철학이라는 날카로운 칼을 만지작거리게 두는 건' 권하지 않았는데, 여자가 교육을 많이 받으면 '가정 일을 내팽개치고 (…) 너무 자만하게 되며 그래서 다른 사람을 깔보기 십상'이라는 이유였다(The Athenian Mercury, 1961).

하지만 '집안의 천사'가 있다면 '억센 여성'도 있기 마련이다. 사회가 한결같이 여성교육을 가로막고자 했지만, 그 때문에 배움에 대한 여성의 욕구가 완전히 막힌 적도 없었다. 19세기에 들어와 여성들은 다양한 틈새를 통해 지적 욕구를 분출하기 시작했다. 처음 여성이 이용할 수 있는 교육 통로는 여성에게도 일부 강의를 개방했던 과학협회, 문화협회, 기술전문학교, 남성노동자 칼리지 같은 중하층 성인남성을 위한 교육기관이었다. 1839년 맨체스터에 있던 노동자 칼리지에서 수강자의 약 1/5이, 요크에서는 1/3이 여성이었다는 사실은 학업과 직업교육에 대한 여성의 관심이 상당했음을 보여 준다(Purvis, 1991: 100).

남성교육기관의 문을 두드리는 여성이 많아지는 가운데, 퀸즈 칼리지(Queen's College)와 베드포드 칼리지(Bedford College) 같은 여성을 위한 정규교육기관이 처음으로 문을 열었다. 여태까지 간혹 존재하던 여학교들은 정규프로그램이 없던 비공식적인 학교였고 존속기간도 짧았다. 이에 반해 이들 칼리지는, 아직은 그 이름에 걸맞은 대학교육을 실시하는 곳은 아닐지라도 정규교육과정을 갖춘 학교로서 공식적이고 제도적인 여성교육을 위한 초석을 다졌다.

1848년에 설립된 퀸즈 칼리지는 가정교사의 처우개선을 위해 조직된 '가정교사자선협회(Governesses' Benevolent Institution, 1844)'에서 출발했다. 이 협회의 원래 목적은 실직이나 은퇴한 가정교사에게 일자리를 알선하고 연금을 지원하는 것이었지만 점차 가정교사를 위한 강의와 자격시험을 제공하는 등 여성교육으로 활동영역을 넓혀 갔다. 1847년 킹즈 칼리지(King's College)[4] 교수들 몇 명이 주도하여, 협회가 마련한 '가정교사의 집' 바로 옆 건물에 퀸즈 칼리지를 열고 이듬해 정식으로 강의를 개설했다. 200여 명의 학생들이 첫 학기를 등록하며 여성들이 얼마나 교육에 목말라했는지를 몸소 입증했다. 초창기에 그곳을 다닌 버스(Frances Buss)는 이 칼리지의 존재감을 이렇게 얘기한다. "퀸즈 칼리지는 나에게 이전과 다른 삶을 열어 주었지요. 지적인 의미에서 말이죠. 마음이 통하는 사람들과 만나는 것은 더없이 기쁜 일이었고 이 일은 나를 비롯해 운 좋게 여기 학생이 된 여성 대다수에게 새로운 경험이었습니다."[5]

그런데 퀸즈는 킹즈 칼리지와 유사한 방식으로 운영되었더라도, 대학 진학을 위한 교육보다는 초중등 수준의 교육을 고수했다. 초대 학장 모리스(Frederick Denison Maurice)는 퀸즈가 일반학교가 아니라 '칼리지'여야 한다고 역설했지만, 뒤이은 학장들과 학교 운영진은 고등교육기관으로 발전하는 길에는 전혀 관심이 없었다. 고등교육을 향한 시도는 모두 좌절되었고, 졸업생 버스가 평하듯이 "퀸즈 칼리지는 분명 여성교육운동을 시작했지만 점차 보수화되었다"(Raftery, 1997: 178-180).

퀸즈 칼리지의 개교 이듬해에 문을 연 베드포드 칼리지는 유니테어리언(unitarian)이자 노예제 폐지론자인 리드(Elizabeth Jesser Reid, 1789~1866)의 비전에서 시작되었다. 1860년 지인들에게 쓴 편지에서 리드는 '여성을 위한 칼리지, 혹은 그와 유사한 학교를 세우는 것이 어릴 적부터 꿈이었다'[6]고 쓴 바 있다. 60세에 리드는 꿈을 이룬다. 1858년 지인(Henry Crabb Robinson)에게 쓴 편지에서 리드는 '칼리지의 설립 목적이 사회 개선을 목표로 여성의 도덕적, 지적 자질을 고양하는 것'이라고 밝히며, '훌륭한 어머니가 존재해야지 우리 사회에 훌륭한 남자가 존재할 수 있다'고 여성교육의 정당성을 피력했다. '현모의 양성'은 당시 여성교육론자들이 으레 내세운 교육목표로서 현실적으로 가장 설득력 있는 근거이긴 했어도, 바로 이런 점에서 리드의 여성교육관은 그리 새로울 것이 없었다.

그러나 표방한 교육목적이 같다고 해서 지향하는 교육수준도 동일한 것은 아니었다. 리드는 여성에게 고등교육을 제공하는 칼리지를 열망했다. 물론 초창기 베드포드는 '12세 이상'이라는 낮은 입학연령으로 학생들이 너무 어리거나 기초교육이 부족하여 수준 높은 커리큘럼을 시행할 수 없었다. 하지만 1866년 리드 사후 설립된 리드 재단은 리드의 뜻을 더 잘 이행했고, 베드포드는 점차 초중등학교가 아니라 고등교육을 위한 칼리지로 성장해 갔다. 여자중학교가 된 퀸즈 칼리지와는 달리 베드포드는 1878년 런던 대학의 입학 및 졸업 시험을 준비하는 수업을 실시했고 마침내 1880년대에 런던 대학에 편입되었다.

이처럼 퀸즈와 베드포드는 완벽하지는 않을 지라도 여성의 정규고등교육을 위한 첫 테이프를 훌륭히 끊었다. 하지만 19세기 후반 학교운영을 맡은 이들은 여전히 모성교육이라는 전통적인 이상에 집착했다. 도시 지역을 중심으로 설립된 여학교들의 커리큘럼에서 가사와 상업, 사무 등 실기 과목의 비중은 여전히 높았고, 일부 커리큘럼에 포함된 과학과목도 식물학, 생리학, 위생학 위주였다. 따라서 앞서 여성칼리지들이 존재했지만 진정한 의미에서 남성과 동등한 여성교육을 실현한 곳은 거튼(Girton) 칼리지였다. 설립자 데이비스(Emily Davies, 1830~1921)는 모든 수준에서 남자 대학과 동일한 여자 '대학'을 세운다는 신념을 단 한 번도 굽히지 않았다.

에밀리 데이비스와 거튼 칼리지

데이비스가 1873년 캠브리지에서 2마일 가량 떨어진 거튼에 칼리지를 세울 때부터 그녀의 목표는 캠브리지 대학 진입이었다. 그녀와 캠브리지의 인연은 오래된 것으로 보인다. 데이비스는 캠브리지 대학 출신의 목사 아버지 덕분에 학구적인 집안

^ 에밀리 데이비스(Emily Davies) 초상화 by Rudolph Lehmann(1880)

^ 1890년대 커튼 칼리지(Girton College)

분위기 속에서 자라났다. 하지만 스스로 회상하듯, 그녀가 경험한 교육은 "성직자의 딸들이 흔히 받았던 교육 그 이상도 그 이하도 아니었다."[7] 캠브리지 대학까지 나왔던 오빠에 비해 학교교육을 별로 받지 못했던 데이비스는 이로 인해 평생 지적 열등감을 안고 살아가야 했지만, 동시에 여성대학에 대한 열망을 불태우게 되었다.[8]

데이비스가 처음 여성운동을 접하게 된 것은 보디촌 자매(Annie Leigh Smith and Barbara Bodichons) 덕택이었다. 데이비스는 이들과 만나면서 여성운동에 눈을 뜨고, 자유주의 페미니즘 운동을 선구적으로 이끈 랭햄 플레이스 그룹(The Langham Place Group)[9]에 적극적으로 동참했다. 처음 데이비스가 매달린 문제는 여성에게 대학을 개방하는 일이었다. 그 출발은 잉글랜드 최초로 의학박사학위 취득을 시도한 가렛(Elizabeth Garrett)[10]을 돕는 데 앞장서는 것이었다. 데이비스는 여러 저명 인물들과 런던 대학 인사들에게 여성의 학위취득 필요성을 부지런히 설득하고 런던 대학 측에 여성에게도 대학교육을 확대하는 조항을 마련하자고 건의했다. 물론 여성의 학위취득 내용을 담은 수정안은 통과되지 못했다. 그럼에도 데이비스는 싸움을 멈추지 않았다. 건의안이 대학운영위원회에서 표결되고 부결되는 일이 되풀이되었음에도 불구하고 건의서를 작성하고 전단지를 배포하며 지지자를 모으는 일을 부단히 지속했다(Raftery, 1997: 192-194).

그런 와중에 데이비스는 여학생도 남학생과 마찬가지로 졸업자격시험을 칠 수 있는 방안을 모색함으로써 여성교육의 공적 위상을 확보하고자 애썼다. 그녀는 캠브리지와 옥스퍼드 대학이 주관하여 중등교육 이수자격을 부여한 지방시행시험(Local examination)을 여성에게도 개방해야 한다고 주장했다. 이런 요구는 여성의 정규교육을 발전시키고 남녀의 지적 동등성을 입증하고자 하는 그녀의 바람에 딱 맞는 일이었다. 이 역시 바로 반대에 부딪쳤다. 옥스퍼드의 한 운영자는 '어린 숙녀에게 시험을 시행하는 일은 대학의 의무가 아니'라고 딱 잘라 거절했다.[11] 하지만 1862년 말 데이비스는 뜻을 함께 하는 이들과 대학시험위원회(University Examinations Committee)를 구성하여 장기전에 돌입했다. 이 위원회가 제출한 건의안은 두 대학으로부터 여러

번 퇴짜를 맞은 후, 1864년 캠브리지 대학 이사회에서 55대 51로 통과되었다.

이후로도 데이비스는 남학교에만 지원되던 교육기금을 여학교도 지원받을 수 있도록 한다거나 런던 대학 입학시험에 여성도 응시할 수 있도록 애쓰는 등 여성교육을 위해 다방면으로 열심히 뛰어다녔다. 하지만 최종적으로 그녀가 심혈을 기울였던 기획은 '칼리지'라는 이름에 걸맞은 여성고등교육기관을 세우는 일이었다. 이미 퀸즈나 베드포드 같은 여자칼리지가 있긴 했지만 다른 유형의 칼리지, 즉 옥스퍼드와 캠브리지 대학의 칼리지와 교육수준 및 목표가 똑같은 여성 칼리지가 필요하다고 생각했다. 일련의 사건들이 칼리지를 설립하려는 데이비스의 발걸음을 재촉했다. 진작부터 데이비스는 입학연령을 높이고 자격시험을 요구하는 등 퀸즈를 남자 칼리지와 동일한 수준의 칼리지로 격상하기 위해 힘썼지만 모든 시도가 좌절된데다가 1866년 4월 퀸즈 칼리지의 부학장직마저 거부당했다. 그녀는 결국 퀸즈 칼리지를 통해 자신의 목적을 성취하려는 모든 희망을 버릴 수밖에 없었다.

끝내 데이비스는 기존 대학을 통해서는 목표를 달성하기 어렵다고 판단하고 새로운 여성 칼리지를 건립하기로 결정했다. 1866년 초 출간한 《여성고등교육》에서 그녀는 관습적인 젠더 역할과 성차별에 문제를 제기하고, 남성교육의 '최종 목적이 모든 방면에서 최고의 남자를 만드는 것이라면' 여성교육도 '어떤 특정한 역할에 한정되지 않는, 최고의 여성을 양성하는 것'이라고 선언했다(Davies, 1866: 7-12). 1867년 말 데이비스와 해스팅스(G. W. Hastings), 로비(H. J. Roby), 멧캘프(Miss Metcalfe)가 주도하여 '여성고등교육을 위한 칼리지 설립 위원회' 결성을 준비했다. 이때 결정한 결의안에는 대학진입이라는 데이비스의 바람이 뚜렷이 반영되어 있었다. "이 칼리지는 가능하면 캠브리지 대학과 연계할 것이고 (…) 궁극적으로는 여학생들이 적합한 규칙에 따라 그 대학의 학위를 받을 수 있도록 노력할 것이다"(Raftery, 1997: 208 재인용).[12]

이후 설립위원회가 완전히 구성되었을 때에는 세 명의 주교와 두 명의 학장을 비롯한 많은 저명인사들이 동참했다. 물론 데이비스가 접촉했던 모든 이들이 칼리지

건립을 지지한 것은 아니었다. 가령, 인기작가 욘지(Charlotte Yonge)는 '대다수 소녀들은 태도나 말로 서로에게 늘 상처를 준다. 우수한 여성은 독학을 할 것이고, 열등한 여성은 가정생활에 필요한 것 이상을 절대 배우지 않을 것'이라고 말하며 데이비스의 참여제안을 거절했다(Raftery, 1997: 208).

여러 어려움 속에서도 마침내 1869년 10월 히친(Hitchin)의 벤슬로우 하우스(Benslow House)에서 남성과 동등한 교육을 지향하는 최초의 여성 칼리지가 개교했다. 겨우 5명의 학생으로 출발한 탓에 시작은 미약한 듯 보이지만, 히친에서 학교를 다녔던 학생들의 경험은 남달랐다. 1872년 아버지에게 가까스로 허락을 받고 학교를 다니다 훗날 웨스트필드 칼리지(Westfield College)의 초대 학장이 된 메이너드(Constance Maynard)는 졸업한 지 40년이 지나서도 히친에서의 첫해를 잊지 못했다. "1872년 10월 14일은 내 생애 최고의 날이었고 매년 한 번도 잊은 적이 없다. (…) 히친의 첫 해에 느낀 엄청난 행복은 평생 두 번 다시 느낄 수 없는 감정이었다. 그곳에서는 마치 모든 지식의 보고를 바로 손에 넣을 수 있을 것만 같았다."

하지만 당시에 여대생들은 흔히 괴짜로 통했다. 도브(Jane Frances Dove)는 자신의 칼리지 입학이 이웃과 친구들 사이에서는 '전대미문의 사건'이었고 '그 즉시 기이한 사람으로 취급받았다'고 회상했다(Stephen, 1927: 226). 이런 분위기를 의식해서 여학생들은 일상생활이 엄격히 통제되고 남학생과의 접촉은 물론이고 연극에서 남성복장을 입는 것조차 금지되었다. 지지와 격려가 없었던 것은 아니나, 여성고등교육에 대한 당대의 부정적인 태도를 감안하면 여대생에 대한 철저한 통제가 무리도 아니었다. 특히 거튼 칼리지는 시작부터 많은 비판을 받았다. 어떤 목사는 '저 이단자의 공간'이라고 폄하했고, 이에 동조한 의사와 부모들은 여성의 고등교육이 비기독교적이고 위험하다고 비난했다. 언론도 적극 가담했다. 《타임즈 Times》는 여성이 대학교육을 받으면 '신경쇠약에 걸리고 아내와 어머니로서의 적절한 의무를 감당하지 못하게 될 것'이라고 경고했으며, 《맨체스터 가디언 Manchester Guardian》은 '소녀에게 적합한 대학은 가족의 품, 곧 가정'이라고 목청을 높였다(Bennett, 1990:

98-99). 여성 칼리지들은 이런 비판에 맞서는 대응책으로 관습적인 가치와 미덕을 전면에 내세웠다. 데이비스 역시 여학생들의 품행을 늘 강조했는데, 여학생들이 추문에 휩싸이면 여성교육운동이 타격을 받으리라 생각했던 탓이다(Mcdermid, 1995: 112).

이렇게 칼리지에 다니기 위해 극복해야 할 장애물이 많았지만, 여학생들은 지적인 도전과 대학생활의 자유를 즐겼던 것으로 보인다. 거튼 졸업생들이 대학시절 가장 잊을 수 없는 기억은 삶의 자유권이었다. '난생 처음으로 누구의 방해도 받지 않고, 나만의 계획에 따라' '잠을 자거나 공부를 할 수 있었다'는 것이다. 거튼은 영국 중간계급 딸들이 인생의 자유를 만끽하는 공간이었다. 《자기만의 방》에서 울프가 자유와 해방의 공간으로 '자기만의 방'이 필요하다고 주장한 것도 같은 맥락이었을 것이다(이성숙, 2005: 83).

데이비스와 운영위원회는 1873년 캠브리지와 가까우면서도 부지가 더 넓은 거튼으로 칼리지를 옮겨 대학 진입에 박차를 가했다. 여성도 남성과 똑같은 조건에서 교육을 받아야 한다는 원칙을 지키는 데는 데이비스를 따라올 자가 없었다. 학교 규모를 비롯하여 교육조건과 교육목표, 교육수준을 캠브리지에 맞추려고 했을 뿐더러, 동일한 졸업시험을 치고 동일한 졸업자격을 얻도록 전력을 다했다. 1881년 거튼 칼리지 학생들은 캠브리지 대학 졸업을 위한 예비시험과 우등학위시험(Tripos)에 응시할 수 있는 자격을 얻었다. 데이비스가 그렇게 바라던 대학 진입에 성공한 것이다. 그러나 안타깝게도 아직은 절반의 성공이었다. 말 그대로 졸업시험을 칠 '자격'을 부여한 것이지 이것이 곧 학위수여로 이어진 것은 아니기 때문이다. 거튼 칼리지와 1875년 개교한 뉴넘(Newnham)[13] 칼리지의 여학생들은 캠브리지 대학 졸업시험을 통과했음에도, 한참동안 대학 대강당에서 거행하는 졸업식에 입장하지 못하고 졸업식 만찬에 참석하는 것으로 만족해야 했다.[14]

당시 영국에서 대학학위 취득은 동시에 대학의 학사 및 행정에 대한 결정권을 획득하는 일이었던 탓에, 여성이 대학졸업자격을 얻는 데는 입학자격보다 몇 배의 시간과 공이 들어가야 했다. 무엇보다 19세기 말 여러 대학이 여성에게 졸업장을 수여하고 여성을 대학의 정식구성원으로 받아들였던 데 반해, 옥스브리지의 문은 전과 다름없이 굳게 닫혀 있었다.[15] 그 시절 많은 영국인들에게 대학교육을 받았다는 것은 곧 옥스브리지에서 학위를 취득했다 것을 뜻했다(송태수, 2005: 207). 이런 의미에서 보면, 20세기 초반까지도 여성은 대학교육을 받은 게 아닌 셈이었다. 1910년 무렵 옥스퍼드와 캠브리지에는 3천여 명의 여학생이 재학하고 있었지만 이들은 '같이 있으나 소속되지 않은' 모호한 위치에 있었다(Sutherland, 1991: 95). 이를 시정하려는 시도가 없었던 것은 아니나, 완강히 거부되었다. 거튼 여학생들의 시위로 1897년 캠브리지 대학 위원회에서 여성의 학위취득을 두고 졸업생 투표를 진행했는데, 졸업생 절대 다수가 반대표를 던졌다. '우리 칼리지 1마일 이내 여자는 접근금지'라는 현수막이 내걸리고 투표 당일 몇몇 남학생들은 밀가루를 던지며 투표 자체를 방해하기도 했다(김중락, 2005: 66).

1918년 30세 이상의 여성들에게 투표권이 부여되자, 옥스브리지의 차별적인 학칙은 여론의 뭇매를 맞았다. 옥스퍼드는 1921년 5개의 여성 칼리지 성원들에게 완전한 자격을 부여하며 백기를 들었지만, 캠브리지에서는 격심한 논란 끝에 대학 구성원 자격 없이 학위만 수여하는, 곧 학위자라는 칭호만 부여하는 안이 통과되었다. 이 때 일부 남학생들은 손수레를 이용해 여성 칼리지의 출입문을 막으며 여성에 대한 남성의 승리를 자축하기도 했다. 제2차 세계대전 이후 대학 내 남녀평등이 더 이상 논의의 대상이 아니게 된 뒤에야 캠브리지 대학은 여성에게 완전한 대학 구성원의 자격을 부여했다.

캠브리지의 뿌리 깊은 여성차별의 역사는 20세기 말미에 새삼스레 여론의 관심을 모았다. 1998년 7월 4일 캠브리지 대학에서 뜻 깊은 졸업식이 거행되었다. 학교 측은 1948년 이전 거튼과 뉴넘에서 수학한 900여 명의 생존 할머니들을 초청하여 정식 졸업장을 수여하는 자리를 마련한 것이다. 그런데 놀랍게도 식장 입구에서 할머니들은 대학생활 모든 부분에서 당해야 했던 불평등한 대우와 규제에 대해 대학 당국의 공개적인 사과 없이는 졸업식장에 발을 들여놓지 않겠다고 버텼다. 결국 총장이 과거 캠브리지 대학의 잘못을 사죄한 후 졸업식이 진행될 수 있었다(이성숙, 2005: 75). 데이비스가 남성과 동등한 교육을 표방하며 거튼 칼리지를 세운 지 100여 년도 훌쩍 지난 후였다.

●•• 발자취를 따라 나오며

영국여성교육사의 눈부신 성장은 보통교육이 실시되고 여성대학이 설립되기 시작한 19세기 후반부터라고 으레 이야기된다. 확연한 변화가 거의 없던 여성교육이 이 시기에 제도 면에서 급격한 발전을 이룬 덕에 이때를 '예기치 못한 혁명'의 시기로 부르는 것도 그리 이상하지는 않다. 그러나 19세기 후반 여성에게 고등교육을 개방한 것이 실로 '혁명'에 비견될 일일지라도, 이는 결코 우연한 결과가 아니었다. 앞서 보았다시피 근대 초부터 여성들은 그들과 교육이 무관하다는 통념에 맞서며, 교육받을 권리를 얻고자 치열하게 싸워왔다. 제도적 여건이 마련된 19세기 중엽 이후에도 여성교육의 목표가 '현모양처'라는 테두리를 크게 벗어나지는 못했기에 모든 조건에서 남성과 동등한 교육을 받기 위한 투쟁을 멈추지 않았다.

하지만 동시대 페미니스트 버틀러(Josephine Butler)가 데이비스를 '남자를 목표로 하는 여성'이라고 비난했듯이, 자유주의 성향의 여성교육운동은 남자의 뒤꽁무니를 좇아가는 것에 불과하다는 비판을 받을 여지가 있었다. 심지어 여성성보다 남성성이 더 우월하다는 인식의 한계를 보였을 수도 있다. 하지만 오늘날 우리는 여성교육의 역사에서 시대적 맥락을 고려해야 한다. 데이비스는 여성을 위한 특별 체계나 커리큘럼을 '일부러' 구상하지 않았다. 여성정체성, 여성다움, 여성만의 것은 무조건 열등하게 취급되고 인정받지 못하던 시절이었던 탓이다. 여성고등교육에 반대하는 이들에게 '다른 것'은 곧 '열등한 것'을 의미했기에, 남성과 동등한 것, 남성성을 추구하려는 움직임은 당시로선 자연스런 결과였다. 더욱이 교육을 비롯해 공식적이고 제도적인 것은 무엇이든 남성의 영역이었던 상황에서, 남성과 동등한 교육을 외치고 대학에 진입하려는 시도와 그 성과는 남성의 성역을 무너뜨리는 적지 않은 효과가 있었다. 이들이 미처 생각지 못했던 일들은 이제 우리가 해결해야 할 몫일 뿐이다.

배혜정

서양여성의 역사와 페미니즘 이론을 공부하고 가르치는 일을 해왔다. 가장 큰 관심은 현재의 우리(특히, 남성)에게 과거 여성의 목소리를 생생하게 전달하는 것이다. 그 작은 성과 중 하나가 「17세기 후반 잉글랜드 '여성논쟁'과 최초의 페미니스트들」이라는 제목의 박사논문이다. 앞으로도 논문 안의 과거 여성과 논문 밖의 현재 여성의 치열한 삶 속에서 배운 바를 지속적으로 전하는 것이 소망이다.

참고자료

1) 크레시는 주로 서명에 근거하여 영국에서 글을 아는 사람의 비율이 17세기 중엽 남성 30퍼센트, 여성 10퍼센트에서 18세기 초 남성 45퍼센트, 여성 30퍼센트로 상승했다고 추정했다. 특히 런던의 경우 이 수치는 훨씬 더 올라간다(Cressy: 176-177). 게다가 쓰기는 읽기를 끝낸 후 별도로 가르치는 기술이었기 때문에 쓰기는 힘들어도 읽기는 가능한 여성이 상당히 증가했던 것으로 보인다.

2) 이들 여학교의 존재를 알려주는 증거는 적지 않은데, 편지나 일기, 자서전 같은 곳에서 단편적으로 언급되곤 한다. 17세기 초반부터 런던 주변의 해크니(Hackney)와 뎁퍼드(Deptford), 퍼트니(Putney) 같은 곳에서 여학교가 세워졌다(Bowden, 2009: 89). 1660년 왕정복고 이후로는 맨체스터와 켄트, 옥스퍼드, 레스터, 액서터 같은 다른 도시에도 기숙 여학교가 건립되었고, 지방에도 군데군데 존재했다(Charlton, 1999: 139).

3) 웨스트민스터에 있던 드래퍼 부인(Mrs. Draper)의 학교에서는 라틴어와 이탈리아어, 지리학을 가르쳤고, 바슈아 메이킨의 학교는 라틴어와 프랑스어, 산수, 역사, 천문학, 지리학 등을 가르쳤다(O'Day, 1982: 188).

4) 킹즈 칼리지는 16, 17세 소년들을 대상으로 전문직 진출이나 옥스퍼드와 캠브리지 대학 진학을 목표로 1827년 설립되었다. 일찍부터 여성에게도 강의를 개방하여 일부 여학생들이 1832년 라이엘(Charles Lyell)의 지리학 강의를 수강하기도 했다. 하지만 킹즈 칼리지 위원회는 이런 상황에 놀라 여성에게 대학 강의를 개방하지 않는 결의안을 통과시켰다(Raftery: 176-177).

5) Frances Mary Buss to Dorothea Beale(1889)를 Raftery(1997). p. 177에서 재인용.

6) Elizabeth Jesser Reid to Eliza Bostock and Jane Martineau (1860)를 Margaret J. Tuke (1939), *A History of Bedford College for Women, 1860-1937*, London: Oxford university press, p. 3에서 재인용.

7) Emily Davies, AMsS Family Chronicle, Davies Papers, Cirton College Archives를 Stephen(1927), p. 25에서 재인용.

8) 데이비스는 늘 자신의 교육이 부족하다고 생각했던 탓에, 거튼 칼리지의 강의와 커리큘럼 같은 학술적인 부문에는 일절 관여하지 않으려 했다.

9) 이 그룹은 1857~1866년 무렵 여성의 참정권과 교육기회, 기혼 여성의 재산권 관련 법률 개정 등 다양한 쟁점을 가지고 여성운동을 벌였다. 이 그룹은 Barbara Leigh Smith와 Bessie Rayner Parkes, 에밀리 데이비스, Elizabeth와 Millicent Garrett 자매, Millicent Fawcett 등 중산층 지식인 여성들이 주도했다. 여기서 활동한 여성들은 훗날 여성참정권 투쟁가, 여성교육운동가, 의사, 학교장 등 영국 페미니즘 역사에서 굵직한 획을 긋게 된다.

10) 가렛은 학업능력을 검증받기 위해 여러 의과대학에 지원했지만 모두 거부되고 결국 약사

협회(Association of Apothecaries)의 자격시험을 통과했고, 이후 런던대학에서 간호사 자격으로 실습점수를 따서 1865년 영국 의학 명부(British medical Register)에 이름을 올렸다. 하지만 런던 대학에서 의학 학위를 딸 가능성이 없자 1870년 파리로 건너가 의학박사학위를 취득했다. 1883년 런던 여자의학전문학교의 교장에 올랐다.

11) John Griffiths to Emily Davies, L 19 July 1862, in AmsS Family Chronicle, p. 266.

12) Minutes of the First meeting of the College committee, AMs 5 December 1867, Bodichon Papers, B323, Girton College를 Raftery(1997). p. 208에서 재인용.

13) 뉴넘 칼리지는 시지윅 부부(Henry and Eleanor Sidgwick)가 세우고 클로우프(Anne Jemima Clough)가 운영했는데, 이들은 데이비스와 달리 남성과 동등한 여성교육을 지향하지 않았다. 캠브리지 사정을 더 잘 파악하기도 했고 남녀 간 현실적 차이를 인정하기도 했기 때문에, 여학생에게 적합한 교육과정과 제도를 정립하는 것이 실질적으로 여성에게 더 이롭다고 생각했다. 따라서 그들은 시험이나 학위 수여를 부차적인 문제로 보고, 중산층 비혼여성의 사회진출을 목표로 직업교육에 주력했다. 이런 교육목표를 둔 덕에 뉴넘은 커튼보다 더 많은 지지와 후원을 받으며 운영될 수 있었다(김중락, 2005: 55).

14) 이들은 우리가 생각한 것보다 학위취득 문제에 별로 개의치 않았다. 이전 세대나 다른 계층의 여성들에 비해 상대적으로 상당한 교육적 권리와 자유를 누리고 있다고 생각했고 사실상 졸업장 없이도 교사 같은 직종에서 우대받을 수 있었기 때문이다(이성숙, 2005: 85).

15) 런던 대학이 1878년에, 빅토리아 대학이 1880년에, 스코틀랜드 대학들이 1892년에 그 문을 활짝 열었지만, 옥스퍼드는 1918년에, 캠브리지는 1948년에 가서야 여성에게 정식 학위를 수여했다.

2

CHAPTER

중국 근대 여성교육: 전족을 벗어나서

현대 중국의 여성은 모택동의 "하늘의 절반은 여성이다"라는 문구와 어울리는 높은 사회적 지위를 자랑하고 있다. 그러나 불과 150년 전의 전근대 중국여성들은 결혼을 잘하기 위해 몸을 학대하는 전족을 해야 했으며, "여자에게 재능이 없는 것이 덕이다"라는 관습 속에서 교육에서 철저히 소외되었다.

전족과 무학으로 대표되었던 중국 여성은 근대 변법사상가들의 여성해방 사상에 따라 전족을 벗어 던지고, 교육을 받기 시작했다. 그럼에도 그들의 여성교육은 누란에 빠진 청 말의 현실에서 벗어나기 위한 "구국"을 목적으로 한 것으로, 교육을 통해 훌륭한 어머니가 되어 구국인재를 길러 낸다는 객체적 시각에 머물러 있었다. 이것은 1911년 중화민국이 성립한 이후 신문화운동 시기에 이르러 신문화운동가들은 자유연애, 자유결혼, 여성의 남녀공학 입학과 같은 문제를 제기하였다. 비로소 여성 자체에 관심을 가지고 여성은 객체가 아닌 주체로서 교육에 임할 수 있었던 것이다. 그것은 채원배의 북경대학에서의 남녀공학 허용으로 실현되었으며 여성의 엘리트 교육이 가능해졌던 것이다.

중국 여성에게 교육은 스스로를 변화시킬 수 있는 기본 전제였다. 비록 중화인민공화국 성립이전에는 엘리트 위주의 교육이 이루어졌다는 한계가 있었으나, 대일항전시기를 거치면서 다수 민중여성들은 교육과 함께 스스로 실천운동을 함으로써 스스로 변혁을 꾀할 수 있었던 것으로 보이며 그것은 이후 중화인민공화국 시기의 대중교육의 활성화와 여성의 인권 신장으로 이어졌던 것으로 보인다.

현대 중국의 여성은 모택동의 "하늘의 절반은 여성이다"라는 문구와 어울리는 높은 사회적 지위를 자랑하고 있다. 남성과 동일한 교육, 직업, 결혼 후 가사일 분담에 이르기까지 한 · 중 · 일 3국의 여성 중 가장 성평등이 높은 사회[1]에 살고 있다고까지 말한다.

그러나 아편전쟁 이후 근대의 소용돌이 속으로 들어가기 전까지만 해도 중국의 여성은 "여자는 재주가 없는 것이 덕이다"라는 뿌리 깊은 관념 속에서 신음하고 있었다.

●•• 전근대 사회의 여성상

20세기 초반 중국 농촌을 여행하였던 영국 선교사 아서 스미스는 당시 중국의 지위를 ① 교육받을 기회가 없다, ② 처와 딸을 팔아넘길 수 있다, ③ 극단적 조혼 또는 만혼, ④ (입하나 줄이기 위한) 여자아이의 살해, ⑤ 축첩, ⑥ 처와 딸들의 자살, ⑦ 인구과잉(천성림, 2005: 39)이라고 말하고 있었다.

> 내가 태어난 지 얼마 되지 않았던 어느 날 한 점장이가 우리집에 와서 내가 가족을 떠나지 않으면 나보다 두 살 위의 오빠가 죽게 된다고 말했어요. 부모님은 나를 떠나보내야 한다는 생각에 매우 가슴 아파했으나 딸보다 아들이 훨씬 귀하므로 나를 보내기로 결심했어요. 그들은 바이타(白塔)에 있는 아는 사람의 집에 나를 주었어요. 그들은 나를 5세 된 자기 아들의 부인감으로 길렀지요. 부모님은 나를 1냥을 받고 팔았어요(Wolf, 1991: 39).

이와 같은 풍습은 명나라 때부터 고착화되었던 것으로 보인다. 그 이유는 다음과 같다. 송나라 이후 성리학적 유교관념이 사회에 퍼져서 일반적인 사회 관념이 되었으며 명대 이르러 "무재(無才)가 덕이다"라는 관념이 《여계(女誡)》와 같은 여성윤리지침서에서 유행하였다. 이에 따라 여성의 바른 위치와 덕목은 가정과 가사능력이라는 고정관념이 굳어졌고, 여성교육의 시발점이 통치자의 남권 지배체제의 강화에 있었기 때문에 정치 문화영역에서 여성의 능력 발휘 기회가 차단되었다(이화여대중국여성사연구실, 2005: 235).

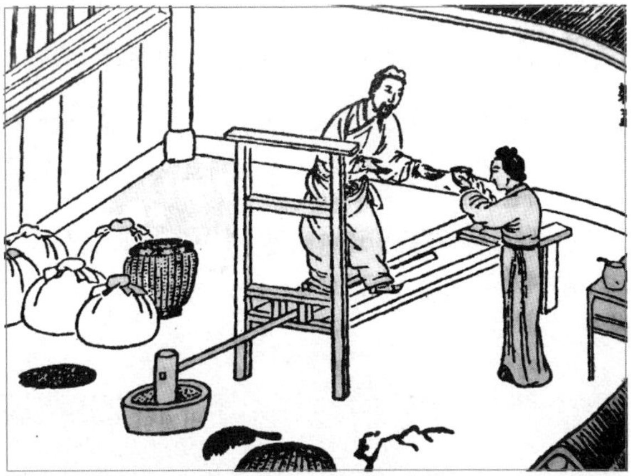

서로 손님을 대하듯 공경했던 모범 부부 양홍과 맹광. 명나라 만력 연간에 여곤(呂坤)이 발행한 《규범(閨範)》의 한 장면
출처: 이중톈(2000). 중국의 남자와 여자. p. 210.

이처럼 전통사회에서 교육은 여성이 익혀야 할 덕목이 아니었다. 남편을 손님처럼 봉양하고 남편 사후엔 열녀가 되고, 부모님께 효도하는 효부가 되는 것이 최고의 삶이었다. 이와 함께 전통시대 여성들을 고통에 몰아넣은 것이 전족이었다. 발을 동여매어 기형으로 만든 결과, 가장 잘 만들어진 전족은 9~10cm에 불과한 세치 금련(三寸金蓮)이 되어 남성들의 사랑과 추종의 대상이 되었다(고홍홍, 2002: 75). 세 살부터 발가락이 썩어 문드러지는 고통을 감내하고 여성이 전족을 한 이유가 무엇이었을까?

남성 쪽에서 우연히 여성의 전족이 모범적이지 못하다는 말을 듣게 되면 반드시 매파를 놓아 상대방에게 뜻을 전해 기필코 발을 더욱 꽉 졸라매도록 시켰다. 혼례식에서 신랑 측은 신부의 발걸음이 가냘프고 작은(이중톈, 2000: 210) 것을 목격하면 온

> 식구가 좋아서 어찌할 줄 몰라 하며 만면에 희색이 가득하였다. 반대로 만약 새색시의 발이 배만큼 크면 잔치분위기는 일시에 찬물을 끼얹은 듯 썰렁해져서 신랑이든 시부모든 친지들이든 모두 부모상을 당한 것처럼 온통 얼굴이 어두워졌다(고홍홍, 2002: 148).

전족이 남성의 심미안의 근원이었다느니, 운동성을 낮게 하여 정조를 지키기 위함이라느니, 남성의 변태적인 성욕 때문이라느니 등의 전족의 이유는 다양하다. 이 모든 이유에는 여성이 전족을 하지 않으면 결혼을 잘 할 수 없다는 기본전제가 성립한다. 송나라 이후 재산상속권이 없어진 전통 중국의 여성들은 결혼을 잘하는 것에 필사적일 수밖에 없었다. 교육과 같은 재능을 연마할 시간에 여성들은 대신 엄청난 고통을 감내하며 전족을 할 수밖에 없었던 것이다.

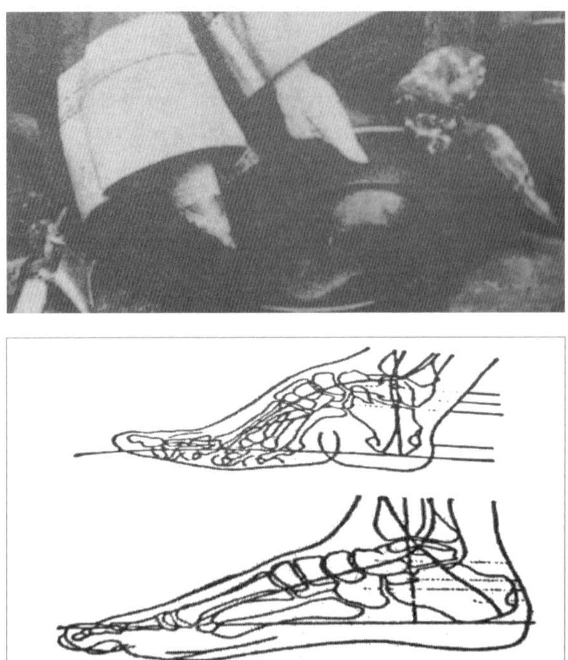

^ 전족으로 기형화된 발

출처: 이양자(2010). 여성을 통해서 본 중국사. 중국의 전족
http://blog.naver.com/yzlee1941/80105638992
도중만 · 박영종(2002). 중국의 전족이야기. p. 89.

따라서 지식인 아버지의 배려에 따라 교육을 받을 수 있었던 소수의 여성을 제외하고 전통사회 중국 여성들은 재능이 없는 것을 덕목으로 여기며 살아가지 않으면 안 되었다.

이것은 최초의 여성혁명가였던 추근의 예를 살펴보더라도 알 수 있다. 그녀는 교육은 허락받았지만, 좋은 결혼을 위해 전족을 강요당할 수밖에 없었다.

추근은 1904년 자신의 이상과 맞지 않았던 남편과 헤어지고 일본에 유학하였다. 그녀는 동경의 청산실천여학교에서 공부하면서 동맹회에 가입하여 절강성 책임자 역할을 하였다. 1907년 대통사범학당 교장이 되었고 광복군을 조직하여 외사촌 서석린과 절강성과 안휘성에서 기의를 계획하였으나 서석린의 체포로 실패하고 추근도 체포되어 사형되었다. 그녀는 일찍이 소녀시절에 부친의 배려로 개인교사에게 교육을 받을 수 있었으나, 그녀의 반항에도 불구하고 전족은 피할 수 없었다.(이양자 외, 2006: 151-166).

전통시대 중국여성의 위치를 "우물 안의 개구리"라고 하였던 엘리자베스 크롤(Croll, 1985)의 말처럼 중국 여성들은 2000년 이상 집 밖의 일이나 국가에 대해서 관심을 갖지 못하고 살았다. 그러나 아편전쟁 이후 서양 근대의 다양한 사조가 물밀듯 들어오게 되자 상황은 바뀌기 시작하였다.

●•• 근대 이후 여성교육의 보급

근대화의 물결에 휩쓸리게 된 중국에서 최초로 여성교육을 실시한 것은 서양선교사들에 의해서였다. 1860년 전후로 해서 광동 일대만 해도 새로 설립된 여학교가 여러 곳이 있었다. 영국 성공회가 홍콩에 비리여숙(比利女宿)을 설립하였고 구룡에는 빅토리아 여서원을 세웠다. 1867년 독일 신의회는 광주에 남녀서숙을 설립하였다.

1887년에는 미국 침례회에서 광주에 배도여숙을 세우고 얼마 지나지 않아 배현여학을 증설하였다. 1877년 상해에 개최된 '재중국기독교선교사대회'의 대회보고서에 의하면, 1876년 전국의 기독교교회에 의해 설립된 여학교 중 주간 여학교가 82개 있으며 학생 수는 1,307명이고 여자 기숙학교는 39개, 학생수는 794명에 이른다. 그리고 천주교가 강남일대에 세운 여학교는 213개이며 학생수는 2,790명에 달했다(杜學元, 2000: 27).

교회가 여학교를 창설한 목적은 처음에는 단순히 선교에 있었지만 후에는 선교인력과 종교지도자를 양성하는 것으로 무게가 옮겨간다.

그러나 서양 제국주의 세력의 첨병 역할로 들어왔던 교회세력에 대한 중국인들의 반감은 피할 수 없었던 것으로 보인다. 1880년 이전까지 교회학교의 학생들이 가난한 집 자식이나 길에서 주어온 거지나 고아가 대부분을 차지했다는 것만 보더라도 그렇다. 이는 교회의 여성교육이 일반인의 관념과는 동떨어져 있었음을 반영한다(곽위동, 2000).

상황이 바뀌기 시작한 것은 양무운동 실패 이후 무술변법시기에 들어서였다. 근대국가 창출을 위해서는 국민이 필요하고 그 속에는 중국인의 절반을 차지하는 여성이 포함될 수밖에 없었기 때문이다. 대표적인 변법파 지식인인 양계초는 〈여성교육을 논함(論女學)〉에서 다음과 같이 말하였다.

> 오늘날 중국이 쇠약해진 원인은 여자들이 교육을 받지 않아서이다. 첫째, 중국이 부강해지기 위해서는 인구의 절반을 점하는 여자들이 생산자로 바뀌어야 한다. 둘째, '여자가 재능이 없는 것이 덕이다'의 오류를 바로잡아 여자의 교육은 생계보조의 수단이 되어야 한다. 셋째, 아동을 위해 어머니의 교육이 바람직하다. 넷째, 태교를 위해서는 여자의 교육이 필요하다.

실질적으로 개항 이후 양무운동 시기인 1860~1890년에 걸쳐 서양의 문화가 쏟아져 들어오면서, 변법유신파 지식인들 역시 서양문물의 중요성에 눈을 뜨게 되었다.

그들은 국가의 부강과 위기 탈출을 위해 근대적인 교육에 여성을 참여시키는 방향으로 나서게 되었던 것이다. 다시 말해 변법유신파 지식인들은 외국선교사들의 여학교 증설로 중국여성들이 서양인에 의해 교육받는 것을 보고 큰 자극을 받았고 곧 중국인에 의해 설립된 여학교도 다수 나타났다.

중국인에 의해 창립된 최초의 여학교는 1898년 상해에 설립된 경정여학당이었다. 변법유신파 지식인인 양계초, 정관응 등에 의해 설립된 여학당의 설립취지는 현모양처 교육이었다.

'변치 않는 도덕을 근본으로 삼아 지혜를 계발하고 덕성을 함양하며 신체를 단련하여 장래에 현모양처로 만드는 기초를 마련하는 것'이라 하여 교양과 부덕을 어느 정도 갖춘, 신체 건강한 현모양처를 배양하려는 것이었다. 이러한 여성교육의 보급은 '여자는 재주 없는 것이 덕'이라는 사고방식을 갖고 있었던 당시 남성들의 사고방식과는 동떨어진 것이었기에 거부감도 상당했던 것 같다. 성선회(盛宣懷)가 여학당에 기부하려했던 기금이 조정인사의 반대로 공급이 거절되어 경비에 차질이 생겼다. 심지어 그 지방의 건달들이 여학생을 희롱하고 교내에 벽돌과 돌 등을 던져 상해지사(上海知事)가 엄금을 선포하고 학교 주변을 순찰하게 하는 경우도 있었다(김문희, 2006: 131).

1899년 의화단운동 이후 청나라의 신정(新政)을 선포하면서 여성교육은 다시 활기를 띠게 되었다.

1902년 상해에 무본여숙이 설립되었으며 같은 해 겨울 애국여학이 설립되었다. 이 학교는 저명한 교육자 채원배가 교장으로 취임하면서 교과과정에 가사, 프랑스혁명사, 화학 등을 두어 현모양처형 교육을 지양하고 지식과 사상을 위주로 한 교육을 목표로 삼았다.

교육통계에 따르면 1907년 여자 소학교가 428개소, 학생 수 15,498명이었던 것이 1909년에 이르면 전국적으로 학생수가 78,376명으로 급격히 증가했다(곽위동, 2000: 44).

특히 1907년 청나라 정부는 조칙을 반포하여 여자사범학교와 여자 소학당의 창립

이념, 입학연령, 교과과정 편성 수업연한, 양성목적 등을 상세하게 규정하였다. 이로써 이후 중국에서는 여교사의 배출이 가능해졌으며, 특히 미션스쿨을 다녔거나 부모를 따라 혹은 단신으로 외국 유학을 다녀온 여성 가운데에는 의사나 간호사도 등장하였다. 그러나 대학이 여성에게 개방된 것은 그 후로 10년 이상을 기다려야 했다.

대표적인 외국유학생으로 혁명가이자 정치가인 하향응(何香凝, 1878~1969)과 송경령(宋慶齡, 1892~1981)이 있다. 하향응의 경우 봉건적 상징인 전족을 거부했던 사례로 유명하며, 송경령의 경우 목사였던 아버지의 영향으로 어린나이에 미국에 유학하였던 사례로 들 수 있다.

하향은(좌)과 송경령 자매(우)
출처: 이화여대 중국여성사 연구실(2005). 중국여성, 신화에서 혁명까지 p. 341, p. 432.

당시 전족의 풍습은 민국 시기까지 계속되고 있었다. 홍콩은 비록 해외교통이 활발하고 풍조가 선진적이었으나 전족의 풍습은 유지되고 있었다. 하향응이 5, 6세 때 그녀의 어머니는 그녀에게 전족을 시키려 하였으나 고통을 참지 못한 하향응은 밤이면 가위로 발을 감싼 헝겊을 잘라버렸다. 어머니는 전족을 강요하고 하향응은 반항한지 10차례가 지난 후, 마침내 그녀의 아버지가 '그녀를 놓아주어라'라고 명령하여 전족을 하지 않아도 되게끔 하였다(김문희, 2006: 131).

송경령의 아버지 송가수(宋嘉樹)는 밴더빌트 신학대학을 졸업하고 기독교 선교사로 일하다가 상해에서 제분공장과 인쇄소를 경영하였다. 그의 자녀인 송애령 송경령 송미령은 모두 전족을 하지 않았으며 기독교 계통의 중학교를 졸업하였다. 애령은 미국에 유학한 최초의 중국여성이었으며 몇 년 후인 1908년에는 경령과 미령도 미국으로 건너가 웨슬리언 여자대학을 진학하였다(이양자, 2006: 62).

●•• 근대초기 양계초의 여성교육 사상

청일전쟁 이후 열강의 중국분할이 시작되면서 중국에서는 민족적 위기감이 팽만해졌고 이에 많은 애국인사들이 구국을 위한 방법을 모색하게 되었다. 강유위(康有爲), 양계초(梁啓超), 담사동(譚嗣同) 등은 그러한 운동을 이끈 주요인물, 즉 변법유신 개혁가들이었다.

강유위, 양계초 등이 유신변법 운동을 시작할 무렵 서양의 근대혁명에서 제시된 천부인권, 자유, 평등, 개성 해방 등의 관념이 이미 중국에 들어와 있었는데, 이 중 남녀평등 사상은 남존여비, 삼강오상, 삼종사덕 등 전통적 봉건윤리 관념에 충격을 주기 시작하였다. 강유위, 양계초 등은 여성문제의 중요성에 관심을 기울여 여성해방과 구국을 하나로 결합시켜 변법 주장의 구성 요소로 삼았다. 이들의 여성문제에 관한 관점은 중국 여성해방운동에서 계몽적인 역할을 하였다.

양계초는 여자교육을 발전시켜야 한다는 사상을 실행에 옮겼다. 1897년 《시무보時務報》에 〈여학당 창설을 알리는 글〉을 게재하였으며 12월에는 「상해에 신설하는 중국여학당장정」을 간행하여 여학당의 청사진으로 삼았다(박지훈 외, 1992: 5).

그가 서술한 〈여학을 논하다(論女學)〉에 실린 양계초의 여성교육 사상을 살펴보자. 그는 당시 중국이 약해진 근본이 여성이 배우지 못한 것이 원인이며 네가지 조목을 들어 여성이 학문을 배워야 하는 이유를 설명하였다.

첫째, 일국의 국민이라면 당연히 직업을 가져 자양(自養)이 가능해야 한데, 여성은 그것이 불가능했다.

여자는 '이익을 나누는' 사람이 된 까닭은 주로 직업이 없기 때문이다. 직업이 없었던 것은 또한 여자에게 학식이 없었기 때문이다. 따라서 반드시 여자학교를 세워야 한다. 여자학교를 세우면 이익을 나누는 해를 제거할 수 있을 뿐만 아니라 또한 무능했던 것을 극복할 수도 있다(중화민국부녀운동연합회부녀운동역사연구실, 1991: 75).

둘째, '여성이 재능이 없으면 덕이다'라는 말 때문에 여성은 이때까지 학문을 익히지 못하였다.

재능이 없으면 덕이란 말 때문에 여자는 교육받을 권리를 빼앗겼고 여자의 지적 능력이 남자만 못한 것으로 된 것이다. 여자가 교육을 받으면 천하의 일들을 이해하게 되고 시야가 넓어지며 지적 능력이 개발되어, 때때로 남자가 이치를 탐구할 수 없다면 여성이 연구하고 남자가 법을 만들 수 없으면 여자가 만든다(중화민국부녀운동연합회부녀운동역사연구실, 1991: 76).

셋째, 서양의 아동교육은 모친으로부터 교육이 상당부분을 차지하므로 중국의 모친교육이 선행된다면 자식의 성장이 용이할 것이다.

사람의 어미된 자가 학문의 근본을 익힘을 통해 자식을 가르치는 법을 통달하게 되고, 아이는 10세 이전에 일체의 학문의 간단한 이치를 입지 입신의 도와 함께 거칠게나마 알 수 있게 된다. 사람의 계몽과 교양의 근본은 그의 어머니의 가르침에서 시작된다. 어머니의 가르침의 근본은 여성의 교육에서 시작된다. 따라서 여성의 학문은 중국의 존망과 강약의 근원이 되는 것이다(중화민국부녀운동연합회부녀운동역사연구실, 1991: 77).

넷째, 태교는 예부터 전해 왔던 것이지만 서구의 우생학적 측면에서도 의미가 있다.

일개 초본식물의 뿌리에서부터 꽃과 열매에 이르기까지 죽어도 그것은 죽는 것이 아니니, 어미에게 나와서 자식에게 이어져 세세연연 끊이지 않게 된다. 이와 같은 종의 우생학은 사람에게도 이어진다. 따라서 각국의 강병의 의지가 있는 자는 국내의 여성에게 명하여 체조학습을 체험시키게 한다. 그럼으로써 이후에 태어나는 아들은 근육과 피부가 강인하고 충만하게 된다. 이것 역시 여자학당을 세우는 대의가 되는 것이다. 남자의 배움이 절반이라면 여자의 배움이 절반이다. 게다가 남자의 배움 또한 그 근원은 어머니에게서 나온다. 따라서 여자의 학문은 우생을 위한 권리이기도 하다(중화민국부녀운동연합회부녀운동역사연구실, 1991: 78).

양계초의 여자교육의 발전에 대한 주장은 여성해방이라는 중대한 문제와 연결되어 여성의 능력을 개발해야 한다고 하였다. 그러나 그가 여자학교를 세우고자 제시한 목적은 현모양처를 배양하자는 데 있었다. 여성의 교육은 어머니와 아내의 자질을 함양하는 것을 말하였을 뿐, 결코 여성이 응당 가져야 할 권리를 쟁취해야 한다는 것은 아니었다.

그는 여자교육의 발전을 국가의 부강이나 민족의 번영과 연관 지어 생각했다. 이는 당시로서는 비교적 앞선 것이었다. 즉, 일정 수준의 삼종사덕 등의 전통 관념을 깨뜨리는 데는 성공하였다. 그러나 그의 사상 중 후대 여자교육에 미친 영향은 현모양처로서의 교육관이었다. 이것은 상당기간 영향력을 미쳤던 것으로 보인다.

●•• 민국시기(1911~1949)[8] 여성교육의 전개

1915년부터 시작된 5.4운동은 엄격한 현모양처 교육사상으로 굳어져 있던 청정부의 보수적인 방침을 바꾸게 되었다. 〈신청년〉을 필두로 한 신문화운동은 '여성문제'에 관해 중점적으로 언급하였다. 여성의 격리, 결혼절차, 축첩제, 도덕의 이중기준, 전족 등의 낡은 관행을 비난하고 여성교육, 참정권, 자유연애, 일부일처제, 산아제한, 핵가족 같은 주제가 광범위하게 논의되고 실천되기도 하였다. 이로 인해 청년들은 결혼의 주체와 대상에 대해 토론하게 되었다. 특히 혼인문제를 토론할 때 스웨덴

여성이론가 엘렌 케이의 사상에 큰 영향을 받았다. 엘렌 케이의 여성관에서 가장 두드러진 점은 자유연애와 자유결혼의 주장이다. 그녀의 사상은 후사를 잇고 가계를 계승하기 위한 중국의 전통적인 혼인과 첨예하게 대립하는 것이었으며 그녀의 이혼의 자유 관념은 중국 청년이 낡은 예교의 속박을 타파하는 데 도움을 주었다.

> 1919년 11월 장사에 사는 조오정은 부모의 강요된 혼인으로 반항이 효력이 없자 결혼식 꽃가마 안에서 면도칼로 목을 찔러 자살하였다. 1920년 봄 장사에서 이흔숙은 강제혼인에 맞서 북경으로 도망을 가 공부하겠다고 신문지상에 밝혀 각계에 파문을 일으켰다.

이러한 사회적으로 진보한 여론과 실천행위로 인해 남녀평등 교육의 전제가 성립하였고, 마침내 북경대학 총장이었던 채원배는 북경대학에 여학생의 입학을 허용하겠다는 선언을 하였다. 여학생이 대학에 입학하자 사회적으로는 물론 북경대학 교내에도 파문이 일어났다.

북경대학 남학생들은 여학생이 대학에 입학한 것에 호기심을 드러냈고 여학생의 근황에 대해서도 여론이 분분하였다. 그러나 2~3주가 지나자 잠잠해졌고 남녀 사이의 경계심도 점점 완화되었다. 이것은 곧 전국에 막대한 영향을 미쳐, 북경대학에 이어 남경고등사범학교, 북경고등사범학교에서 역시 여학생을 모집하기 시작하였다. 그리고 1921년에 이르면 북경에서 7개의 공립대학이 여학생을 모집하였으며 사립인 민국대학 신화대학 역시 여성에게 문호를 개방하였다(Croll, 1985: 112).

5.4운동 시기 남녀평등교육의 실현은 남녀 차별적 전통 보수 세력을 물리치고 남녀가 동등한 교육을 받는 새로운 기풍을 마련한 것에 중대한 의의가 있다. 이것은 현모양처 교육이념에 충격을 주는 것이었고 그 결과 적극적인 5.4 애국 학생운동과 여성노동자의 파업을 비롯한 여성해방운동에 새로운 활력을 불어넣었다.

이후 여성교육에서 두드러진 현상은 사범학교에 진출하는 여성의 증가였다. 이에 따라 다수의 여교사가 배출되었다. 여교사는 대체로 중상류층 가정 출신이었으므로 가족임금으로부터 비교적 자유로운 미혼의 여성들이 중학교나 사범학교 졸업 후 교직에 나갔다. 그럼에도 사범학교를 졸업한 여성 중 절반 정도만 교직으로 나갔으며, 교직으로 나간 여성도 대부분 결혼과 동시에 일을 그만두었다. 이는 15~35시간이나 되는 과중한 업무시간과 같은 노동조건에서 기인한 것도 있지만, 젊은 여자가 직업에 종사하려 하지 않는 것은 과거의 관념이 여전히 남아있어 여자가 가정에서 벗어나 일하는 것을 수치로 생각하기 때문이며, 또 하나는 여성 자신이 의뢰성이 있어 남에게 의존하기 때문이었다(천성림, 2013: 195).

^ 1919년 진링여자대학의 전교생
출처: 리쯔윈 · 천후이펀 · 청핑(2011). 렌즈에 비친 중국여성 100년사. p. 64.

^ 1920년 북경여자사범학교 학생들
출처: 위의 책, p. 69.

국민정부 시기(1927~1949) 동안 여학생의 숫자는 꾸준히 증가하였다. 특히 교육방면에서 여학생은 1928~1949년 21년간 15배 이상 증가하였다. 여자유학생수도 꾸준히 늘어 1912~1927년까지 남자의 11%를 차지하였던 것이 1928~1937년 사이에는 16%, 1938~1945년까지 23.9%를 점하게 되었다.

그러나 여성교육의 보급과 확대, 특히 고등교육의 보급에도 불구하고 여성의 전공과 취업을 살펴보면 절대다수가 인문, 교육과 위생부문에 집중해 있으며 과학기술 및 이과에서는 극히 드물었다. 또한 여성교육과 여성취업률이 가장 높았던 상해지역에서도 1947년 당시 여성은 대부분 가사노동이라고 하는 부불노동에 종사하고 있었다(態月之, 1997: 289).

> 내가 간호원으로서 이 직업을 맡게 된 것을 행운이라 생각해요. 대부분의 급우들은 시골로 보내졌기 때문입니다. 나는 한때 건축가가 되고 싶었지만 그것은 여자에게 적당한 것이 아니었어요. 나는 좀 더 교육을 받고 싶었어요. 그러나 앞으로 나는 그런 기회를 다시는 얻을 수 없겠지요. 간호원들은 봉급도 적고 환자나 사회에서도 존경받지 못해요. 그러나 이것이 나의 팔자인가 봅니다(wolf, 1991: 71).

국민정부 시기 중 남경에 수도를 정하고 장개석이 통치한 기간을 남경정부 시기(1928~1937)라고 일컫는데, 이 시기에 들어 엘렌 케이의 자유연애론은 차갑게 식어버리고 그녀가 주장한 '모성보호'론이 오히려 여성들을 억압하고 사회활동을 방해하는 사상으로 인식되어 임어당(林語堂)과 같은 남성은 모성의 위대함을 강조하며 엘렌 케이의 원래 뜻과는 무관하게 현모양처교육의 이론으로 되어 갔다(이화여대 중국여성사 연구실, 2005: 398-399).

실제로 남경정부는 〈훈정강령〉을 통과시키고 훈정을 선포하였다. 이에 따라 중국인들의 남경정부에 대한 절대 복종을 요구하였으며 이러한 국민화의 시도는 여성에게도 예외는 아니었다. 1930년대 중국사회에서는 신현모양처상을 강조하였는데, 중등학교 교육과정을 보더라도 가사관리와 육아에 관한 전문적이고 과학적인 신현모양처로 성장하기를 기대하였다. 따라서 남경정부의 교육은 여성에게 '선천적으로 가사와 육아에 종사하는 것이 여성에게 적합한 일이기 때문에 여성은 피부양자의 위치를 차지하는 것이 당연하며 사회적 노동에 참여할 필요가 없다. 여성의 과중한 노동은 건강한 민족을 양성하는 데 부정적인 영향을 미치기 때문에 여성 노동자는 기계노동에 참여할 필요가 없다. 여성은 남편이 국민으로서 의무를 다하도록 내조하고 차세대 국민인 자녀를 출산 양육하기 위해 존재한다'라고 해석할 수 있다. 따라서 당시에 다양하게 존재하였던 직업과 현모양처를 함께 수행했던 절충적인 여성상, 남자와 동등하게 국가에 공헌하려 했던 사회참여적인 여성상, 소비적 퇴폐적이라고 비판의 대상이 되었던 모던여자 등과는 대치되는 것이었다.

> 여자에게서 생의 최고의 시기는 언제냐구요? 다른 여성은 어떨지 몰라도 나는 처음으로 직업을 얻었던 시기였어요. 내 일생 중 가장 좋았던 날은 첫 번째 봉급날이었지요. 나중에 남편이 죽었을 때 나는 모든 정력을 일에 쏟았습니다. 내게 직업이 없었다면 삶은 참기 힘들었을 거예요(wolf, 1991: 71).

> 1926년의 담배광고에서 모던여성은 담배를 피는 한 남성 곁에 기댄 채 유유히 말한다. "날 향해 내뿜어요." 이어 1930년대 중국에서는 여성 스스로 피우게 되었다. 물론 "미인도 사랑스럽고 담배로 사랑스러워"라고 맛보는 남성을 늘 대동하고 있었다(李子云 외, 2011: 132).

이와 대조적으로 중국 공산당의 여성관은 사회해방과 노동해방이 가능할 때 비로소 여성해방이 가능하다 하였다. 모택동은 〈호남농민운동보고〉에서 다음과 같이 발표하였다.

> 중국의 남자는 보통 세 가지 계통의 권위적 지배인 정권(政權), 족권(族權), 신권(神權)의 지배를 받는다. 부녀는 여기에 더하여 부권(夫權)의 지배를 받는다. 이 네 가지 권위는 모두 봉건적 지배 가부장제의 사상과 제도를 대표하는 것이다(모택동, 1968: 31).

즉, 여성의 예속적 지위는 중국사회경제의 구조적 모순에 의한 경제적 불평등에서 시작되었다는 것이다. 이것은 여성해방이 여성의 천부인권적 권리의 회복이 아니라 노동해방 사회해방과 밀접한 관련이 있고 이를 통해서만 여성해방이 실현될 수 있다는 견해였다.

중국공산당은 국공합작시기에 국민당과 연합하여 대중운동을 실시하였는데, 이때 국민당 여성부 휘하에 여성운동 강습소를 설립하여 여성의 대중공작 교육을 실시하였다. 공산당원의 지도하에 다양한 대중공작, 즉 농민운동, 노동운동, 여성운동은 급속도로 확장되어 국민당과 국민정부가 군벌을 물리치고 북벌을 성공하는 데 큰 역할을 하였다.

국공합작이 깨지고 공산당이 호남성에서 섬서성 연안까지 2만5천리 대장정을 할 때에도 공산당 여성들은 지나가는 마을 앞 개울가에서 전족을 안한 발을 씻으면서 마을 여성들을 계몽하였다.

전형적인 모던여자
출처: 리쯔원 외(2011). p. 103.

항일전쟁기의 전시간부훈련단의 여전사들
출처: 리쯔원 외(2011). p. 134.

"저 여자들은 전족을 하지 않았어. 결혼하긴 글렀군."
마을 여성들의 수근거림에 대장정 중의 홍군 여성들은 이렇게 답하였다.
"아니예요, 전족을 하지 않아도 우리 모두 남편이 있답니다."

1937년 일본의 침략에 대항하여 국민당과 공산당의 2차합작이 이뤄지고 항전체제가 형성되었을 때, 항일구국운동의 일환으로써 여성공작이 이루어졌다.

> 부녀공작을 진행하기 위하여 우선 지식부녀와 여학생을 동원하여 간부로서 훈련한 후, 여공, 노동부녀, 가정 부녀의 교량과 선봉으로서의 역할을 하게 한다(당안사료연구실, 1990: 46–48).

이들은 항전의 승리, 신중국 건설을 위해 전민 참여를 유도하였다. 그것을 위해 ① 90종에 달하는 여성관련 간행물이 발행되어 선전 계몽에 나섰다. ② 항전참여를 위해 여성조직운동에 나섰다. 여청년회 등에서는 소규모의 학습조, 좌담회, 독서회의 모임을 중심으로 전황의 교류, 문건의 학습, 진보 서간 열람을 하며 전황과 정치 형세에 관한 진보 활동을 나섰다. ③ 전방지원운동의 전개에 나섰다. ④ 후방공작을 펼쳤다. 여성을 동원하여 전방 후원과 후방질서 유지를 하는 것이다. 여성의 문화수준을 향상시키기 위해서 문맹퇴치, 부녀 야학, 식자반, 독보반 등을 개설해서 여성의 항전교육을 실시하였다. ⑤ 본격적인 여성운동으로써 여성의 취업권리를 보장하라는 요청을 정부기관에 보내었다.

항일전쟁 시기 일본의 참혹한 폭력 속에서 여성들의 교육의 부재, 특히 가난한 서민층 여성들은 학교에 직접 가서 교육을 할 수는 없었지만, 그들은 공산당 여성들의 지지와 지도하에 문맹을 깨치고 문화적 인식을 가질 수 있게 되었다는 것은 커다란 성과였다.

●●● 5.4 신문화운동가들의 여성교육 사상

1915년부터 1925년까지의 5.4운동 시기에서 반봉건적 사상운동이 일어났으니 그것이 바로 신문화운동이었다. 신문화운동은 민주와 과학을 기치로 삼고 국민성의 개조를 목적으로 하였다. 만약 신문화운동이 봉건예교의 압박을 받는 중국 여성의 현실을 무시하거나, 새로운 사상으로 여성을 각성시키지 않았다면, 그 어떠한 것이라도 대중에게 깊이 침투될 수 없으며 보편적으로 발전할 수 없었을 것이다. 따라서 신문화운동의 사상가들은 여성의 봉건 압박과 해독에 대한 공격을 하여 봉건주의 타파에 노력을 기울였다.

신문화운동의 창시자인 진독수(陳獨秀)는《신청년》창간호에서 다음과 같이 말했다.

> 근대 역사는 바로 군권(君權)을 깨뜨려 정치의 해방을 추구한다. 교권(教權)을 깨뜨려 종교의 해방을 추구하며 균산설(均産說)을 일으켜 경제의 해방을 추구한다. 여자의 참정권 운동으로 남권(男權)의 해방을 추구한다. 해방이란 무엇인가? 무릇 노예의 굴레를 탈피하고 그 자주적이고 자유로운 인격을 완전하게 하는 것을 말한다(박지훈 외, 1992: 84).

그는 공자의 도가 갖가지 사람을 속박하는 번잡하고 불합리한 규율과 강상예법을 가지고 수많은 꽃다운 유망한 여성을 집안에 얽매이게 하며 신체와 정신 모두 이상이 나타나기도 하는 등, 처참한 생애를 지내게 하였다고 비판하였다.

그와 함께 호적(胡適)은《신청년》5권 3기에 '미국의 여성'을 발표하여 미국 여성들의 국민교육, 공익활동, 결혼관과 가정관을 소개하면서, 중국여성들의 현모양처가 전부인 인생관에 대비된 미국 여성들의 자립정신을 강조하였다.

신문화 사상가들은 신해혁명의 불철저성에 대해 반성하고, 그 이유를 유가사상의 엄격한 규제와 봉건사회의 옛 관습에 있다고 생각하였다. 그들은 이러한 역사적 교훈을 통해 봉건적 유교사상과 사회관습에 대한 비판을 가하였으며, 바로 이러한 관점 때문에 여성문제가 봉건 윤리에 반대하는 주요 토론 의제가 되었던 것이다.

그러나 교육문제에 있어서는 1919년에 이르러서도 현모양처 교육관에서 벗어나지 못하였다. 실제로 1919년 북양정부 교육부는 각 성의 여자 중학교에 가사를 중점으로 두어야 한다는 훈령을 내렸다.

> 「대학(大學)」에서 나라를 다스리고 천하를 편안하게 하려면 반드시 가정을 정돈하는 것을 우선으로 해야 한다. 대개 가정은 국가 사회의 근본으로서 그것이 좋은가 나쁜가의 여부에 따라 영향이 매우 크다. 그런데 좋은 가정을 만들기 원한다면 반드시 스스로 가정 일을 연구하는 것에서 출발해야 한다. 삼가 말하자면 가사는 여자중학교에서 가장 중요한 과목이므로 마땅히 시간 수를 늘려야 하고 실습을 중시해야 한다(박지훈 외, 1992: 117).

이와 같은 보수적 여성 교육관에 의하면 여성은 현모양처 교육을 해야 하므로 대학에 진학할 필요가 없으며, 남녀가 유별하므로 남녀공학으로 대학을 다닌다면 풍속을 해치고 도덕이 파괴될 여지가 많다고 주장하였다.《부녀잡지》에 실린 왕탁민(王卓民)의 '우리나라 대학이 아직도 남녀공학을 하기에 부적당함을 논함'은 여성교육에 대한 편견을 가진 보수세력의 생각을 대변하였다.

> 오늘날 사회가 여자에게 바라는 것은 대체로 현모양처가 되어 그 가정을 잘 다스리고 자녀를 교육시키는 것일 뿐 아직 대학을 진학하여 공부를 할 필요가 없다.
>
> 중국은 남녀가 유별하고 직접 물건을 주고받지 않으며 현명하고 정숙한 것을 여성의 미덕으로 보았다. 그러나 만약 대학을 같이 다닌다면 반드시 왕래가 있을 것이며 일거수일투족 혹시라도 삼가지 않는 경우가 있을 터이니 어찌 여학생을 받아서 예법을 스스로 파괴할 수 있단 말인가(박지훈 외, 1992: 118).

이에 반해 북경대학에 재학 중이었던 신문화사상가들은 보수파와 더불어 대학에서의 남녀공학의 적합성 여부를 토론하게 되었다. 1919년 10월 《소년중국(少年中國)》은 여성특집호에 호적 주병림(周柄琳), 서언지(徐彦之) 등이 여성의 입학 허용에 대하여 쓴 글을 게재하였다.

주병림은 '대학의 개방과 여성해방'에서 다음과 같이 주장하였다.

> 여성해방을 실행할 수 있는 방법은 삼 단계를 거쳐서 이루어진다.
>
> 일 단계, 남녀교육평등이다. 평등의 참뜻은 높은 수준까지 남녀가 함께 상승하는 평등을 의미한다.
>
> 이 단계, 만약 여성이 고등교육의 기회를 가질 수 있다면, 여성의 사회적 지위가 상승하여 세상의 남녀차별적 경시에서 벗어나고 여성 스스로 남자보다 저열하다는 인식을 가지지 않게 될 것이다.
>
> 삼 단계, 고등교육을 받게 된 여성들은 고등교육을 받지 못하거나 문맹인 여성들을 계도할 책임을 깨닫게 될 것이다. 이로써 전국의 여성이 단결하여 구제도에 대한 일체의 공격을 가하고 완전한 해방을 이룰 수 있을 것이다(중화전국부녀연합회부녀운동역사연구실, 1990: 257).

1919년 3월 북경대학 총장인 채원배는 대학에 여학생 입학을 허용하는 조치를 하였으며, 채원배의 허가로 9명의 여학생들이 북경 대학에 입학하여 청강하도록 하였다. 서언지는 '북경 대학 남녀공학 기록'에서 다음과 같이 소감을 발표하였다.

> 오늘날 중국은 국립학교가 여성에게 개방하여 남녀공학을 시작한 것이 북경 대학이 시초였다. 이번의 시험이 성공하였으며 이후 문제도 일어나지 않았다. 따라서 이후의 중국 교육, 중국의 학교는 여성을 제외하고 교육이 이루어지지 않을 것이며 남녀공학을 하지 않는 학교가 없는 전인교육이 이루어질 것이다. 이후 중국의 문명은 반신불수에서 진보하여 양족보행으로 진전하였다. 이것 역시 세계 전인류와 함께 걸음을 하는 것이라 할 수 있다(중화전국부녀연합회부녀운동역사연구실, 1990: 274).

이것으로 미루어 보면, 당시 진보적인 여론은 여성해방이란 무엇보다 교육에서 시작되어야 하며 여성이 현대적 교육을 받기만 하면 바로 충분한 지식과 기능을 얻을 수 있으며 사회에서 자기독립적인 생활을 유지할 수 있는 직업을 가질 수 있다고 인식하였다. 이것이 바로 남녀평등권을 실현하는 근본조건이며, 가정문제나 결혼문제를 해결 하는 것 역시 모두 여성들이 교육을 받았는가의 여부로서 기초가 된다고 보았으로 한계가 있었다.

그럼에도 5.4 신문화운동 시기 남녀평등 교육은 남녀차별적인 전통사상을 물리치고 남녀가 동등하게 교육을 받는 새로운 기풍을 세운데 큰 의의가 있겠다. 그와 함께 '여자가 재주가 없는 것이 덕이다'라는 봉건관념을 철저히 부정했을 뿐 아니라, 양계초 시기부터 주장되어 왔던 '현모양처' 교육이념에 대해서도 큰 충격을 주었다는 점에도 의의를 찾을 수 있다.

●●● 중화인민공화국 성립 이후 여성교육

1949년 마침내 공산당이 국민당을 물리치고 중화인민공화국을 성립하게 되자 여성교육에서도 천지개벽할 만한 변화가 발생하였다.

모택동이 계속 주장하였던 "하늘의 절반은 여성이다"라는 문구에 걸맞게 혼인법이 제정되고, 교육과 직업 그리고 결혼에 이르는 거의 모든 부문의 남녀평등이 법으로 보장되었다. 새로운 중국의 교육제도를 모든 여성들이 남성과 동등하게 수혜할 수 있게 된 것이다.

그러나 다른 여러 방면과 마찬가지로 교육에서 도시와 농촌 간의 질적인 차이가 엄청났다. 학교가 문을 닫았을 때인 문화혁명 기간을 제외하고는 모든 도시 어린이들은 학교에 갈 수 있었다. 그러나 농촌 아이들에게는 학교란 항상 이용 가능한 것은 아니었고, 예외적으로 도시지역에 인접한 부유촌의 아이들은 학교에 갈 수 있었다. 문화혁명 기간에 인민공사에서 자체로 교사를 충당하도록 고무하였지만, 실제로는 겨우 문맹의 상태를 벗어난 표준어를 말할 줄도 모르는 교사들도 있게 되었다.

1960년대 중반까지 혁신적인 근로학습제도, 즉 학생들이 한 학기는 학교를 위해 일하고 한 학기는 공부하도록 하는 방식이 도입되었지만, 부모들은 아이들을 자유시간에 학교를 위해 일하게 하기보다는 가족을 위해 일하게 하는 게 낫다고 여겼다. 따라서 많은 농촌의 어린이들은 전혀 교육을 받을 수 없었다.

1960년대 대학생
출처: 앞의 책, p. 202.

행군을 마친 후 모택동 어록을 손에 든 채 찍은 사진
출처: 앞의 책, p. 223.

1980년 조사당시 18~39세 도시민의 문맹률이 3%였던 반면, 농촌의 문맹률은 17%에 달했음이 이를 반영해 준다. 더욱이 전체 남성의 문맹률(2%)에 비해서 여성의 문맹률(22%)이 훨씬 높다는 것은 남녀평등법이 존재하였음에도 남녀차별의 풍습이 여전히 강건하게 남아있음을 보여 준다. 이것은 40세 이상 남녀의 문맹률을 보면 확연해진다. 남성 문맹률이 21%이었던 것에 비해 여성 문맹률은 75%에 달하였다. 어린이들은 새로운 교육제도에 편입시켰던 반면 성인 여성들은 여전히 교육 사각지대에 존재하고 있었던 것이다(wolf, 1991: 142-143).

중국 전체를 휩쓸었던 문화대혁명이 지나고 등소평의 개혁개방 시기에 이르러 중국 국민의 교육 수준은 급격히 향상되었다. 남녀평등법에 적용받고 있는 여성 역시 마찬가지였다. 특히 한 자녀 낳기 운동이 벌어짐에 따라 여성이든 남성이든 상관하지 않고 자식을 소중하게 여긴 중국 부모들은 열성적인 교육열에 휩싸였던 것이다.

1949년 전 국민의 25%만이 초등교육을 받을 수 있었던 시기를 지나서 1958년에는 67% 정도가 초등교육을 받았고, 1981년에는 91%의 국민이 초등교육을 받았고 중등교육을 수료한 비율도 46%에 달하였다(김미란, 2009: 66).

여성교육의 보급과 발전하에 중국의 여성지식인들은 급속히 증가하여 과학기술부문의 1988년 통계에 의하면 966만 명의 과학기술 인재 중 여성은 296만 명으로 이미 전체 수치의 30.6%에 달하며 그중 30만 명은 중급 기술자직을 획득하였다. 중국의 개혁개방은 농촌에서 시작되었다. 농촌여성교육의 진전의 결과 34만 명의 여성들이 농민기술원직을 획득하였다. 산서성 부녀자연합회의 조사에 의하면 그 지역에 사는 농촌여성 중, 초등학교 이하의 문화 정도는 38.16%이고 중학교 이상의 문화 정도는 59.07%이며 전문학교 이상의 문화 정도는 79%나 된다. 봉건적인 남존여비 사상을 없애고 관념을 갱신하는 것이 바로 여성교육의 발전이며 여성의 자아가치 실현으로 서로 상부상조하는 작용을 하였다(구성희, 2013: 243-246).

●•• 맺음말

전통적인 중국사회에서 여성은 남편에게 순종적이고 부모에 효를 행하고 자녀를 위해 가정교육에 매진해야 했던 존재였다. 경제권이 없었기 때문에 결혼을 잘하기 위해서는 전족이란 고통을 감내해야만 했다. 이런 상황 속에서 교육이란 여성에겐 필요없는 조건이었다.

그러나 지난 150여 년 동안 여성들은 교육의 혜택을 받기 시작하였다. 그것이 현모양처를 기르기 위한 교육이 목표였음에도, 여성이 학교를 졸업하면서 직업과 결혼 그리고 사상을 선택할 자유를 가질 수 있게 되었다.

중국의 여성교육은 엘리트 양성을 목표로 하는 것과 함께 가난한 서민층 여성들이 어떻게 문맹을 깨치고 봉건적인 문화에서 벗어날 수 있는가라는 양대 문제를 지니고 있었다. 1920년대까지가 엘리트 여성을 양성하는 교육이 주가 되었다면, 1949년 중화인민공화국 성립 이후 개혁개방 시기까지는 남녀평등법에 따라 서민층 여성의 문맹퇴치와 근대적 의식의 함양을 가능케 하였던 교육이 실시되었다.

이러한 남녀평등 교육은 현대 여성의 삶에 커다란 영향을 미쳤다.

개혁개방 이후 중국 여성들은 부모가 정해 주던 결혼에서 애정 위주의 결혼으로 변하였고, 혼인법 설립 이후 남자는 22세, 여자는 20세로 결혼연령이 늦어졌다. 또한 전통적인 출산 관념은 아들을 많이 낳아야 하는 것이었지만 강력한 가족계획 정책 이후 출산의 성별문제에도 변화가 나타나 78.4%의 북경인들이 아들이나 딸이나 모두 같다고 답변하였다. 1949년 이후 모택동의 정책으로 많은 여성들이 보편적으로 사회적 노동에 참여하였고, 이에 따라 가사노동의 부부 분담현상이 두드러지게 되었다. 여성의 사회적 노동 진출과 함께 가정 내에서의 지위 획득은 여성 개인의 자아실현 욕구와 기회의 확대로 유지되고 있다.

모택동의 성평등론에 입각하여 여성은 산업현장으로 나서게 되었는데, 개혁개방 이후에도 여성의 전반적인 취업률은 특히 국유기업에서 증가추세를 보이고 있다. 출산 수유기금과 같은 정부차원의 여성노동권익 보호를 위한 정책과, 개혁개방 이후 새로이 등장한 합작기업, 외자기업 분야에서의 여성 취업의 증가로 개혁개방으로 인한 여성의 경제적 지위 낙후의 우려에도 불구하고 오히려 잘 극복해 나가고 있다.

중화인민공화국의 성립 이후 여성은 교육받을 권리를 획득하였고, 대대적인 문맹퇴치운동이 전개되었다. 특히 산아제한정책으로 자녀의 수가 적어지고 딸만 하나 키우는 가정이 늘어나자 딸을 최고로 교육시켜 좋은 직장을 갖길 바라게 되었다. 그 결과 문맹 퇴치율은 90%에 달하게 되었고, 여성의 대학진학률 역시 1978년의 24.2%에서 1996년의 36.4%로 높아졌다(이화여대 중국여성사연구실, 2005: 248-256).

중국의 여성은 동아시아 삼국 중 가장 열악한 사회적 지위에 처해 있었으나, 근대 이후 여성교육과 함께 여성 스스로의 자각과 실천운동을 통해서 현재는 여성의 지위가 현재는 매우 높아졌다. 이렇게 된 데에는 교육과 정부의 정책적 지원, 아울러 여성 스스로의 자각과 실천이라는 전제가 있었기에 가능한 것이었다. 이것은 현대 한국의 여성문제에도 시사점을 주고 있다.

김문희

박사논문을 준비하면서 중국근대여성사를 공부하게 되었고, 여성학과 여성사에 관심을 갖게 되었다. 대학생활과 결혼을 거치면서 "여성과 남성의 동등한 공존"이란 주제를 절감하였다. 현재 동아시아의 근대 속에 살아갔던 엘리트 여성들에 관한 연구에 관심을 갖고 있다.

참고자료

1) 세계경제포럼에서 매년 발표하는 성격차지수(Gender Gap Index)에 따르면, 2015년 전체 145개 중 중국 91위, 일본 101위, 한국 115위이다.
2) 민국시기는 중화민국이 성립한 1911년부터 1949년 중화인민공화국이 성립하기 전까지의 시기를 다루는 중국사에서 사용하는 시대적 용어이다.

3

CHAPTER

한국 근대 여성교육의 전개와 그 특성

최근 20~30년간 우리 사회의 가장 두드러진 변화의 하나는 여성들의 공적 영역 활동의 증가이다. 이는 세계의 변화, 가치관의 변화, 여성운동의 활성화, 사회 · 정치 · 경제 · 제도 · 법 등에서 여성들의 입지 강화 등이 배경이 되어 가능한 것이었다. 그리고 그 기저에 가장 중요하게 여성교육이 있었다.

근대 여성교육은 시작된 지 130년이 흐르는 동안 근대 여명기에는 시대를 앞서가는 선구자를 키워 냈고, 일제 강점기에는 일제와 맞서 싸워 나가며 자신들의 주체성을 주장한 여성 인재들을 배출하였다. 독립협회 만민공동회운동을 시작으로 국채보상운동에의 참여, 여성교육운동, 3 · 1운동 주도, 독립운동 참여, 국외의 무장투쟁 참여, 여성해방운동 등 여성들은 많은 성과를 일구어 내었다.

그럼에도 여전히 많은 여성들이 진정한 주체적 인간으로 서기에 어려운 여건들이 존재하고 있다. 여기에는 우리 사회가 여전히 남성 중심으로 움직이고 있다는 대전제가 깔려 있다. 그리고 한국 여성교육이 과거의 봉건적 여성관에서 벗어나지 못하고 있을 뿐 아니라 현대 자본주의 사회에 적절한 가부장제의 틀을 공고히 해주는 역할까지도 하고 있음을 볼 수 있다. 그것은 근대 이래 여성교육이 활발히 전개되어 온 것은 분명하나, 그것의 목적과 내용이 진정 여성에게 합당한 것이었는지 여부와 관련이 있다.

한국 근대여성교육은 조선 후기 사회의 여성관의 변화와 개항 이후의 개화운동의 전개 속에서 시작되었고 애국계몽운동의 실력양성론에 따라 확산되었다. 그리고 일제하에서는 한편 여성자신들의 자각에 의한 교육의 확대와 함께 일제의 '양처현모'를 통한 황국신민의 양성을 위한 여성교육 확대가 공존하였다. 이러한 역사적 조건은 한국 근대 여성교육만의 특성을 만들어 냈다. 가부장제에서 벗어나고자 하는 여성들을 배출하기도 하였지만, 민족교육의 강조와 현모양처론의 주장 속에서 여성들을 근대적 '현모양처'로 만드는 한계를 낳기도 했다.

본 장에서는 한국 근대여성교육이 시작되고 전개되는 과정에서 어떻게 근대적 '현모양처론'이 강조되고 여성교육의 내용이 왜곡되어 왔는가를 보고자 한다.

●●● 근대여성교육 등장의 배경

전통사회에서 여성교육은 특수한 여성들에게만 국한되었다. 양반가의 여성들은 교육받을 기회를 갖고 있었는데 그것은 주로 내훈과 관련하여 전통적인 여성상을 갖도록 하는 데 한정되었다. 특별히 아버지와 오빠가 총명하다고 판단한 일부의 여성(허난설헌, 신사임당 등)에게 남성과 같은 교육이 베풀어졌지만, 이를 바탕으로 여성들의 공적인 영역에서의 활동을 인정한 것은 아니었다. 여성들은 교육을 받을 기회도 없었고 설사 교육을 받는다 하더라도 그것을 현실 속에서 풀어나갈 길도 없었다.

그러다 여성들도 교육받을 기회를 얻게 되었다. 이는 여러 가지 조건이 혼재되어 전개된 시대적 변화 속에서 왔다.

근대적 여성관의 태동

여성 자신들의 자각

무엇보다 조선 사회의 변화에 따라 내부에서 새로운 여성인식이 나타나기 시작하였다.

조선 후기 사회는 사회 전반의 생산력 증가와 서민층의 생활수준 향상에 힘입어 서민 문화가 꽃을 피운 시기였다. 이는 서민층에게 새로운 문화 지평을 열어 주었고 여성에게도 예외는 아니었다. 여성에게 일어난 큰 변화는 독서 인구의 저변 확대였다.

17세기 말 이후부터 활성화되기 시작한 소설 유통이나 방각본 소설 간행에 힘입어 여성들의 독서는 수신서나 유교경전에서 벗어나 소설까지 탐독하였다. 여성들은 다양한 소설들을 읽기 시작하였는데 심청전 · 춘향전 · 숙향전 · 옥루몽 · 구운몽 · 사씨남정기 · 박씨전 · 장화홍련전 · 홍길동전 · 삼국지 등으로 소재는 가부장권의 몰락, 처첩이나 고부간의 갈등, 신분을 뛰어 넘는 남녀 간의 사랑 등 사회에서 터부시되어 온 것이었다. 국가에서는 소설이 여성의 정숙과 가정생활에 해를 끼치고 음란하다하여 금기시하였다.

여성의 책읽기는 이제 교훈서나 수신서에서 시작하여 지식을 얻는 통로나 개인적인 즐거움을 추구하는 수단이 되었다. 여성들은 자신의 관심사로 독서 대상을 넓혀 나갔고, 이에 부응하여 책의 내용도 여성들의 흥미나 관심을 유발하는 쪽으로 변용되었다. 여성들은 새로운 지적 경험을 통하여 사회의 불합리성을 자각하는 한편 다른 세계를 접할 수 있었다. 책읽기에서 시작된 여성들의 지적 활동은 여성들의 글쓰기로 이어졌다. 이 시기 양반여성으로서 글을 쓰는 사람이 늘어나고 저서도 양적으로 팽창했다. 이때 여성들은 남성의 글쓰기 주제로만 여겨진 논설, 인물전, 발문, 묘지문, 행장기, 잠언, 제문, 상량문, 기행문 등을 통하여 남성 영역에 발을 들여놓았다. 이 점은 여성들이 일상생활을 지배하는 엄격한 규범과 제한을 극복하고 이룩해 낸 다음 시대를 여는 가능의 단초였다(박용옥, 1984: 18-21; 정해은, 1999: 229-237).

정일당 강씨(1772~1832)가 남편에게 보낸 다음의 편지를 보면 조선 후기 여성들의 변모된 모습을 볼 수 있다.

> 윤지당(1721~1793)이 말하기를 , "내가 비록 여자의 몸이나 하늘로부터 받은 성품이야 남녀의 차별이 있지 않다"라고 했습니다. (…) 그렇다면 비록 여자일지라도 노력한다면 역시 성인의 경지에 이를 수 있지 않을까 하는데, 서방님께서는 어떻게 생각하시는지요?

천주교와 동학 속의 근대적 여성관

18세기 후반 이후 천주교와 여성의 만남은 여성들을 남존여비라는 전근대적 의식이나 윤리규범에서 탈피하게 하였고 새로운 가치관과 근대적 의식을 지향하도록 하였다. 여성들의 과감하고도 적극적인 신앙 활동은 이미 이때부터 여성들이 억압의 굴레를 깨고 봉건 체제에 저항하고 있었다는 증거이기도 하다. 이러한 천주교를 통한 여성들의 저항은 이후 사회변혁 과정에서 여성들이 적극적으로 자유와 평등을 획득하는 중요한 토대로 작용했으며, 여성의 개화를 앞당기는 계기가 되었다.

한편 1860년 최제우에 의한 동학의 창도와 포교 활동은 여성들의 자아를 깨우치는 중요 동기가 되었다. 동학의 기본적인 이념은 인간평등사상에서 출발하였다. 최제우의 종교이념은 유교지상적 양반사회 질서를 구축하고 있던 반상 · 적서 · 남녀의 구별을 전적으로 부정하였다. 여기에 그의 계급타파 의식과 여성의 인권에 대한 의식이 들어 있었다.

최제우의 남녀평등사상은 가화론(家和論)으로 요약된다. 도에 이르려면 우선 가정이 화목해야 하는데 가정의 화목은 부화부순, 즉 남편들이 부인에게 성심으로 다함으로써 얻어진다고 보는 것이다. 이러한 동학의 여성관은 19세기 민중들에게 많은 영향을 주었고, 특히 민중 여성들의 자각에 크게 기여하였다.

개화론자들의 여성교육 강조

여성 자신들의 자각과 천주교 동학 등 종교활동 속에서 근대적 여성관이 태동되고 있을 때 개화사상은 구체적으로 여성을 위한 교육을 강조하기 시작하였다.[1)]

선진적 개화사상가들은 여성에게도 교육을 실시하여 개화 자강을 실시하자고 주장하였다. 박영효는 그의 〈개화에 대한 상소〉에서 남자와 나란히 여성에게도 교육의 기회를 부여할 것을 주장하고 여성교육을 의무교육의 하나로 실시해야 한다고 강조하였다.[2)]

유길준은 《서유견문(西遊見聞)》에서 서양 여성의 개화를 소개하고, 이러한 개화는 여성교육에서 비롯되었음을 강조하였다. 그리고 서구의 예에 비추어 여성의 교육이야말로 여성에 대한 불평등한 제도를 타파하고 여권을 신장시키는 최양책임을 강조하고, 특히 인성은 10세 이전에 결정되므로 여성교육이야말로 동몽(童蒙)교육의 기본으로 국민교육의 기초라고 강조하였다.[3)] 이러한 초기의 개화사상가들의 여성교육관은 여성의 개화를 실현하고 더 나아가 개화 자강을 실현하자는 목적에서 출발한 것이었다.

개화운동이 성숙되면서 1896년에 발간된 《독립신문》은 여성교육에 관심이 컸다.

무엇보다도 여성들에게 공부하여 여성의 권리를 찾아 남녀평등을 이룰 것을 주장하였다. 또 나라를 흥왕케 하기 위해서는 교육밖에 그 방법이 없는데 국민교육을 널리 하기 위해서는 동몽교육(童蒙教育)과 여성교육(女性教育)이 시급하다고 보았다. 그런데 여자를 가르치는 학교가 없으므로, 정부에서는 남자학교를 하나 지으면 여자들을 위해서도 학교를 지어야 한다고 강조하였다.[4)]

개화자강파들은 여성들에게 가정에서는 교양 있고 능력 있는 현모양처로서 국가사회를 위해서는 새 사회건설에 유익한 일꾼으로서의 역할을 기대하고 여성교육을 강조하였다. 이들의 여성교육관은 교육의 필요성을 인식했다는 것 이상의 근대교육관으로 정립되지는 못하였다(정세화, 1972: 290).

●•• 근대여성교육의 시작

선교사들에 의한 여성교육의 시작

한국의 근대여성교육은 1886년 이화학당의 설립으로 시작되었다.[5)] 당시는 근대교육에 관한 법령이 마련되지 못한 상황으로 선교사들이 자신들의 포교를 위해 근대학교를 설립하였다. 개신교 선교사들은 조선이 미국과 조약을 체결한 이후 대거 입국하여 포교를 위해 교육사업, 의료사업, 고아사업 등을 펴나가고 있었다.

최초의 여학교인 이화학당은 유교적 전통으로 깊숙이 숨겨져 있는 여성들을 교육의 대상으로 했기에 학교 운영에 많은 어려움이 따랐다. 설립자 스크랜톤은 정부고관의 소실을 첫 학생으로 맞아 영어를 가르쳤고, 두 번째 학생은 가난 때문에 들어왔고 세 번째 학생은 '주어온 아이'였다. 이후 개화파의 딸이나 부인들이 공부하기도 하였다. 서민계급 출신과 양반 출신의 여성들이 모두 같이 교육을 받았다.

1905년까지의 여성교육을 담당하였던 학교는 주로 선교사들이 운영하는 기독교계열의 학교들이었다. 1886년 설립의 이화학당을 필두로, 1895년의 정신여학교, 일

이화학당
출처: 이대학보(2004.03.29). 이화학당 복원으로 여성사 되새겨.

이화학당 수업 광경

신여학교(부산), 1896년 숭현여학교(평양), 1897년의 영화학교(인천), 1898년의 배화학당, 1903년 숭의학교(평양), 루씨학교(원산), 정명학교(목포), 1904년의 호수돈학교(개성), 진성여학교(원산), 1905년 영명학교(공주) 등이 선교사들에 의해 설립 운영되었다(이화여자대학교, 1971: 26).

개화기의 여성교육정책

정부에 의한 교육정책이 마련된 것은 이화학당 설립 후 10년 뒤였다. 정부는

1894년 갑오개혁을 즈음해서 근대교육을 널리 보급할 것을 계획하고, 홍범 14조에서 근대교육을 받아들였다. 즉 1895년 2월 전 국민에게 〈교육입국조서(敎育立國詔書)〉를 내렸다.[6] 그리고 1895년 한성사범학교 관제를 발표하였다. 또한 소학교령(1895.7) 등 제학교(諸學校) 관제와 법규를 제정 공포하여 이에 따라 관립학교들을 설립하였다. 그나마 여성교육과 관련을 가진 것은 소학교령이었다.

소학교규칙에 의하면 소학교는 관립 · 공립 · 사립 등 3종으로 하고, 관립은 국고, 공립은 부 혹은 군, 사립은 개인의 부담으로 한다고 하였다. 그리고 소학교를 심상과와 고등과로 나누어, 심상과는 3개년 고등과는 2개년이나 3개년 과정으로 하였다. 심상과의 교과목은 수신 · 독서 · 작문 · 습자 · 산술 및 체조 등으로 하고, 학부대신의 허가를 얻어 체조를 제외하고 한국지리 · 역사 · 도화(圖畵) · 외국어 등을 첨가할 수 있게 하였으며 여학생을 위해서는 재봉을 하게 하였다. 고등과의 교과목은 수신 · 독서 · 작문 · 습자 · 산술 · 한국지리 · 한국역사 · 외국지리 · 이과(理科) · 도화 및 체조 등으로 하되, 역시 여학생을 위하여 재봉을 하도록 했다. 또한 학부대신의 허가를 얻어 외국어를 첨가하고 외국지리 · 외국역사 · 도화 중 하나 혹은 몇 개를 제외할 수 있게 하였다(오천석, 1975: 81-82; 이만규, 1949: 52-53).

이 같이 소학교령도 여성교육에 관한 특별한 내용이 없었다. 다만 심상과나 고등과에서 여학생을 위해 재봉시간을 둘 수 있다는 정도만이 언급되고 있다.

여성들의 여권통문 발표

이러한 변화에 즈음하여 1898년 9월 1일 드디어 서울 북촌의 양반 여성들은 최초로 자신의 권리를 주장한 〈여학교 설시 통문〉, 이른바 '여권통문(女權通文)'을 발표하였다.[7] 이소사 · 김소사의 이름으로 발표된 〈여학교 설시 통문〉, 즉 '여권통문'은 최초로 여성들의 근대적 권리를 주장한 선언서로 여권운동의 발단이 되었다.

〈여학교 설시 통문〉에서 강조하였던 것은 첫째, 문명개화정치를 수행함에 여성들도 참여할 권리를 갖고 있다는 것이었다. 즉 "이제 우리 이천만 동포 형제가 성의를

▲ 1898년 9월 8일 황성신문에 게재된 여권 통문

효순하여 전일 해태하던 구습을 영영 버리고 각각 개명한 신식을 좇아 행할 새 사사로이 취서되어 일신 우일신함은 영영한 소아라도 저마다 아는 배어늘 어찌하여 우리 여인들은 일향 귀먹고 눈 어두운 병신 모양으로 구규만 지키고 있는지 모를 일이로다"고 하고 있다. 여성들도 새롭게 변화하는 시대에 맞게 구습을 버리고 문명 개화로 나아갈 것을 권하고 있다.

둘째, 여성들도 남성과 평등하게 직업을 가질 권리가 있음을 말하고 있다. 여권통문에서 "혹자 신체와 수족과 이목이 남녀가 다름이 있는가. 어찌하여 병신 모양으로 사나이의 벌어 주는 것만 먹고 평생을 심규에 처하여 그 절제만 받으리오 (…) 어찌하여 신체 수족 이목이 남자와 다름없는 한 가지 사람으로 심규에 처하여 다만 밥과 술이나 지으리오"라고 하였다. 즉 여성들도 남자와 평등하게 직업을 가지고 활동할 권리, 경제적 자주권을 주장하였다. 독립된 인격을 향유하기 위해서는 경제적 자립이 선행되어야 하기 때문이다.

셋째, 여성도 남성과 평등하게 교육받을 권리가 있음을 주장하고 있다. "이왕에

먼저 문명개화한 나라를 보면 남녀가 일반 사람이라 어려서부터 각각 학교에 다니며 각항 재조를 다 배우고 이목을 넓혀 장성한 후에 사나이와 부부지의를 정하여 평생을 살더라도 그 사나이의 일호 절제를 받지 아니하고 도로혀 극히 공경함을 받음은 다름이 아니라 그 재조와 권리와 신의가 사나이와 일반인 연고라… 우리도 혁구종신하여 타국과 같이 여학교를 실시하고 각각 여아들을 보내어 각항 재조와 규칙과 행세하는 도리를 배와 일후에 남녀가 일반 사람이 되게 하올 차 방장 여학교를 실시하오니"라고 하였다. 문명개화한 나라의 여성들이 남성과 동등하게 같이 살아가는 것은 여성들이 남성과 같이 재주와 권리와 신의를 갖고 있기 때문인데 이는 여성들도 남성들과 같이 어려서부터 학교에 다니며 교육을 받은 것 때문이라고 보았다. 즉 남녀평등의 근저에 교육이 있음을 인식하고 여성교육을 강조하였다. 모든 것의 출발이 교육에 있음을 주장하였다(박용옥, 1984: 57-60).

이처럼 여권통문은 개화 참여와 경제활동 참여를 강조하고, 이 모든 것이 교육을 통해 이루어진다는 대전제 아래 그 권리들을 얻기 위해 현실적으로 가장 중요한 여성교육을 실현하기 위한 방법을 구하였다. 그 방법으로 여자교육기관을 설립코자 하였다.

찬양회(贊襄會)의 활동과 최초의 민간 사립 순성여학교의 설립

1898년 9월 1일 여권통문을 발표한 여성들은 수 많은 찬동자를 규합하였다. 발표 이전부터 300명 정도의 찬동자로 출발하였는데[8] 발표 후에는 4~500명 정도로 증가하였다.[9] 당시 여권통문의 주장에 찬동한 여성들은 서울에 거주하는 양반 부인들이 주를 이루었으며 일반 서민층 부녀 및 기생들도 이에 참여했다. 그리고 지방의 부인들도 이 뜻에 동조하여 정식으로 협조하였다. 이러한 과정에서 여권통문의 발표는 자연히 여권운동으로 이어졌다.

여권운동 지도자들은 여성들의 권익을 찾기 위해 시급한 것이 교육받을 권리를 얻는 것이라고 보고, 통문 발표에 참여한 여성들을 규합하여 찬양회라는 최초의 근대적 여성단체를 조직하였다.

1898년 9월 12일 북촌 부인 대표들은 남자 협찬원 안영수(安永洙) · 신석린(申錫麟) · 이광하(李廣夏) 등과 더불어 이시선(李時善)의 집에 모여 교육을 실천할 여학교 설립을 논의하였다. 그리고 이를 위해 후원단체인 찬양회(贊襄會)를 조직하였다.[10] 초기 임원으로 회장에 이양성당(李養成堂), 부회장에 김양현당(金養賢堂), 총무원에 이창길당(李昌吉堂)과 태양진당, 사무원에 고정길당(高貞吉堂) 등이 선정되었다.

찬양회는 먼저 여성계몽 사업을 시작하였다. 이 사업을 위해 매주 일요일 정기 집회를 열고 연설회 · 토론회를 개최하였다. 초기 참여인원을 보면 100여 명이 참여하였고, 특히 개화파들의 관심이 많았으며 외국인들도 방청하였다.[11]

그리고 중요하게 관립여학교 설립운동을 추진하였다. 이 취지는 국민의 일 성원(一成員)으로서의 여자교육을 위해 국가가 당연히 관립여학교를 설립해야 한다는 것이다. 즉 여성도 국민이기에 국가가 운영하는 교육기관에서 교육을 받고 남성과 동등하게 애국할 기회를 가져야만 한다는 것이다. 그리고 이러한 맥락에서 찬양회는 여성단체로서 당시 독립협회 활동에 참여하였고, 특히 만민공동회에도 참가하였다.

하지만 찬양회는 정부 측의 관립여학교 설립에 대한 미온적 태도에[12] 1899년 2월 26일 서울 느릿골에 30명 정원의 순성여학교를 우선 개교하였다.[13] 이 학교는 한국 여성에 의해 설립된 최초의 여학교로서 7~8세에서 12~13세 연령의 학생을 대상으로 하는 초등과정의 교육기관이었다. 교장에 김양현당, 고정길당 및 몇 명의 외국부인을 교원으로 임명하였다. 그리고 이를 관립여학교로 만들기 위해 많은 노력을 하였다. 그러나 별다른 성과를 거두지 못하고 사립으로 운영하였는데, 문제는 경제적 어려움이었다. 순성여학교는 독자적 학교 시설을 갖지 못하였고 김양현당의 개인적 역량으로 운영되다가 1903년 2월 그가 죽고 난 이후 운영이 어려웠다.[14]

순성여학교는 여러 가지 제약으로 지속되지 못하였지만 종교교육기관과는 다른 여성들에 의해 설립된 민간인 여성교육기관이라는 점에서 역사적 의미를 갖는다.[15] 특히 교육 내용에서 민족의 일 성원으로서 개화에 참여해야 한다는 것 등 당시 우리 사회가 안고 있는 현안을 강조하고 거기에 합당한 인물을 키워 내려 하였다.

●•• 국권회복기 여성교육의 확대

여성교육의 확대

선교사에 의한 여성교육을 시작으로 여권통문의 발표, 순성여학교의 설립, 찬양회의 활동 등 일련의 교육을 둘러싼 환경의 변화는 1905년 을사늑약 체결 이후 여성교육의 확대로 이어졌다.

자연스럽게 여성교육에 대한 사회적 요구가 급증하였고 이에 다수의 여학교가 설립되었으며 기존의 남성학교들도 여성에게 개방되기 시작하였다. 이 무렵 전국의 여자학교는 대략 170여 개로 추정된다(박용옥, 1984: 218–219). 밝혀지지 않은 학교와 남녀공학의 여성교육과정과 그리고 교회에서 설립한 학교까지 더한다면 그 수는 더 많을 것으로 보인다.

여자학교는 대체로 종교기관(선교사)에서 설립한 학교, 민간인에 의해 설립된 학교 등 사립학교가 주를 이루었다. 사립학교의 설립자들은 유지신사, 현직관인, 전직관인, 사회단체 및 여성단체, 기독선교회, 종교단체, 부인, 기생 첩 등 다양했다. 관립 여학교는 1908년 설립된 한성고등여학교가 유일했다.

개화기 이래 여학교의 교육을 보면 소규모의 빈약한 학교가 대부분이었다. 학생 수도 학교 당 7~8명에서 20~30명 정도였고 건물도 20~30간 정도였다. 예외적으로 숙명이 75간, 이화학당은 195.5간의 건물을 갖추고 있었다.

학생의 연령은 최연소 7세에서 21세까지로 대부분의 학교가 초등교육에서 중등교육 정도의 교육까지 겸하고 있어, 초중등학교는 관립학교에서만 분명하였다.

교과과정은 대체로 정비된 것이 1908년 정도로 관립인 한성여학교와 기독교 사립학교인 이화학당의 과정이 비교된다. 이화학당 고등과 교과과정은 성경 · 한문 · 대수 · 기하 · 삼각 · 천문학 · 지문학 · 심리학 · 교육학 · 물리 · 생물 · 화학 · 영문학 · 만국지지 · 고등생리 · 경제 · 역사 등이었다. 한성고등여학교 본과 교과과정을 보면 수신 · 국어 · 한문 · 일어 · 역사 · 지리 · 산술 · 가사 · 재봉 · 도화 · 음악 · 체조 · 수예 · 외국어교육 등이었다. 역사가 길고 외국인 교사가 많은 이화학당의 교과과정은 전문적이고 다채로운 데 비해, 한성고등여학교는 기본적인 과목에 한정되어 있었다. 한성에는 일어가 있고 영어가 없었으며, 이화에는 영어가 있고 일어가 없었다(정세화, 1971: 313-316).[16] 근대교육 초기에는 교과서가 없었고 주로 외국교과서를 번역하여 사용하였다.

계몽 사상가들의 여성교육론[17]

이 시기 여성교육의 확대에 중요한 이론적 배경을 닦아 준 것은 계몽 사상가들이었다. 1905년에서 1910년 사이의 국권회복운동이 전개되었던 시기의 여성교육론은 사회진화론적 시대인식을 바탕으로 한 실력양성론의 맥락에서 제기되었다(이송희, 1995). 계몽 사상가들은 지금 우리나라가 국권을 빼앗기고 민이 위기에 처하게 된 원인을 궁극적으로 분석해 보면 과거 우리나라에서 여자를 교육시키지 않아 현세계의 신문화를 받아들이지 못하고 개명진보에 이르지 못하였던 점에도 그 원인이 있었다고 인식하고, 나라와 민을 구하기 위해서는 무엇보다도 급선무가 여성교육임을 강조하였다.[18]

이들의 이러한 여성교육의 강조는 여성을 남성과 같이 활용하여 실력을 양성하자는 것이었다. 이천만의 절반인 천만 여성을 교육을 통해 야만에서 벗어나게 하여 실력을 갖게 하고 여성들도 노동을 통해 국가의 부강에 도움을 주도록 하자고 하였다.[19] 그러나 실력양성 중심의 여성교육론은 여성교육을 철저하게 국권회복 실력양성의 도구로서만 논의하고 한 주체적 인격을 갖춘 여성을 길러내는 것에 대해서는 중요시하지 않았다.

그러면 여성교육이 어떻게 문명사회를 만들고 실력양성을 가져다주어 경쟁력을 키워주는가? 계몽 사상가들은 여성 개인의 사회적 능력이 직접적으로 국가의 힘과 관련이 있다고 본 것은 아니고 여성의 역할을 대체로 가정 내에서의 어머니로서의 역할과 아내로서의 역할, 가정의 운영자로서의 역할에 강조점을 두었다.[20]

그리하여 여성교육의 필요성과 실력 양성의 필요성을 무엇보다도 가정교육 · 아동교육 · 태교에서 찾았다. 이들은 학교교육 · 사회교육의 기초가 되는, 더 나아가 국가발전 문명화의 기초가 되는 것이 가정교육이라고 보았는데[21] 이 중요한 가정교육의 담당자가 여성이기 때문에[22] 여성교육을 통하여 훌륭한 인재를 키워 낼 수 있고 이로써 실력을 양성하여 경쟁력을 확보할 수 있다는 것이다.[23] 결국 이들의 여성교육의 강조는 덕육을 담당할 가정교육과 아동의 정서를 길러 주는 아동교육의 담당자, 어린이를 생산하는 태교의 담당자로서의 역할이었기에 이들이 여성교육의 내용으로 말하고 있는 것은 현재 문명한 사회의 가부장적 가정의 현모가 될 수 있는 그러한 교육이었다.

여성교육단체의 설립

한편 이 시기 여성교육의 확대에 일정한 공헌을 한 것은 여성단체들이었다. 이 단체들은 1898년 찬양회의 설립과 같이 여자학교 설립을 후원하거나 여성교육의 확산을 위해 설립되었다. 1905년에서 1910년 사이에 설립된 여성교육단체는 28개 정도였다.[24]

대표적인 단체로 여자교육회를 들 수 있다. 이는 양규의숙(1906년 6월 설립)을 후원할 목적으로 1906년 5월에 진학신, 진학주, 김운곡, 김송암 등에 의해 조직되었다. 이 단체는 여성들에게 현모양처로서의 여성관과 양잠, 직조, 재봉 등의 교육을 실시하였다. 그러나 1906년 말 양규의숙 후원을 포기하고 이옥경을 총재로 하는 친일여성단체로 조직이 재편되었고, 새로이 보학원이라는 여학교를 단체 내에 부설 운영하였다. 1908년 기관지 《여자지남》 창간호를 냈다.

진명부인회는 기존의 여자교육회 임원 중 민족주의적인 여성들에 의하여 1907년 4월에 조직되었다. 회장인 신소당은 광동소학교를 설립하여 운영하였는데, 대안동국채보상부인회를 조직하여 국채보상운동에 여성 참여를 촉구하였다. 신소당은 《독립신문》 초창기부터 신문에 자신의 정치적 견해와 사회적 통념에 대한 비판 기사를 기고하는 등 확고한 신념을 갖고 있었다. 주요 임원인 이일정은 이준의 부인으로 대안동에 최초의 부인상회를 설립하여 세간의 주목을 끌기도 하였다. 진명부인회는 양규의숙과 진명여학교 등 기존의 여학교를 후원하였다.

여자지남 제1호
출처: 최덕교(2004). 한국잡잡지백년 1.

당시 단체와 국채보상단체에서 활동하던 여성 중 정실부인이 아닌 여성들이 양정여자교육회를 조직하고 양정여학교를 설립, 운영하였다. 이들의 설립 목적은 부실층 여성과 그들의 자녀들이 차별당하지 않도록 권리를 옹호하고자 함이었다.

지역에서도 경기지역의 여자교육회, 수원부인회를 비롯하여 영남지역의 달서부인교육회, 대구애국부인회, 대구애국부인교육회, 김해부인회 등 그리고 관서 관북 지역에서 13개의 단체가 설립되었다.

여성교육단체들의 주된 활동은 여성교육의 후원이었고, 그 외 여성과 관련한 몇 가지 이슈를 제기하였다. 자선사업과 미신타파, 폐습타파 등의 계몽활동을 전개하였다(정경숙, 1991: 264-268).

이 같은 많은 여성교육단체의 출현은 '여권통문' 이후 여성 자신들의 권익을 찾기 위한 운동의 일환이었다. 그리고 근대 여성교육에 대한 여성들의 열망이 드러난 것이었다.

통감부 시기의 여성교육정책

통감부의 여성교육정책은 당시 활성화되던 여성교육의 방향에 중요한 영향을 주었다.

1908년(융희2년) 4월 4일에 이르러 학부는 여성의 중등교육을 위한 고등여학교령을 발표하고(시행세칙은 융희3년 1909년에 발표함) 관립한성여학교를 설립하였다.

한성고등여학교(경기여자고등학교)

고등여학교령에 따르면 고등여학교의 목적은 여성에게 필요한 고등보통교육(高等普通敎育)과 기예(技藝)를 가르치는 것으로, 관립 · 공립 · 사립으로 하고, 수업연한은 3개년으로 하되 지방사정에 따라 1년 이내로 연장할 수 있도록 하였다. 본과와 예과, 기예전수과 등을 두게 했다.

본과의 학과목은 수신, 국어 및 한문, 일어, 역사, 지리, 산술, 이과, 가사, 도화, 재봉, 음악, 체조 등이었으며 수예 · 외국어는 첨가할 수 있었다(〈표 3-1〉 참조)(이만

표 3-1 高等女學校本科學科課程及每週教授時數表

學 年	第 1 學年		第 2 學年		第 3 學年	
學 科 目	時數	程 度	時數	程 度	時數	程 度
修 身	1	實踐道德	1	同 上	1	同 上
國語及漢文	5	講讀, 作文, 文法, 習字	4	同 上	4	同 上
日 語	5	讀法, 解釋, 會話, 書藝	4	同上作文法, 文法	4	同 上
歷 史	2	本國歷史	2	同 上	1	
地 理		本國地理		本國關係有ル外國地理		同上及地文
算 術	2	正數, 分數	2	分數, 少數, 珠算	2	此例, 步合算, 珠算
地 科	2	動物, 植物, 生物, 衛生	2	化學, 鑛物	2	物 理
家 事	1	衣食住	2	同上及養老	2	育兒, 着護, 割烹, 家事, 經濟
圖 畫	1	臨畫, 寫生畫	1	同 上	1	同上及老案畫
裁 縫	4	運針法, 普通衣服, 縫法, 裁法, 繕法	5	同 上	5	同上及裁縫器械使用法
音 樂	2	單音唱歌	2	同 上	2	單音唱歌, 複音唱歌, 樂器使用法
體 操	2	遊戱, 學校體操	2	學校體操	2	同 上
手 藝		編物, 造化, 刺繡		同 上		同上及貸物 組絲
外 國 語				讀法, 解釋, 書藝, 習字		讀法, 解釋, 會話, 文法
敎 育						敎育二關スル事項
計	27		27		27	

출처: 高橋濱吉(1927). 朝鮮敎育史考. p. 290.

규, 1949). 여기에서의 특징은 국어 및 한문과 일어의 시수가 같다는 것이고 재봉시수가 그에 못지않다는 것이다. 이는 여성교육이 당시 모든 분야의 식민지화정지작업 속에서 식민지화교육으로 치닫고 있음을 보여 줄 뿐 아니라, 부덕을 강조하는 교육으로 시작되고 있음을 볼 수 있다.

예과의 학과목은 수신 · 국어 및 한문 · 일어 · 산술 · 이과 · 도화 · 재봉 · 음악 · 체조 등이며 수예를 첨가할 수 있다고 하였다. 기예전수과의 학과목은 수신, 국어 및 한문, 산술, 재봉 및 수예에 속하는 편물 · 조화 · 자수 · 양물 · 조사(組絲) 중의 한 과목 또는 몇 과목을 하고, 일어 · 가사 중에 한 과목 또는 두 과목 다를 첨가할 수 있다고 하였다(高橋濱吉, 1927: 285-286). 특히 기예전수과의 설치와 운영은 당시 통감부의 여성교육에 대한 태도를 적나라하게 보여 주는 것이다. 말 잘 듣는 조신한 여성양성에 그 목적을 두고 있음을 알 수 있다.

한국의 여성 공교육은 그 기초를 다지기도 전에 일본의 요구에 따른 교육으로 변질되게 되었다. 일제의 반식민지 상황에서 여성 중등교육이 시작되었다는 것은 한국의 여성교육의 전개에 많은 문제를 남겨 주게 되었다.

한편 1908년 8월 통감부가 사립학교령[25]을 발표하였는데, 이는 일제가 조선인의 민족교육운동이 지나치게 활성화된 것을 경계하여 발표한 것으로 '사립학교의 교육을 정상화'시킨다는 미명하에[26] 인가제를 시행하여 사립학교 교육의 내용을 통제하고자 한 것이었다.[27] 더욱이 종교학교들의 경우에도 인가받지 않으면 안 되도록 하였다.

당시 여성교육기관들의 대부분이 사립학교에 속해 있었기에 사립학교령에 의해 영향 받은 바가 컸다. 1886년에서 1910년까지 사립여학교는 174개교가 설립 운영되고 있었는데 사립여학교의 지역별 설립자별 실태를 살펴보면 다음 〈표 3-2〉와 같다.

표 3-2 私立女學校의 地城別 및 設立者別 實態(1886~1910)

地方別	紳士有志	現職官人	前職官人	社會團體 및 女性團體	基督宣敎會	宗敎團體	婦人	妓生·妾	其他	合計
서울	16	1	4	9	8	2	6	2	8	56
京畿道	2		1		1	2	2		7	15
黃海道	1	2				1	1		4	9
江原道	1									1
忠淸北道							1		1	2
忠淸南道				2					1	3
全羅北道		1			1					2
全羅南道				2	3				1	6
慶尙北道	1	1		1	1				2	6
慶尙南道	4			1	1	1	2	1	4	14
平安北道	4	3		2	5	3			1	18
平安南道	1	2	1	3		2			3	12
咸鏡北道	3			2	4	1	6		2	18
咸鏡南道	3	3		1	2				3	12
合計	36	13	6	23	26	12	18	3	37	174

출처: 박용옥(1984). 한국근대 여성운동사 연구. 보부록 3, pp. 218~219.

●●● 일제 강점기 여성교육의 전개

1910년대 민족주의적 교육 이념과 남녀평등사상

한말부터 교육을 받아 온 여성들은 현모양처주의 교육관에서 벗어나 여성교육의 이상을 추구하였다. 여성들은 여성교육에서 남녀동등과 민족주의를 부르짖었다. 한 여자유학생은 〈여자교육론〉에서 다음과 같이 주장하고 있다(동경여자유학생친목회, 1919: 6).

그리하야 그들도 사회에서 완전한 사람으로 생존을 보존케 하며 사람의 행복을 누리게 할 것이외다. 사람을 만든다는 뜻은 무의미하고 철저치 못한 소위 현모양처라는 기계를 만들지 말고 독립한 인격을 양성하여 사회를 위하야 민족을 위하야 인도를 위하야 유용한 사람이 되게 할 것이외다.

즉 현모양처주의를 부정하고 새로이 남녀동등한 인격을 갖춘 민족주의자를 이상적 여성으로 제시하였다.

또한 동경유학생의 졸업식에 보낸 한 후배의 축사에 의하면 “여러분의 졸업이야말로 우리 반도에 유사 이래로 초유한 귀한 사실이오며 캄캄하던 우리 여자계에 번쩍하는 귀한 광명이외다. 여러분은 깊이 병든 여자계를 소생케 하실 중추의 인물이오 교주가 되셔야 하겠습니다”라고 격려하며, 사회를 위하여 헌신할 것을 당부하고 있다(현신덕, 1919: 4).

이와 같은 사명감은 동경 여자 유학생들의 독립정신과 활동으로 이어졌다. 일본에서의 2 · 8 독립선언에서 김마리아 등 여성참가자의 공헌이 컸다. 그리고 국내의 3 · 1운동의 전개에서 여성들의 역할이 두드러졌다. 수 많은 여학생들과 부인들이 시위를 주도하고 시위행진에 참여하는 등 적극적 활동을 하였다. 이러한 3 · 1운동에서의 여성의 역할은 여성의 사회참여를 공인하고 여성 교육에 대한 이념이 평등을 지향하게끔 해주었다(정세화, 1972: 332).

하지만 당시의 여성교육정책은 이와는 전혀 다른 방향에서 추진되었다.

3.1운동 후의 여성해방교육론의 등장

1920년대 들어서면서 비로소 여성해방의 의미를 담은 여성해방교육론이 대두되었다.[28] 이는 당시의 서구여성주의의 수용과 사회주의사상의 수용에 따른 여성해방론의 대두에 의한 것이었다.

당시 여성해방론은 여성억압의 원인을 기존의 전통적 가치관과 제도, 여성 자신의 인간으로서의 각성부족, 정치 · 경제 · 법률 등 사회제도면에서의 불평등 조건, 자본주의적 사회경제 구조 등의 관점에서 인식하고 있었다. 그리고 여성해방의 의미를 남성에 의한 노예적 삶과 노예적인 도덕에서 벗어나 자유와 권리를 갖는 하나의 인격체가 되는 것, 남성과 동등한 권리와 지위를 획득함으로서 자기를 실현하는 것, 여성을 억압하고 있는 사회구조 속에서 자유로와져 주체적 인간으로 서는 것 등으로 인식하였다(이송희, 1994).

이러한 1920년대의 여성해방론의 인식과 궤를 같이 하면서 전개된 여성해방교육론은 무엇보다 당시의 여성교육의 후진성과 또 여성교육이 현실적으로 빚어내고 있었던 많은 문제점을 지적하고, 여성교육은 여성해방사상에 기초한 자아확립교육[29]과 여권 동등교육[30]으로 나아가야 한다고 주장하였다. 이러한 교육을 통해서만이 여성들이 한 인간으로서 남성과 동등하게 이 사회에서 살아나갈 수 있으리라고 보았던 것이다.

그리고 이러한 여성해방교육을 위해서 내용면에서는 남녀평등주의 · 인격주의에 입각한 교육[31], 사회와 연계를 갖는 교육[32], 남성주의에 기초한 전통적 사고를 키우는 교육 배제[33], 실용적 교육[34] 등을 강조하였다. 제도면에서는 여성교육기관의 설치와 확대, 여성에 대한 고등교육 실시, 남녀공학 실시 등을 내세웠다.

그러나 당시 여성교육론에서 받아들이고 있는 '여성해방'의 의미는 여권론적 여성해방론의 범주에 머물러 있는 경우가 많았다. 때문에 당시 식민지적 조건에 있었던 수 많은 여성들, 더욱이 반봉건적 사회에 뿌리를 내리고 있었던 우리 여성들의 문제를 완벽히 해결해 줄 수 없었다.

그리고 여성해방교육론의 내용에서 볼 때 거기에서 주장하고 있는 자아확립교육과 여권동등교육 등이 당시의 역사적 조건을 무시한 '여성주의'와 '인간교육'으로만 갈 경우 자칫 당시 일제의 '실력양성'교육 속에서 매몰될 우려가 있었다.

그러나 실제 여성교육의 현장에서는 전혀 이러한 교육론이 반영되지 못하였다.

일제의 여성교육정책

일제 강점기에 들어서면서 여성들은 국권회복기의 여성교육에 대한 주장에 이어 다양한 교육론을 제기하였다. 하지만 여성교육의 현장에서 여성들에게 강요된 것은 식민지교육이었다.

제1차 · 제2차 조선교육령과 여성교육정책

식민지시대에 들어서 조선총독부는 1911년 8월 제1차 조선교육령을 발표하였다.[35] 여자고등보통교육에 관한 조항을 보면, 여자고등보통학교는 여자에게 고등한 보통교육을 하는 곳으로 부덕을 기르고 국민된 성격을 도야하며 그 생활에 유용한 지식과 기능을 가르친다고 하였다. 교과목은 수신, 국어, 조선어 및 한문, 역사 · 지리, 산술, 이과, 가사, 습자, 도화, 재봉 및 수예, 음악, 체조 등 13개 과목이었다(〈표 3-3〉 참조). 그리고 여자고등보통학교에는 기예과를 두어 나이 12세 이상의 여성에게 재봉 및 수예를 전수케 하였다.

▮표 3-3▮ 여자고등보통학교 교과 과정 및 매주 교수 시수표(1911년 제정)

학년 시수 · 과정 교과목	제1학년		제2학년		제3학년	
	시수	과정	시수	과정	시수	과정
수신	1	수신의 요지	1	수신의 요지	1	수신의 요지
국어 (일본어)	6	읽기, 해석, 회화, 쓰기, 작문	6	읽기, 해석, 회화, 쓰기, 작문	6	읽기, 해석, 회화, 쓰기, 작문
조선어 및 한문	2	읽기, 해석, 쓰기, 작문	2	읽기, 해석, 쓰기, 작문	2	읽기, 해석, 쓰기, 작문
역사	2	일본역사	1	일본역사		
지리		일본지리			1	일본에 관계 있는 외국 지리
산술	2	정수, 소수	2	제등수, 분수, 주산	2	비례, 부합산, 구적, 주산
이과	2	식물	4	동물, 인신, 생리		물리 및 화학

				및 위생		(광물 포함)
가사				의식주, 양로		
습자	2	해서, 행서	1	해서, 행서		
도화	1	자재화	1	자재화	1	자재화
재봉 및 수예	10	운침법, 보통의류의 재봉, 재단, 수선, 편물, 조화, 자수	10	운침법, 보통의류의 재봉, 재단, 수선, 편물, 조화, 자수	10	1, 2학년 과정 외에 재봉기계 사용법 조사, 염직
음악	3	단음 창가	3	단음 창가, 악기 사용법	10	단음 창가, 복음창가
체조		유희, 교련		유희, 교련		유희, 교련
계	31		31		31	

출처: 부산광역시 교육위원회(1987). 釜山教育史. p. 116.

교과과정에서 강조된 것이 수예로, 재봉 및 수예는 3개 학년에 주당 10시간씩 많은 시간을 배정받았다. 이는 일제가 여성고등교육의 목적을 부덕을 기르는 것에 두었음을 드러내 준다. 여자고등보통학교규칙 제10조에서는 정숙하고 근검한 여자를 양성하는 것이 목적이므로 어떤 교과목이나 이에 유의하여 가르칠 것을 강조하였다(오천석, 1975: 410; 이만규, 1949: 195-196). 이제 시작 단계에 있었던 여성 고등교육이 철저히 부덕을 기르는 교육으로 강조되고 있었다.

그리고 일제는 사립학교를 지도 감독키 위해 1915년 3월 사립학교 규칙을 대폭 개정하였다. 당시 여성교육기관들은 사립학교나 종교학교가 대부분이었기에 이 법령에 따라 교육을 해야만 하였다(高橋濱吉, 1927: 423-426).

특히 "각급 사립학교의 교과과정은 그에 해당하는 급의 규칙(보통학교규칙, 고등보통학교규칙, 여자고등보통학교규칙 등)에 규정된 교과과정에 준하여야 하며, 그 밖의 학과목은 일체 부가할 수 없다"고 하였다. 그리고 "교과용도서는 당국에서 편찬한 것이나 또한 검정을 받은 것에 한 한다"고 하고 또한 "각급 사립학교교원은 국어(일어)에 통달하여야 하고 담당학과에 대한 학력이 있는 자라야 한다"고 하였다.

이후 사립학교는 계속 감소추세로 나갈 수 밖에 없었다. 1910년과 1917년을 비교하면 1,973개교에서 868개교로 줄었다(〈표 3-4〉 참조).

이 시기의 여성교육정책은 철저한 식민교육 속에서 전개되었으며, 일제가 길러내고자 하였던 여성상은 부덕을 함양한 여성이었다. 이러한 여성은 가정의 운영자로서 또한 아이들의 양육자로서 그 순종성을 가정 내에 널리 유포시키고, 또한 이러한 부덕을 지닌 여성들의 역할을 통해 조선 사회의 순화가 가능하였기 때문이다.

▌표 3-4▐ 私立學校統計(1910~1923)

學校種類 / 年度1910	一 般	二 般	計
1910	1227	746	1973
1911	1039	632	1371
1912	817	545	1362
1913	796	487	1283
1914	769	473	1242
1915	704	450	1154
1916	624	421	1045
1917	518	350	868
1918	461	317	778
1919	444	298	742
1920	410	279	689
1921	356	279	635
1922	352	262	614
1923	376	273	649
1924	364	271	635
1925	347	257	604

출처: 오천석(1975). 한국신교육사(상). p. 245.

사립학교에 대한 탄압은 1919년 3·1운동을 계기로 일부 완화되었다. 1919년 12월 고등보통학교와 여자고등보통학교의 규칙이 변경되어 그 교육내용이 수정되었다. 여자고등보통학교에서는 새로 외국어를 선택과목으로 하고 산술을 수학으로 고쳐 일본 내의 상급학교와의 연락을 편리하게 하였다. 그리고 1920년 3월에는 정규학교로 인가를 받지 않은 사립 각종학교의 교과목에 대한 제한이 철폐되고, 교원자격이 완화되었다. 이제 각종학교의 경우, 성경을 가르치는 것이 허용되었다(오천석, 1975: 251−252).

1922년 제2차 교육령에서 여자고등보통학교가 종래 관립·사립에 한하던 것을 도지방비 혹은 학교비로써 설립될 수 있게 하였으며, 수업연한을 종래의 3년에서 4년으로 연장하고, 입학자격은 수업연한 6년의 보통학교 졸업정도로 하였다. 이로써 교육연한이 11년 내지 12년이던 것이 11년에서 16년 내지 17년으로 연장되어 일본과 유사한 학제가 되었다

이즈음 경남(부산)을 비롯하여 많은 지역에서 공립여자고등보통학교가 설립되었다.

일제의 대륙침략전쟁과 여성교육정책

일제는 전시지배정책을 배경으로 1938년 제3차 조선교육령을 발표하였다(부산일보, 1938. 3. 6.).

이 교육령은 조선인 학교의 명칭과 일본인 학교의 명칭을 동일하게 하여 종래의 보통학교를 심상소학교로, 고등보통학교를 중학교로, 여자고등보통학교를 고등여학교로 개칭토록 하였다.

그리고 조선인의 교육목적을 "국민도덕을 함양함으로써 충량유위의 황국신민을 양성하는 것"으로 강조하였다. 교육내용으로 일본적인 정신을 강화하기 위한 일본어·일본사·수신·체육 등의 교과를 강화하였다. 한편으로 조선어를 못 쓰게 하여 모두 일본어로 강의하고, 학생들도 일본어를 사용하도록 하였다. 또한 사립학교의 설립을 불허하였다. 1938년부터 1943년까지 공립중학교 17개교, 공립고등학교 22개교를 설립하면서도 사립중학교의 설치를 억제하였다.

여성고등교육도 이에 따라 몇 가지 큰 변화가 있었다. 첫째, 여자고등보통학교의 명칭을 고등여학교로 칭하기로 하고(제1장 2조), 고등여학교는 여자에게 필요한 고등보통교육을 하는 곳으로 특히 국민도덕의 함양과 부덕의 양성에 뜻을 두고 양처현

모의 자질을 얻도록 하고 이로써 충량지순(忠良至醇)한 황국여성을 양성하는 데 힘쓰도록 해야 한다고 하고 있다(제1장 제1조). 둘째, 고등여학교에는 고등과 · 전공과 · 보습과를 두며, 수업연한은 5년 또는 4년으로 하되 사정에 따라 3년으로 할 수 있다고 하였다. 셋째, 고등여학교의 학과목은 수신, 공민(公民), 교육, 국어, 역사, 지리, 외국어, 수학, 이과, 실업, 도화, 가사, 재봉, 음악, 체조 등으로 하고 조선어를 필수에서 선택으로 하였다(조선총독부, 1940: 32-38).

이러한 개정안은 외형상으로는 학교 명칭을 바꾸는 정도로 보이지만, 그 목표와 내용은 황국신민화를 철저히 추진하려는 의도였다.

특히 일제가 이러한 여성고등교육을 통하여 길러내고자 하는 황국여성은 황국신민으로서의 한 사람일 뿐 아니라 부덕을 함양한 양처현모였다. 제1조에서 양처현모의 자질을 키우는데 주력하자고 하였으며, 또한 제12조에서도 고등여학교가 생도를 교양시킬 때 유의할 점을 강조하고 있는데 품성의 도야, 정조의 함양에 주력하여 순량정숙(順良貞淑)하고 온량자애(溫良慈愛)하며 순풍미속(醇風美俗)을 숭상한 여성을 양성하여 가정에 대한 임무를 중시하고 국가사회에 봉사하도록 하자고 강조하고 있다. 궁극적으로 황국신민을 양성하는데 황국여성상은 주부와 어머니의 책무를 다하는 양처현모로 가정에 봉사하는 여성이다. 12조 8항에서는 각 학과목을 가르칠 때 장래 주부와 어머니의 책무를 다 할 수 있는 교육을 시킬 것을 강조하고, 특히 가정생활상 필요한 사항은 반복하여 훈련시킬 것을 주장하고 있다.

따라서 일제하 교육을 통하여 여성들은 식민지교육에서 추구한 황국신민으로서 철저한 현모양처로서의 교육을 받게 되었다. 이러한 여성교육을 통하여 양성된 여성들은 식민성을 담보한 황국신민으로서 또한 현모양처로서 주체적이지 못한 여성으로 키워질 수밖에 없었다.

그리고 해방 이후 일제의 교육관에서 벗어나지 못하였던 우리의 현실 속에서 여성교육은 계속 확대 발전 되었지만 식민지적 잔재를 갖고서 현모양처 교육에서 벗어나지 못하였다

●●● 근대여성교육의 다양한 지향점

이렇게 근대 여성교육의 등장과 확대, 전개과정을 고찰해 보았다. 한국 근대 여성교육은 크게 선교사에 의한 교육, 민간에 의한 교육(남성, 여성) 등 사립학교 교육과 일제에 의한 공교육으로 전개되어 왔음을 알 수 있다. 이는 한국의 역사적 조건에서 이루어진 것으로 한국만의 독특한 여성교육을 만들어 냈다. 그리고 이러한 특성은 한국이 식민지를 벗어나 여성주의적 여성교육을 목표로 나아가는 데 그 바탕이 되었고, 또한 걸림돌이 되기도 하였다.

근대 여성교육의 지향점은 대체로 세 갈래로 분류할 수 있을 것 같다.

첫째, 여성자신들의 자각에 의한 여성교육론이다. 이는 근대여성교육이 등장하는 배경으로서 조선후기 여성들의 근대적 여성관의 태동에서 비롯된 것이다. 일부 여성들의 교육으로 시작되었다. 그리고 1898년 '여권통문'을 발표하면서 이는 전면에 부각되었다. 여성들이 주체적 삶을 살기위해 필요한 것이 교육이라고 보았고 학교 설립을 강조하였다. 그리고 이는 찬양회의 관립여학교 설립운동과 순성여학교 설립으로 이어졌고, 1905년 이후 다수의 여성교육단체의 설립으로 맥을 이어갔다. 물론 친일단체가 소수 있었기에 그 의미가 많이 삭감되었다.

일제 강점기에 들어서면서 여자유학생들도 등장하고 교육받은 여성들의 증가로 남녀평등에 입각한 여성 교육론이 등장하였다. 1920년대에는 광범한 신여성의 등장과 여성해방론의 전개 속에서, 여성교육론은 여성해방교육론으로까지 확대되었다.

이러한 여성주의 교육론은 한편 선교사 교육과 또 한편 민간(여성)에 의한 교육 속에서 나올 수 있었다.

대표적 신여성 나혜석의 예를 보면 수원의 삼일학교를 시작으로 진명여학교를 거쳐 일본으로 유학을 떠났다. 그의 글 〈경희〉에서 알 수 있듯이 그는 자신의 화가로서의 이상을 실현하기 위해 아버지와 주위의 반대를 무릎 쓰고 일본 유학을 강행하였다. 주체적 삶에의 의지가 강하였다. 그러나 당시 사회가 여성의 주체적 삶을 허용하지 않았기에 신여성들 중 상당수는 결혼에 실패하거나 결혼을 안 했거나 개인적인 삶의 굴곡을 겪기도 하였다. 김명순, 김일엽 등도 주체적 삶을 살고자 하였던 신여성들이었다.

둘째, 개화파와 계몽운동가들에 의해 주장된 여성계몽론에 근거한 여성교육론이다. 이른바 민족교육론이며 현모양처교육론이다. 이는 여성교육의 목적이 당시 민족문제와 관련하여 논하여졌다. 개화기에는 여성이 개화되어야 나라가 개화된다는 것으로, 여성교육은 동몽교육의 기본으로 국민교육의 기초라고 하였다. 이렇게 초기 개화사상가들의 여성교육관은 여성의 개화를 실현하고 나아가 개화 자강을 실현하자는 것이었다. 독립협회의 경우도 여성은 가정에서는 교양있고 능력있는 현모양처로서 국가사회를 위해서는 새 사회건설에 유익한 일꾼으로서의 역할을 기대하고 그를 위해 여성교육을 강조하였다. 즉 이들의 여성교육은 민족교육과 현모양처교육에 초점이 모아졌다.

이러한 여성교육론이 설득력을 가졌던 것은 우리 민족의 현실이 개화, 또는 국권회복을 민족 과제로 제기하고 있는 상황이었기 때문이다. 여성 자신들도 이러한 개화파나 계몽운동가들의 논리에 저항하지 않았고 민족의 일원으로서 당연시 하였다. 그러다 보니 여성이 주체가 되는 교육은 실종되고 민족교육과 새로운 현모양처교육이 여성교육의 중심이 되었다.

이 논리는 일제강점기에도 그대로 적용되었다. 식민지 상황에서 여성교육은 더욱 민족문제를 해결하기 위한 주요 과제로 내세워졌다. 그 논리는 가정의 운영자로서의 여성, 아이들의 교육 담당자로서의 여성의 역할에 대한 기존 고정 관념의 결과였다. 이러한 논의는 선교사학교와 사립학교 등 민간교육에서 나온 것이다.

셋째, 일제의 식민정책의 일환으로 주장된 여성교육론이다. 이 논의는 황민화 여성교육론과 양처현모 여성교육론이다. 그리고 이는 철저하게 일제의 공교육에서 주장된 것이다.

통감부 시기부터 일제는 조선의 여성 공교육의 방향을 결정하였다. 고등여학교의 목적을 고등보통교육과 기예를 가르치는 곳으로 부덕을 강조하는 교육으로 시작하였다.

강점기에 들어서는 "여자고등보통학교는 여자에게 고등한 보통교육을 하는 곳으로 부덕을 기르고 국민된 성격을 도야하며 그 생활에 유용한 지식과 기능을 가르친다"고 하였다. 또한 "정숙하고 근검한 여자를 양성하는 것이 목적이다"고 하고 재봉과 수예를 3개년 학년에서 주당 10시간씩 배정하였다. 일제가 길러내고자 하였던 여성상은 부덕을 함양한 여성이었다. 이러한 여성은 가정 내에서 가정의 운영자로 또한 아이들의 양육자로서 그 순종성을 가정 내에 널리 유포시키고, 또한 이러한 부덕을 지닌 여성들의 역할을 통해 조선 사회의 순화가 가능하다고 보았다

1938년 3차 교육령에서는 제1조에서 "고등여학교는 여자에게 필요한 고등보통교육을 하는 곳으로 특히 국민도덕의 함양과 부덕의 양성에 뜻을 두고 양처현모의 자질을 얻도록 하고 이로써 충량지순한 황국여성을 양성하는 데 힘쓰도록 해야 한다"고 하였다. 또한 12조에서 고등여학교가 생도를 교양시킬 때 유의할 점을 강조하고 있는데 품성의 도야, 정조의 함양에 주력하며 순풍미속을 숭상한 여성을 양성하여 가정에 대한 임무를 중시하고 국가사회에 봉사하도록 하자고 하였다. 12조 8항에서는 각 학과목을 가르칠 때 장래 주부와 어머니의 책무를 다할 수 있는 교육을 시킬 것을 강조하고, 특히 가정생활에 필요한 사항을 반복하여 훈련시킬 것을 주장하고 있다.

이와 같이 일제의 여성교육론은 황국신민화교육이었고 현모양처교육이었다. 때문에 일제 강점기의 공교육은 철저히 이에 준하였고, 사립학교와 종교학교의 경우도 일정하게 이에 영향을 받게 되었다.

이렇게 근대여성교육의 지향점은 대체로 세 갈래로 나뉘어서 전개되었지만 가장 막강한 힘을 지닌 것은 일제의 여성교육론이었다. 더욱이 해방 이후 설립된 정부는 일제의 교육정책을 그대로 답습하였기에 여성교육론이 그대로 여성교육 현장에 전달되었다. 또한 여성들의 주체적 여성교육론은 사실상 일제 강점기에 친일 여성들에 의해 왜곡되기 시작하였고 해방 이후 여성교육계를 이끌었던 이들이 또한 친일여성들이었기에 왜곡된 채 이어질 수밖에 없었다.

이송희

신라대학교 역사문화학과 교수로 재직하고 있으며, 부산여성사회교육원 이사장을 맡고 있다. 근대 한국여성사에 대해 오랫동안 천착하였으며, 특히 지역 여성의 삶에 지속적인 관심을 두어 연구하고 있다. 최근 《근대사 속의 한국여성》을 출간하였다.

참고자료

1) 개화기의 여성교육관에 관한 연구는 다음과 같다.
노인화(1982). 한말 개화자강파의 여성교육관. 한국학보, 27집.
최숙경(1983). 한말 여성해방이론의 전개와 그 한계점. 한국문화연구원논총. 이화여자 대학교.

2) 박영효, 〈개화상소〉, 《한국근대명논설집》, 신동아 1996년 1월호 부록: 10. 상소에서 박영효는 개화론을 8조목으로 나누어 논하고 있는데 여성교육에 대해서는 第6條 敎民才德文藝以治本條에서 "設小中學校 使男女六歲以上 皆就校受學事"라고 함.

3) 유길준, 제12편〈孩영撫育하는 規模〉, 제15편〈女子 接待하는 禮貌〉, 《서유견문》.

4) 《독립신문》 1896년 4월 21일, 9월 5일 논설, 5월 12일, 1898년 9월 21일.

5) 이화학당의 설립연도에 대해서는 1885년 설도 있다. 스크랜톤 부인이 학교를 창건한 것은 1885년이지만, 학생들이 오지 않아 학교가 가동되지 않았고 실제 첫 학생이 온 것이 1886년 5월 31일이기에 1930년대부터 창립연대를 1886년으로 잡고 있다(이화여자대학교, 1971: 51-54).

6) 이 조서는 재래의 經學 중심의 교육을 지양하고 세계정세에 눈을 뜨게 하는 새로운 교육의 중요성을 강조하였으며 교육의 3대강령으로서 德育 體育 및 智育을 내세워, 革新的 風敎를 세우고 사회를 향상시키며, 勤勞와 力行의 정신과 습성을 기르고, 사물의 연구를 철저히 함으로써 國家中興의 강력한 힘이 될 것을 역설하였다(오천석, 1975: 78; 이만규, 1949: 44-47).

7) 〈五百年有〉, 《皇城新聞》 1898년 9월 8일 論說; 〈여학교〉, 《독립신문》, 1898년 9월 9일.

8) 〈冀望女校〉, 《제국신문》 1898년 9월 13일 논설.

9) 《제국신문》(9월 13일자 논설)에는 300명이라고 하였고, 《독립신문》에는 400명(9월 15일 〈여학교 찬성〉)이라고 하였는데, 《黙庵備忘錄》에서는 500명이라고 하였다.

10) 〈녀학교 찬성〉, 《독립신문》 1898년 9월 15일에서 찬양회의 명칭은 養成院, 찬양회, 순성회 등으로 지칭하였다.

11) 〈부인개회〉, 《독립신문》 1898년 9월 27일; 〈부인회 연설〉, 《독립신문》 1898년 10월 7일; 〈외국인의연〉, 《독립신문》 1898년 10월 7일.

12) 사실 찬양회의 관립여학교 설립운동은 처음 고종의 우호적 태도로 고무되었지만, 이미 독립협회 관련의 개혁파 정권이 끝난 상황에서 독립협회 운동과 맥을 같이 했던 여학교 설립안은 1899년 9월 부결되고 말았다.

13) 〈女校私設〉, 《황성신문》 1899년 2월 24일; 〈여자교육〉, 《독립신문》 1899년 3월 1일.

14) 찬양회는 1900년 초에 사실상 해체되었고 재정적 후원 없는 학교 경영을 김양현당 혼자서 이끌어 갔다. 그가 죽은 후 1903년 5월 이자현당이 교장에 취임하였으나 이 뒤로는 신문 등 자료에서 기사를 찾아볼 수 없다.

15) 당시 정부는 관립여학교를 설립하지는 않았지만, 13개조의 관립여학교 관제를 마련하였다. 〈여학교록례〉, 《시사총보》 1899년 5월 25일.

16) 일반 사립여학교는 초창기에는 대부분 국한문교육 중심이었다. 예외적으로 숙명은 일어중심 교육을 진명은 영어 중심 교육을 하였다.

17) 당시 남성들은 여성교육의 목표를 애국심이 강한 어머니인 자녀를 길러내게 하는 데 두고 있었다.

18) 金河琰, 〈女子教育의 急先務〉, 《서북학회월보》 제15호, 12-18; 〈安岳郡女學校贊成會趣旨書〉, 《대한매일신보》 1908년 8월 26일; 尹孝定, 〈女子教育의 必要〉, 《大韓自强會月報》 제1호, 41; 〈女子教育論〉, 《대한매일신보》 1908년 8월11일, 寄書; 金致淳, 〈女子教育에 대하여〉, 《대한매일신보》 1909년 10월 28일; 〈女校教科書寄附〉, 《만세보》 1906년 11월 1일.

19) 朴殷植(1908). 女子普學院維持會趣旨書. 女子指南, 1(1), 1-2; 金河琰, 앞의 글, 13; 《대한매일신보》 1908년 12월 19일 논설; 〈여자교육이 부강지요〉, 《대동보》 제3호 1907년 7월; 윤효정, 앞의 글, 42.

20) 李沂, 〈家政學總論-家庭의 責任〉, 《湖南學報》 제1호, 30-31; 태백산인, 〈結婚한 娘子에게 與한 書〉, 《大韓興學報》 제5호, 47-51.

21) 李沂, 〈家庭學說〉, 《호남학보》 제1호, 27, 제6호, 13; 金致淳, 앞의 글; 金洛泳, 〈녀자교육〉, 《太極學報》 제1호, 39; 金壽哲, 〈家庭教育法〉, 《태극학보》 제16호, 17-21; 張啓澤, 〈家庭教育〉, 《태극학보》 제2호, 10-12.

22) 李喆柱, 〈女子教育이 爲急先〉, 《畿湖興學會月報》 제6호, 2.

23) 〈여자의 교육〉, 《황성신문》 1908년 2월 6일 논설; 〈여자교육론〉, 《대한매일신보》 1908년 8월 11일 寄書; 장기택, 〈가정교육〉, 《태극학보》 제2호, 11-12.

24) 《대한매일신보》, 《황성신문》, 《제국신문》 등의 기사에서 종합한 것임.

25) 송병기 외(편) (1971). 구한국관보 1908년 9월 1일. 한말근대법령자료집 VI: 279. 서울: 국회도서관.

26) 당시 학부대신은 사립학교령의 반포경위를 사립학교들의 내용이 불비하고 조직이 불완전하여 교육기관으로서의 실질을 갖추지 못한 경우가 많아 이 폐단을 시정키 위한 것이라고 밝히고 있다(高橋濱吉, 1927: 310).

27) 일제가 염려하였던 것은 사립학교의 설립이 교육에 의거하여 국권을 회복하려는 의지에서 비롯되고 있고, 교육의 내용 방향이 애국주의교육 민족주의교육으로 흐르고 있다는 것이다(국사편찬위원회(편), 1965: 907).

28) 1920년대의 교육론을 언급한 것으로는 졸고(1994). 1920년대 여성해방교육론에 관한 일고찰. 부산여대사학, 제12집. 간단하게 언급하고 있는 것으로 몇 편의 논문이 있다. 김정희(1984). 한말 일제하 여성운동 연구. 효성여자대학교 대학원 석사학위논문; 이옥진(1979). 여성잡지를 통해 본 여권사상-1906년부터 1929년까지를 중심으로-. 이화여자대학교석사학위논문; 오숙희(1988). 한국 여성운동에 관한 연구. 이화여대석사논문.

29) 梁柱東, 〈女子教育을 改良하라〉, 《동아일보》 1922년 11월 15일; 閔泰瑗, 〈내가 여학교 當局者라면〉, 《新女性》 3(1), 17; 鄭春溪, 〈婦女解放運動에 대하여〉 (6), 《조선일보》 1923년 8월 27일; 張膺震, 〈女子教育問題〉, 《조선일보》 1929년 1월 1일 사설.

30) 〈여성의 교육적 해방을 위하야-만천하 동포에게 다시 일언을 고함〉, 《조선일보》 1924년 4월 4일 사설; 〈부인야학문제〉, 《조선일보》 1926년 12월 1일 사설; 유각경, 〈나의 주의와

사업-배우고서야 해방과 동등이 있다〉, 《중외일보》 1924년 4월 1일; 정춘계, 〈부녀해방에 대하야〉(7), 《조선일보》 1923년 8월 28일.

31) 〈自己로 사는 婦人〉(4), 《동아일보》 192년 .6월 24일: 安在鴻, 〈自然스러운 人生을 짓도록〉, 《신여성》 제3권 제1호, 22; 鳳西山人, 〈人權과 男女平等〉(2), 《동아일보》 1920년 7월 9일; 張膺震, 〈女子教育問題-女子도 個人으로 社會人으로 男子同樣教育을 바다야 한다〉, 《조선일보》 1929년 1월 1일.

32) 張膺震, 앞의 글; 閔泰瑗, 〈내가 여학교 當局者라면 먼저 世上을 알리기에 힘쓰리라, 그리고 세상에 處할 길을 가르치자〉, 《신여성》 3(1), 17.

33) 鄭春溪, 〈婦女解放運動에 對하야〉(7), 《조선일보》 1923년 8월 28일; 白波, 〈所謂 新女性과 良妻賢母主義〉, 《現代評論》 創刊號 1927년 2월, 161-170.

34) 咸世豊, 〈女子解放이 卽 社會進步〉, 《開闢》 4호, 44-45; 金明昊, 〈朝鮮의 女性과 職業〉, 《신여성》 4(2), 9-10; 閔泰瑗, 〈내가 女學校 當局者라면〉, 《신여성》 3(1), 18; 一記者. 〈女性評壇- 婦人職業問題〉, 《신여성》 4(2), 22.

35) 조선총독부(1935). 시정25년사. 168. 사내총독은 식민지교육의 근본을 "조선은 아직 내지와 다르다. 그러므로 교육은 특히 그 힘을 덕성의 함양과 국어(일어)의 보급에 힘써 제국 신민으로서의 자질과 품성을 구비하여야 한다"고 하였다. 조선총독부 학무국(1915). 《조선교육요람》, 90-91; 조선총독부학무국(1919). 조선교육요람, 118-119.

Part 02

여성주의 교육 이론과 학교 현장

4

CHAPTER

여성주의 교육이론의 발전 과정과 최근의 연구 동향

여성주의는 공통된 개념적 · 실존적 · 실용적 출발점이 특징적으로 나타나는 행위에 대한 사고방식과 운동이라고 할 수 있다. 그래서 여성주의는 인간을 성별에 따라 위계를 나누어 차별과 억압을 행사하고, 여성에게 종속을 강요하는 제도적이거나 일상화된 모든 폭력과 지배에 저항하는 실천적 움직임이자 이론적 시도라고 할 수 있다. 여성주의가 얼마나 주류 남성 인식론에 의해 배제되었고 부인되었는가를 깨닫도록 만든 것은 바로 교육과 일의 수행, 정체성의 탐색, 자기표현의 실행에 대한 경험적이고 실존적인 접근을 통해 가능하였으며, 그것은 또한 여성들 개개인의 발견과 노력의 산물이었다. 여성주의자들은 모든 사람을 위한 교육사상을 신중하게 전개하기 위해서 분석적, 해석학적, 실용주의적, 탈구조주의적 도구를 끌어들였다. 여성주의자들은 세계 속에서 살아가는 여성들의 삶과 존재방식이 철학적 · 교육적 구도의 일부분이 되도록 노력하였다. 또 일부 여성주의자들은 우리가 공유하는 현실에 형태를 부여하도록 부여해 준 바로 그 범주들에 대해 다중적이고 복합적 비판을 시도하는 프로젝트를 수행하였다. 여성주의 교육이론은 열악한 교육현장에서 지금도 새로운 이슈를 발견하면서 계속 재구성되고 있는 중이다.

●●● 여성주의 교육이론의 발전과정

여성주의와 이를 토대로 한 여성주의 교육이론은 사회적 · 시대적 배경에 따라 다양하게 전개되어 왔다. 사회문화적 성(gender)에 대한 교육 · 사회 · 정치 운동은 미국과 유럽에서 참정권 운동으로 나타났다. 그런 운동에서 교육적 배제와 정치적 평등의 연관성 문제가 제기되었다. 미국의 경우 모든 사람들의 학습 권리를 주장했던 초기 활동가들에서부터 여성들의 취업, 여성 및 정치 참여의 권리(흑인권리운동, 게이해방, 멕시코계 미국인 운동에서 여성들의 역할 등)를 보호해 줄 연방 헌법을 요구했던 1960년대 여성들의 조직적인 운동에 이르기까지 교육과 성차별적 관심사는 서로 밀접하게 연관되어 나타났다.

프랑스의 68혁명의 출현은 여성운동의 전기를 마련한 중대한 해라고 할 수 있다. 서구 학생운동과 더불어 흑인의 민권운동, 학생운동, 반전운동, 좌파운동, 반-문화운동 등의 시민단체 중심의 사회운동이 활발히 일어나게 되면서 의식이 깨어있는 여성들을 중심으로 여성운동이 체계적으로 이루어지게 되었다. 이와 동시에 지식-권력을 통한 학교의 훈육 질서에 의문을 가지면서 아이를 수동적 존재로 보는 것이 아니라 활동, 놀이의 존재로 보는 진보적 교육학(progressive pedagogy) 운동을 출현시켰다(Walkerdine, 1992).

1970년대 자유주의적 여성운동은 교육과 고용 측면에서 남녀 간의 동등을 추구하는 데 기여했으며, 사회주의 여성주의는 여성의 경제적 종속을, 그리고 급진적 여성주의는 문화 및 지식의 남성 독점을 비판하면서 성 차별적 현실을 인식하게 하였다. 1980년 이후에는 교육 여건을 모조건 동등하게 제공하는 것이 성 평등에 반드시 긍정적으로 기여하는 것만은 아니라는 비판이 나타났다. 즉, 성(性) 상대주의 개념의 발달로 남녀는 각기 다른 특성과 장점을 지니고 있기에 공평(equity)의 원칙에 따라 남성은 남성에 합당한, 또 여성은 여성에 합당한 교육을 해야 한다는 자각이 확산되어 갔다. 이런 자각의 기저에는 남녀의 차이를 긍정적으로 인식하고 각자의 장점을 발휘토록 하는 것이 바람직하다는, 소위 '각자 지니고 있는 특성의 개발'이라는 방향

전환을 가져왔다(곽삼근, 2008: 62). 말하자면 여성은 남성과 다른 사회화 과정을 겪으면서 상이한 자아 발달 개념을 지니게 되고, 또 여성의 학습 경험은 생활과 밀착된 상태에서 잘 이루어지며, 경쟁적이기보다는 협동적인 학습이 유의미하다고 하는 남녀 차 연구가 관심을 끌었다.

오랫동안 여성주의자들은 교육 문제를 해방적 여성주의 연구를 위한 비판적 장으로 여겼다. 이들은 점차적으로 여성의 정치/교육 운동은 서구의 패권적 지배를 비판하였으며, 그리고 전 지구적이고 초국적인 이슈에 대한 관심을 보였다. 이에 따라 여성주의 교육이론도 일반 여성주의 연구와 같이 자유주의적 여성주의 교육이론, 사회주의적 여성주의 교육이론, 포스트모던 여성주의 교육이론 그리고 생태적 여성주의 교육이론 등 크게 다섯 가지 경향을 보였다.

자유주의적 여성주의자들(liberal feminists)은 남성이나 여성 모두에게 동등한 기회를 보장하는 것을 주된 목표로 설정한다. 자유주의 여성주의는 개인의 권리 개념을 발전시킨 18~19세기 자유주의 정치철학에 근거한다. 자유주의 여성주의의 전략은 자유, 평등, 정의라는 자유주의적 가치에 근거하여 여성도 남성과 동등한 법적 · 사회적 · 정치적 권리를 획득하는 데 있다. 이런 생각을 처음 제기한 보바르(Simone de Beauvoir, 1952)는 여성도 남성과 동일한 지위와 평등한 대우를 주창했다. 정치적, 경제, 교육, 대중매체 등 사회의 각 영역에서 나타나는 성차별은 여성과 남성이 다르다는 전제에서 출발한다.

교육 분야에서 자유주의 여성주의의 취지는 여성들의 잠재력을 최대한 발휘하도록 장애들을 제거하는 데 목표를 두고 있다. 자유주의 여성주의 교육에 대한 개념적 기초에는 세 가지의 주된 주제가 있는데, 그것은 기회균등, 사회화와 성 역할의 고정화, 성 차별에 대한 것이다. 이들 주제 중 특히, '동등한 기회 부여'라는 매력적인 미사여구는 자유주의 여성주의 관점의 중심적 기저를 이루고 있다. 자유주의 여성주의의 교육적 접근은 교육 불평등의 문제를 분석하고 해결책을 제시해 주는 등 많은 실천적 연구들을 활성화시키는 데 큰 기여를 하였다. 교육에서의 자유주의자들의 발상은 남녀 양성 간에 동등한 교육의 기회를 확보하는 것에 있으며, 따라서 여학생들의 잠재적 가능성을 발휘하는 데 장애가 되는 요소들을 제거하는 데 있었다(Acker, 1994). 물론 이러한 장애들은 개인의 심리적 조건이나 차별적 노동의 과정에서 존재한다. 따라서 동등한 기회를 부여할 수 있는 전략으로 교육 불평등을 개혁하는 데 두었다. 즉, 여성이 능력에 따라 사회에 진출할 때 여성의 장애를 교육을 통해 제거해 주는 것이 자유주의적 여성주의 교육이론의 중심적 생각이었다. 자유주의자들의 생각은 여성 문제가 발생되는 원인을 기회의 불평등에서 찾았으며, 따라서 여성이 남성과 동등한 권리를 갖게 되면 문제가 저절로 해결될 것이라는 기대를 가졌다.

그렇지만, 현실은 그렇게 나타나지 않았다. 가정과 사회의 여성을 억압하는 원인이 무엇인지에 대해 구조적 원인 분석, 즉 조건적 불평등에 대한 시각이 결여된 약점을 지니고 있었다. 구체적으로 말하면 첫째, 기회를 동등하게 제공하는 전략은 사회 진출을 추구하는 교육기관이 성별 중립성을 띠고 있다고 주장하지만, 교육제도란 주로 남성에 의해 지배되고 있을 뿐 아니라, 성별 차이를 만들면서 여성의 종속을 적극적으로 생산하고 있다는 지적이다. 둘째, 지식이라는 것이 중립적이라고 간주되고 있으나, 문화적으로 남성성과 기술적 전문성 간의 관계가 성립될 때 필요한 자질과 전문성은 남성성의 개념으로 정의될 뿐 아니라, 그 남성성이란 가치 있는 전문성으로 규정되고 있다는 사실이다. 셋째, 기회 균등의 프로그램들이 성별 관계 형성에서 유리하나 위치를 차지한 남학생들에게는 전혀 영향을 미치지 못했다는 점이다. 넷째, 남성과 여성이라는 분류에 입각하여 접근 기회에 관심을 두었다고는 하지만, 사회계층적 요소를 거의 고려하지 않음으로써 계층적 편견을 해소하지 못했다는 사실이다. 그래서 이에 대한 대안으로 흑인이나 빈곤층에 대한 대학입학 우대 조치, 즉 소수자 배려 제도(affirmative action)가 대두하였다.

이러한 자유주의 여성주의 교육이론에 대한 여성의 불평등성과 취약함을 주요한 비판으로 삼으며 등장한 관점이 사회주의적/마르크스적 여성주의자들(socialist/marxist feminists) 접근이다. 이들은 성별 관계에 있어 경제적 이슈를 강력한 관심을 표명하였다. 이들은 여성의 지위 변화가 자본주의적 관계 변화와 함께 가족 관계를 변혁시키려는 별도의 노력이 이루어질 때 실현 가능하다고 보았다. 자본주의와 가부장제

(patriarchy)가 모두 여성 억압적인 요인으로 작용하고 있기에 사회주의 해방이 곧바로 여성해방으로 이어지는 것은 아니라는 문제의식을 가지면서 가부장제와 성별 분업 폐지가 동시에 이루어져야 여성 문제의 해결이 가능하다고 보았던 것이다. 사회주의적 여성주의자들은 생산, 재생산, 그리고 성 정체성의 분석을 자신들의 비판에 통합하면서 자유주의적 여성주의에 비판적 시각을 보여 주었다. 울스턴크래프트(Mary Wollstonecraft)는 루소의 《에밀》에서 여성의 재생산 능력에 수반되는 사회적 책임을 인정하는 방향에서 여성은 태어날 때부터 혹은 본질적으로 유순하고 지성적이지 못하고, 허영심이 강하고, 인격이 없고 변덕스럽게 행동한다는 평가에 대해 문제를 삼고 있다(Mayo & Stengel, 이지헌 역, 2013: 253-254). 전통적 사회문화적 배경 속에서는 남성을 위해서는 일의 세계와 시민생활의 준비, 즉 '사회의 생산 과정'이 바람직한 것으로 평가되는 반면, 여성을 위해서는 사적인 가정생활의 준비, 즉 '사회의 재생산 과정'이 바람직한 것으로 평가되어 왔다. 이에 따라 교육도 남성과 여성에 대해 서로 다른 이중적 기준을 적용하게 되었다고 비판한다.

장기적인 안목에서 볼 때 사회주의 여성주의의 목적은 자본주의 체제로 인한 억압을 제거하는 것이지만, 당장 해야 할 조치는 체제 형성에 개입되는 과정을 명백하게 천명하는 일이다. 그래서 대부분의 사회주의적 여성주의 이론가들은 경제와 가정 속에서 여성의 위치가 어떠한지에 초점을 두었다. 특히 교육에 종사하는 사람들에게 심대한 문제가 발생되는 것은 자본주의 체제 속에서 교육이 성 역할 배분에 어떻게 관여하는지를 살피는 일이다(Arnot & Weiner, 1987). 사회주의 여성주의자들은 학교교육의 기능이 불평등한 사회제도를 반영하는 방식으로 성별화되었을 뿐 아니라, 학교가 공립이나 사립으로 분리됨으로써 성별 차이를 유지하는 성 역할 시스템이 고착되도록 만들었다고 비판하였다(Nicholson, 1980). 나아가 사회주의/마르크스주의 관점은 인종 문제, 특히 흑인 문제에 바라보는 페미니스트들을 많이 대두시켰다.

사회주의적 여성주의의 시각은 교육이론 안에서 신마르크스주의 영향을 받으며 크게 발전되었다. 이들이 주로 사용된 주요 개념은 '재생산(reproduction)'이다. 학교교육이 계급 불평등을 재생산할 뿐만 아니라 성별 불평등을 재생산하고 있으며, 이러한 재생산 과정이 사회의 성별 분업과 연계되어 있다는 점에 주목하였다. 교육에서의 여성 실패가 학교에서의 성별 불평등과 함께 성 역할 사회화 및 계급 불평등, 즉 자본주의 사회의 경제체제 안에서 어떻게 재생산되는가에 관심을 가졌다. 신마르크스주의 교육이론가들은 학교교육이 어떻게 다양한 기제를 사용하여 노동력에서의 계급 분화를 영속화하고 재생산시키는지를 분석해 냈다. 이들은 가정과 일터에서의 노동 분업의 성적 · 사회적 재생산에 학교가 어떠한 역할을 하는지에 주의를 환기시키면서 재생산 이론을 정치경제학적 관점의 출발점으로 삼았다. 즉, 성과 계급이 소녀들의 학교 안팎의 생활을 복합적으로 형성한다는 것으로 인식한다. 사회주의적 여성주의 교육이론가들은 노동 분업의 사회계층적 재생산이 아니라, 가정과 일터에서의 노동의 성별 재생산에 관심을 집중한다. 그들은 이 같은 기제를 정치경제적 분석의 기초로 활용하여 학교교육의 발달이 일터의 사회적 관계와 노동시장의 분절화를 가져왔다고 보는 것이다. 남성은 지배하고, 여성은 복종하는 가부장적 사회체제는 인간 재능의 절반만이 가치 있게 평가되어 사용되는 것으로서 나머지 절반은 평가절하되고 묻히게 된다는 것이라고 할 수 있다. 겉으로 공평하다고 여겨지는 학교란 곳이 실제로는 각각 층화된 기술과 지식을 제공함으로써 작업의 분절화에 기여하고 있다는 것이다. 그럼으로써 결국 여성의 잠재가능성을 사용하지 못하게 되어 사회는 재능을 낭비하고 있다는 것이다. 학교교육이 성별 재생산의 주된 기제가 되어 여성의 억압과 종속이 가부장제 사회에서 재생산된다고 보기 때문에 교육을 통해서는 사회변혁이 이루어질 수 없으며, 여기서 사회 전체의 혁명, 특히 사회주의 혁명이 이루어질 때 가능하다고 보았다.

그렇지만 사회주의적 여성주의 교육이론의 가장 취약한 부분은 자본에 의한 여성 억압을 지나치게 강조함으로써 정작 남성에 의한 여성 억압을 보지 못했을 뿐 아니라, 교육활동을 위한 전략이 부재하다는 비판이 제기되었다. 이러한 비판은 교실에서의 실천 지향성을 갖기보다는 다분히 이론적이며, 학문 지향적이었기 때문이다. 비판의 언어만 제시했을 뿐 대안 제시에는 취약하였던 것이다. 신마르크스적 교육이론가들이 사회를 변혁시킬 수 있는 실현가능한 교육적 대안은 제시하지 못했던 것이다(Seewha, 심성보 역, 2014: 48).

이러한 가운데 자유주의와 사회주의 등 근대성 담론에 비판적 입장을 보이는 '포스트모던 여성주의자들(postmodern feminists)'의 생각이 등장하였다. 이들은 여성들이 자본주의 사회에서는 물론이고 사회주의 사회에서도 특유의 억압으로부터 벗어나지 못하고 있다는 문제인식을 가졌다. 특히 이성을 중심으로 한 근대성 담론이 거대서사에 기반하고 있을 뿐 아니라, 성차별 지식권력에 기반하고 있다고 보았다. 교육기관의 규율/훈육 방식은 사람이 아니라, 정신을 대상으로 하고 있다는 점에서 감옥, 병원의 방식과도 유사성을 띤다. 푸코가 말한바와 같이 근대의 통제는 가혹한 처벌을 받는 몸이 아니라, 훈육되고 다듬어지는 정신인 것이며, 학교는 그러한 통제가 정교화되는 중요한 장면이다(Foucault, 1975). 보다 미시적인 권력의 분석과 해체에 관심을 두는 후기-구조주의자들(post-structuralists)과 입장을 맥을 같이 한다. 포스트모던 여성주의 교육이론가들은 이성과 합리성에 바탕을 둔 지식과 진리 체제가 보편적 가치를 담지하고 있는 것으로 여기게 하면서 '길들여진/양순한 몸(docile bodies)'을 만들어 내고 있다는 푸코(Michel. Foucault)의 생각을 따르고 있다(Gore, 1993: 59-66). 지식과 진리는 복수로, 상황적으로, 서사/이야기로 구성되며 지식과 진리 주장 속에서 권력, 즉 특권적 관계가 함축되어 있다고 보았다. 교과서에 나와 있는 지식이라는 것은 생동하는 지식이라고 볼 수 없다. 학교에서 진리는 교과서 혹은 교재와 등치되고, 교사는 끊임없이 정답을 요청하며 교재를 작성한 사람, 교재생산에 개입한 사회적 세력들, 교재의 채택과정은 이면으로 밀려나고, 교재의 내용만이 남는다. 치밀하게 혹은 무의식적으로 잔존해 있는 '교과서적 진리'는 그 대상도 특정한 방식으로 구획해 낸다는 것이다(정민승, 2013: 296).

포스트모던 여성주의자들은 절대적 진리에 대한 신념이나 목적론적 역사관에 입각한 학문·교육에 대해 비판적 입장을 취한다. 이들이 보았을 때 진리는 특정한 방식으로 '생산된 것'이며, 생산에는 명백한 생산의 주체가 존재한다. 특정한 진리 주장에는 생산 주체들의 가치가 개입돼 있기 마련이다. 그러기에 기존의 학문 담론에서 생산 주체는 추상적 존재로 사라지며 남아 있는 것은 논리와 말뿐이다. 곧 진리의 몰가치성 혹은 가치중립성은 남성 중심적 편향을 덮는 개념 장치로 간주된다. 성에 의한 여성억압, 즉 가부장적 억압은 모든 형태의 사회적 억압 가운데 가장 근본적인 것이다. 여성은 역사적으로 최초의 피지배 집단이며, 여성 억압은 사실상 모든 사회에 존재하는 가장 보편적인 현상이다. 그래서 여성 억압은 근절하기 가장 어려운 억압 형태로 사회 깊숙이 자리를 잡고 있어 계급사회 철폐와 같은 변화만으로는 제거할 수 없는 아주 뿌리 깊은 현상이라고 할 수 있다(Jaggar & Rothenberg, 1993: 120-121).

포스트모던 여성주의자들은 여성의 억압이나 불평등이 기본적으로 정치적 불평등에 한정된 것이 아니라, 남성 중심의 가부장적 사회구조에 기인한다는 인식을 바탕으로 남성 중심의 지배 체제에 대해 강한 비판적 자세를 보인다(Daly, 1978; Irigaray, 1974). 이러한 맥락에서 포스트모던 여성주의자들은 남성들의 기준과 가치관을 거부하고 여성 중심적 시각으로 세상을 바라보는 관점을 채택한다. 여성에 대한 억압이라는 것이 잘 알아채기 어려운 형태로 작동하고 있는 것은 근본적으로 가부장제 하에서 여성을 성적 대상으로 규정하고서 여성의 사회적 기능이란 오로지 남성의 성적 욕망을 만족시키고 자녀를 낳아 기르는 존재로 규정하기 때문에 이러한 규범을 벗어나는 일을 여성에게 허용되지 않고 있는 것이다. 나아가 생활의 모든 영역에 철저한 성별 분업화가 작동하도록 하기 때문이다. 이들이 '여성성'의 중요성을 강조하면서 '자매애(sisterhood)'를 호소하는 것은 그것을 통해 길러진 집단적 힘이 가부장적 이데올로기에 의해 뒷받침되는 사회적 관습을 헤쳐 나가는 원동력이 있다고 보기 때문이다(유현옥, 2004: 114). 이러한 인식을 가진 포스트모던 여성주의자들은 사회구조가 근본적으로 변화하여 남성의 지배와 가부장적 구조가 제거되어야 한다고 보았다. "개인적인 것이 정치적이다"라는 슬로건을 내걸고, 그동안 금기시되어 왔던 여성과 관련된 문제들, 즉 여성에 대한 폭력, 피임, 강간, 낙태 등을 포함한 여성의 삶과 관련된 문제들을 정치적 담론의 주제로 제기한다.[1] 급진주의적 여성주의 교육 이론가들은 학교의 일상적인 생활이 문화와 지식의 남성 독점물이 되고 있다는 성별 정치(sexual politics)의 관점을 취하고 있다(Acker, 1994: 50). 이들은 여성주의 교육의 목표를 지식, 권력 그리고 부의 평등에 두기 보다는 억압적 문화적 실재로서 성차별의 소멸에 초점을 두고 있다(Kohli & Burbules, 2013: 8). 우리가 알고 있는 것, 인간의 지식이라는 이름으로 표출된 것은 남성의 활동과 결정의 기록일 뿐이므로 지극히 불충분하다고 본다. 학교에서 가르치는 것이 모든 사람들의 경험이라고 하지만, 사실 남성들의 경험일 뿐이다. 겉으로 가치중립적이라고 표방하지만, 실제 편파적 지식으로 가득 차 있다.

그렇지만 포스트모던 여성주의자들은 학교생활을 경제나 가족제도로 연결시키려는 노력이 상대적으로 부족하다는 비판을 받았다. 그들이 재생산의 개념을 사용하기는 하지만, 여성에 대한 남성의 지배가 재생산되는 점을 간과하고 있다는 것이다. 여성은 이들이 강조하는 것처럼 지식과 자원에 대해 남성과 같이 완전하게 접근할 것이 거부되는 것뿐만 아니라, 남성의 공포와 폭력으로부터 자유롭지 못하다는 사실을 경시하고 있다는 것이다. 여성은 여성이기 때문에 억압당하고, 남성은 남성이기 때문에 억압하는 위치에 선다는 포스트모던 여성주의 담론은 '본질주의적 함정'[2]에 빠져들었다는 지적을 받았다.

포스트모던 여성주의자의 또 하나의 분류에 속하는 신-페미니스트들(neo-feminists)은 여성의 고유성을 강조하고 있다.[3] 성 모델은 여성의 지식이 남성과 다르게 구성된다는 본질주의적 입장에 근거해 여성 의식발달의 특수성을 거론한다. 여성은 '여성 다름대로의' 변화과정을 통해 자기성찰적 상태에 도달해야 한다는 것이다. 개인주의적이고 합리주의적인 근대 도덕 이론에 도전하면서 도덕적 지향으로서 돌봄[4] 윤리(Gilligan, 1982)와 모성적 사유(Sara Ruddick, 1989)[5]을 복원하고자 한다. 어린이의 실존적 삶과 결부되어 있는 '모성적 실천(maternal praxis)'은 단순한 생물학적 실천이 아니라 사회적 실천이라고 할 수 있다. 길리건과 나딩스는 돌봄을 메이로프[6]와 마찬가지로 개별적 관계에 초점을 두고 있지만, 정의 윤리와 달리 '돌봄 윤리(care ethics)'를 제창한 점은 새로운 접근 방식이다. 근대적 정언명령/황금률의 공정성/정의/규칙 윤리에 대조되는 '다른 목소리'[7]로서 모성적 돌봄 윤리를 제창한 신-페미니스트들은 사랑 없는 의무로 나아가는 칸트의 정의 윤리가 매우 공허한 윤리라고 주장한다. 일종의 '돌봄의 덕'은 칸트의 엄격한 규칙 윤리에 대한 대안적 입장이라고 할 수 있다.[8] 이들은 여성의 도덕적 경험을 무시하는, 남성적으로 보이는 전통적 윤리적 전범과 여성의 종속적 역할에 도전하였다(Adam, 2005).

그렇지만 돌봄의 윤리에서 '배려'의 개념은 여성의 전통적 성 역할을 더욱 고착화시키는 억압 기제로 이용될 수 있다는 지적을 받고 있다. 길리건(Gilligan, 1994)은 권리와 규칙 윤리와 대조되는 책임과 돌봄의 윤리를 제시하였지만, 성차별 미시권력의 통치 방식에 대한 지나친 의존은 세계의 정치적인 현실이나 물리적인 조건들, 그리고 사회구조를 무시할 가능성이 있다는 것이다. 사회문화적 성차별에 의존하는 것은 계급/인종과 같은 다른 중요한 차별을 은폐시킬 가능성도 있다. 배려라는 이름으로 행해진 해악과 그것이 남용된 사례(음핵제거 수술, 근친상간, 학대, 무시, 지나친 관대함, 과잉보호 등)는 이루 말할 수 없다(심성보, 2014: 174-175). 특히 마르크스적 여성주의자들은 돌봄의 윤리가 여성의 자연적 본성으로 보도록 하여 여성의 착취와 억압에 기여할 가능성이 있으며, 사회에서 여성의 전통적 역할(종속적 지위)에 한정할 가능성에 주의해야 한다고 강한 비판을 하였다. 돌봄과 같은 여성과 특별히 관련된 개념들은 과거에 그랬던 것처럼 여성을 억압하는 데 사용될 수 있다는 것이다. 이 말은 돌봄의 윤리가 이데올로기적으로 오용될 수 있다는 말이다. 이를 두고 돌봄의 윤리가 희생자의 윤리나 노예의 윤리라고 비난하기도 한다. 완전히 상대방에게 자신을 동일시함으로써 자신의 필요와 의견은 없고, 상대방이 필요로 하는 것에 자신의 역할을 규정하게 됨으로써 자신의 자아를 소멸시키는 '자기말살'의 윤리로 전락할 수도 있다. 마치 전통적으로 우리나라 여성들이 자녀를 자신과 동일시하여 자녀를 위해 자신의 모든 것을 희생하는 것과 같다. 따라서 돌봄의 실천이 여성을 억압하거나 착취하는 것으로 작용하지 않기 위해서는 여성들이 스스로 자신을 소중한 존재로 간주할 수 있어야 한다는 주장이 새롭게 대두되었다.

앞서 자유주의 여성주의자들, 사회주의적 여성주의자들, 포스트모던 여성주의자들의 교육이론 서로 다른 관점을 살펴보았는데, 생태적 사고를 갖고 있는 포스트모던 여성주의자들 일부를 제외한 이들 대부분은 인간과 인간 사이의 교육기회와 불평등 그리고 가부장적 문제에 관심을 두었을 뿐 인간을 둘러싸고 있는 환경 또는 생태에 대한 인식을 깊게 갖지 못했다. 이러한 인식에서 출발한 생각이 생태여성주의자들(eco-feminists)의 접근이다. 이들은 20세기까지 인간이 인간을 위해 이룩한 과학문명이 전 생태계를 위협하고 있다고 비판한다. 과학문명의 생명 경시는 인륜적 도덕의 붕괴와 인간의 실존적 위기를 낳았다고 보았다. 생태적 여성주의자는 대립과 정복이 아닌 생명을 중심으로 한 조화와 협동의 원리를 부각시키면서 상생의 윤리를 제창하고 나섰다. 이에 따라 여성주의에 근거를 둔 교육이론은 어떤 여성주의 관점을 견지하는가에 따라 상이한 양상으로 띠는 것으로 나타났다. 이런 문제의식을 가진 생태여성주의 교육이론은 여성과 자연을 문화의 반대 개념으로 인식하여 지배하고 정복되어야 할 대상으로 삼았던 근대성(modernity), 즉 자유주의, 사회주의 이념에 비판적인 사회운동이라는 점에서 포스트모던 여성주의자들과 사상적 맥락을 같이한다.

생태여성주의자들은 여성운동과 환경운동이 자연스럽게 결합하는 것으로 나타났는데, 이런 결합은 학문적으로 유토피아적 대안사회를 제시했던 생태철학과 페미니즘이 결합한 '생태여성주의'[9]를 낳게 되었다(유현옥, 2004: 119-120). 생태여성주의는 여성과 환경에 대한 지배는 모두 가부장적 이데올로기와 밀접히 관련되어 있다고 보고, 인간이 자연을 파괴하고 남성이 여성을 지배하는 관계에서 벗어나 자연과 인간, 여성과 남성이 모두 존중받기 위해서는 가부장제로부터의 해방과 권력의 분산, 위계질서의 해체, 직접민주주의의 실현 등을 추구하는 여성주의가 여성의 해방운동에 국한하지 않고, 지배-종속의 관계를 넘어 모든 인간이 평등하게 존중되는 인간관계는 물론이고, 모든 생명체와의 공생 관계를 그 목적으로 추구하는 대안적 문화운동 및 이론으로서의 가능성을 잘 보여주는 대표적 개념이라고 할 수 있다.

생태여성주의(eco-feminism) 교육이론은 상호협동과 생명 존중의 원리를 바탕으로 한다. 생태여성주의자들은 생태계 회복의 입장에서 자연과 인간의 관계가 새롭게 정립되어야 함을 주장한다. 여성과 자연 간의 문화적 연결 고리를 생태학적 맥락 속에서 권력 관계를 비판한다. 생태여성주의의 기본 신념 중 교육에서 시사를 받을 수 있는 점은 인간과 생물을 포함하여 건강하고 균형적인 생태계는 다양성을 유지해야 한다는 것과 종의 생존을 위해 인간과 자연의 새로운 관계 설정이 필요하고 생태학적 원리에 의한 인간 사회의 재구조화가 필요하다는 것이다. 교육의 목적이 인간의 행복을 추구하는 것이라고 할 때, 그 행복은 인간 자체의 변화나 사회집단의 변화에서만이 아닌 자연과의 정상적인 관계 속에서 가능할 수 있다는 관점은 주목할 만하다(Enslin, 2006). 그렇다면 성별 문제의 하나로서 지구적 불평등을 해소해야 한다. 전 세계적으로 사람들이 지구화에 저항하고, 또 서로 협력할 수 있는 평등한 능력 개발이 없는 지구화는 그에 따른 고통스러운 불평등을 악화시킬 것이다. 따라서 지구적/글로벌 교육 혁신은 정치적으로 옹호할 필요가 있다.

●•• 여성주의 교육이론에 대한 최근의 연구 동향

앞서 살펴본 것처럼 기존의 전통적 철학과는 다른 여성주의 철학의 개인적 목소리, 관점, 입장, 위치, 사회적 관계는 그 자체로 여성주의 교육이론을 주창하는 방식의 일부라고 할 수 있다. 자유주의 여성주의자들은 평등한 교육기회에 관심을 보였으며, 사회주의 여성주의자들은 계급, 인종, 그리고 성별과 연동된 구조와 이데올로기에, 그리고 포스터모던 여성주의자들은 성차별 지식권력과 남성주의적 가부장제 윤리에 비판적 관심을 보였다. 그리고 생태적 여성주의자들은 최근 지구환경 위기를 맞아 인간과 자연의 관계를 새롭게 정립할 것을 요청하면서 생태여성주의적 교육을 관심을 보였다. 여성주의 교육이론은 계급주의, 인종주의, 이성애주의(heterosexism) 등과 맞물려 있다(Laird, 2004). 이런 여성주의 사고들은 포스트모더니즘, 포스트식민주의, 포스트구조주의 관점들과 연동되어 있다. 특히 자유주의적 여성주의와 사회주의적 여성주의가 철학적으로 모더니즘과 연동되어 있는데 반해, 포스트모던 여성주의와 생태여성주의는 포스트모더니즘이나 후기구조주의와 연동되어 있다. 그리고 여성주의와 교육을 연계시킨 여성주의 교육이론의 발전은 정치적 차원과 비판적 차원 그리고 실천적 차원으로 전개되었다. 정치적 차원은 소녀와 여성을 위한 조건과 삶의 기회를 증진시키는 운동으로, 비판적 차원은 앎과 행위의 지배적/남성적 형식에 대한 지속적인 지적 비판으로, 실천적 차원은 전문적 개인적 실천의 더욱 윤리적인 형식에 대한 관심을 보였다(Kohli & Burbules, 2013).

그런데 여성차별과 불평등에 대한 교육이론에 대한 다양한 접근을 어느 하나의 주의(ism)에 포함시키는 것은 전체주의적인 접근이라고 할 수 있다. 현상에 대한 접근 또는 관점이 어느 하나의 주의나 이론으로 설명될 수 없기도 하다. 이런 점을 고려해 볼 때 여성주의 교육 연구의 양과 질 그리고 다양성을 포착하는 것이 중요하다. 이 모두를 다 포착할 수는 없지만, 다음과 같은 주제에 관심을 보이고 있다.

첫째, 마틴(Jane Roland Martin)은《대화를 다시 주장하기 Reclaiming a Conversation》(1985)에서 그동안 자주 무시되었던 여성철학자들의 사상을 재발견하였다. 마틴은 소녀와 여성의 교육에 대한 기존 이론들을 교정하고, 재구성하고, 재해석을 시도하는 것에 관심을 기울였다. 여성주의적 재해석의 범주에는 플라톤, 루소, 헤겔 등의 사상에서 보여 주는 성-편견과 남성주의적 교육론에 대한 비판이 주를 이루고 있다. 플라톤과 룻소 등은 여성을 사랑을 받기 위한 태어난 존재라거나 소녀들에 대한 교육 불필요성을 주창하였다. 기존의 주류 윤리는 사회문화적으로 성별화된 가족 구조를 제거하고자 하였다. 마틴은 여성들과 여성차별에 우리의 주의를 환기시키고, 교육사상의 대상과 주체로서 여성들의 배제될 때 생기는 해악을 바로잡기를 원한다. 그래서 그녀는 여성과 남성의 상호의존성에 대한 이해를 강조하고, 또한 생산 과정/생산적 삶과 재생산 과정/재생산적 삶 간의 관계에 대한 인식 — 출산과 육아, 환자와 노인 돌봄, 가정의 유지 및 가족의 신체적 정신적 요구에 대한 반응 — 을 촉구한다. 마리아 몬테소리로터 영향을 받은, 마틴은 또《학교가정 school-home》(1994)에서 가정에서 가족 구성원들을 돕기 위해 부모의 역할을 수행하는 것이 '돌봄'이라고 정의한다. 마르틴은 학교를 '가정의 도덕적 등가물'로 보면서 전통적 교양교육이 주지주의에 편중됨으로서 남성성을 대변하는 성차별주의를 보이고 있다고 비판한다. 전통적 사회문화적 배경 속에서는 남성을 위해서는 일의 세계와 시민생활의 준비(사회의 생산 과정)가 바람직한 것으로 평가되는 반면, 여성을 위해서는 사적인 가정생활의 준비(사회의 재생산 과정)가 바람직한 것으로 평가되어 왔다. 여성주의 교육이론에 중심적 위치를 차지하고 있는 나딩스의 《돌봄교육》(1984, 1992)에서는 젠더가 교육에서 중대한 영향력을 행사하고 있지 않고 있으며, 성차와 성별에 대한 주제들을 다루고 있지 않다는 점이 문제로 제기되고 있다. 이런 문제의식을 가진 마틴의 《학교가정》은 성별화된 교육제도에 대한 통찰을 제공하면서 이런 제도를 폐지하는 데 필요한 수단들을 제안하고 있다는 점에서 차이를 보이고 있다(Martin, 2005: 170). 그렇지만 사회문화적 성의 주창이 남성을 단순히 공격하는 이데올로기 도구로 작동하는 것은 아닐 것이다. 왜냐하면 남성 또한 그 연원을 파악하기 어려울 정도로 또 하나의 피해자일 수 있기 때문이다. 남성의 모든 것을 악의 실체로 보는 것은 평화적인 여성운동이라고 볼 수 없다. 따라서 남성이 지닌 가부장 문제 등의 해결은 폭력적 방식이 아니라 평화적으로 해결하는 실천적 지혜를 필요로 한다. 물론 남성들의 여성주의자들의 주장에 경청하면서 그들의 주장이 정당하다면 받아들이는 개방적 자세를 취해야 할 것이다. 특히 자녀 양육으로 인한 취업 기회로부터 박탈된 근원적 양육 체제의 문제를 근본적으로 해결해야 한다. 아동 양육과 돌봄 체제(직장 탁아소 설치 등)와 같은 보편적 복지 체제의 구축이 없다면 여성의 노동력 문제는 영원히 해결되지 않을 것이다. 그것을 개별 엄마에게 맡기는 것은 국가의 보육적 기능을 포기하는 것이나 다름없다.

둘째, 여성주의 교육이론은 '여성들'을 개념적 출발점으로 삼았을 때, 남성과 여성을 — 인간의 가능성이 오직 두 가지뿐인 것처럼 — 분화시키고, 또한 여성을 '타자(other)'로 만들어 내는 섹스-젠더(sex-gender) 사고틀에 크게 의존하고 있다. 그들이 계몽주의에 기반을 둔 탐구 양식들을 사용하는 남성 경험을 탈-중심화하려고 할 때, 남성의 존재/사고방식을 처음부터 중심에 놓고 보는 개념 장치에 의존하고 있다(Mayo & Stengel, 이지헌 역, 2013: 248). 여기에서 여성주의 교육이론에서 '상황/맥락을 고려한 철학하기'는 매우 중요한 위치를 차지한다(Greene & Griffiths, 2003: 57). 남성이나 여성이나 철학함에서 경험과 주체성 및 구체적이고 실제적인 사례의 중요성을 강조하는 것이 필수적이다. 분명히 현실 상황은 여성들이 보다 현격히 느낄 것이고, 이것은 여성들의 철학 행위에 영향을 미친다. 여성들은 활동하는 사람이 될 수가 없었고, 장소를 넘어 순수하게 객관적인 관점을 취할 수 없다. 그러기에 여성들의 사고 자체는 삶의 구체적 경험으로부터 나올 수밖에 없고, 그 사고의 결실을 산출하는 이정표가 되는 삶의 경험들에 밀착되어 있어야 한다. 여성주의 교육이론이 얼마나 주류 남성 인식론에 의해 배제되었고 부인되었는가를 깨닫도록 만든 것은 곧바로 가르침, 과제의 수행, 정체성의 탐색, 자기표현의 수행에 대한 경험적이고 실존적인 삶의 접근을 통해 가능하였다. 그것은 또한 여성들 개개인의 발견과 노력 그리고 여성들의 지난한 싸움의 결과에 달려있을 것이다.

셋째, 여성주의 교육이론은 대체로 여성의 이해를 충분히 고려하지 않는 전통적 서구 주류 사상에 대해 여성들의 이해관심과 권리를 남성들의 그것들과 대립된다는 이유로 경시한 것을 문제 삼고 있다. 인간의 사회는 '바깥일'과 '집안일'이라는 두 가지 근본적 필요의 충족을 요구하면서 그 요구 충족을 위해서 생물학적 성에 기초한 분업화 방식을 그 기본 원리로 하여 사회문화적 환경을 형성해 왔다. 학교에서 가정 살림이나 자녀양육 기술을 가르치지 않는 것은 고대 그리스로부터 내려온 교육과정이 공적 삶을 준비하는 남자들을 위한 것이었고, 그것도 그들에 의해 만들어졌기 때문이다(Noddings, 2016: 10-11). 그것은 사적인 삶과 공적인 삶을 분리시키는 것을 지속적으로 강조하면서 강화되었다. 소위 사적인 세계에서 일어나는 문제들, 이를테면 요리, 청소, 육아, 그리고 노약자 보호와 간병 같은 여성의 일상적 일을 도덕적으로 흥미롭지 못한 것으로 취급하여 배제했다. 그리고 가난의 원인은 노동시장에서 여성의 참여를 보잘 것 없는 것으로 만들어버린 노동 문화의 결과이기도 하다. 사회문화적 환경이 남성과 여성에게 다른 행동 규범을 요구하고 그러한 행동방식을 익히도록 사회화시킴으로써 남성과 여성의 능력과 특성의 차이를 형성해 왔다. 여성은 평균적으로 남성들의 도덕적 발달에 미치지 못하는 것으로 간주했다. 독립성, 자율, 분리, 정신, 이성, 문화, 초월, 전쟁, 죽음과 같은 문화적으로 남성적인 특성들을 지나치게 높게 평가하면서도 의존성, 공동체, 연관, 육체, 정성을 다함, 자연적 내재성,

평화, 생명과 같은 문화적으로 여성적인 특성들을 지나치게 낮게 평가하는 경향이 있다. 또 관계, 특수성, 부분성을 강조하는 문화적으로 여성적인 도덕적 추론 방식보다도 규칙, 보편성, 공평성과 같은 문화적으로 남성적인 도덕 추론 방식을 더 선호하는 경향이 있다(유현옥, 2004: 139-140; Jaggar, 1991).

넷째, 여성주의 교육이론은 몸(body)'을 통해 세계와 교육을 이해하는 연구에 많은 관심을 보이고 있다(Greene & Griffiths, 2003: 56). 학교 장면, 그리고 나아가 사회교육 등 제도화된 일반적 교육 장면에서 정신과 육체는 분리되며, 교육자는 정신을 대상으로 삼는 것이다. 이렇게 볼 때 몸과 마음의 분리선은 중요한 '경계'로서 우리의 일상생활에 개입하고 있다고 볼 수 있다. 그런데 페미니스트 교실에서는 이런 경계에 대한 도전이 이뤄진다. 여성주의자들은 학교를 지배하는 거대서사가 육체는 단순한 고깃덩어리에 불과한 '영혼의 감옥'이라는, 정신 · 육체의 분리에 기초하고 있다고 본다. 육체는 극복되어야 할 장애이며, 정신적 형성된 '생각하는 나', 즉 코기토(cogito)에 의해 통제돼야 한다는 것이다. 이런 육체관은 육체를 대상화해 '나'와 '고깃덩어리'의 관계로 자신을 형성하도록 한다. 이런 이분법은 관리자 · 노동자, 남 · 여, 문화 · 자연의 가름에도 자연스럽게 침투해 남성-관리자-정신-이성-문화-진리에 의한 여성-노동자-육체-자연-유혹의 확장적 통제를 가능하게 하는 기초로 읽힌다(정민승, 2013: 306). 따라서 여성주의자들은 학습자와 교육자는 공히 '몸'을 가진 존재이며, 몸의 언어로 소통할 수 있는 존재로 상정되는 것이다. 육체와 정신의 통일로서의 몸을 인정한다는 것은, 몸이 일차적인 주체 형성의 지점이며, 마음과 몸이 근본적으로 통합적 관계였다는 사실에서 출발한다. 이렇게 볼 때 남성이건 여성이건 결코 순수한 합리성만으로 분리될 수 없고, 그들의 몸은 그들의 이해에 중요한 영향을 미친다. 우리가 가난, 출산, 불구 등의 영향을 생각해 볼 때, 살아 움직이는 몸은 살아있는 개인에 의해 경험되며 타인에 의해 주시된다는 점에서 대단한 중요성을 가진다. 특히 여성의 몸은 타인의 주요한 주목 대상이기도 하다.

다섯째, 여성주의 교육이론은 인문교육/교양교육에 대한 기존 이론과 교양인에 대한 지배적 이념을 해체하고자 한다. 여성주의자들은 전통적 교양교육이 주지주의에 편중됨으로서 남성성을 대변하는 성차별주의를 보이고 있다고 비판한다. 공교육이 성차별적이고 중립적이지 않고, 교육과정(체육교육, 성교육, 문학교육 등)에 있어 여성주의적 관점을 보여 주는 연구도 있다. 남성 중심주의에 대한 문제를 인식하고 소외계층(여성, 장애인, 노인, 빈민, 외국인 노동자, 난민 등)의 문제 중, 특히 여성 소외에 대한 본격적인 관심이 이루어지게 된 것은 여성주의의 성장과 함께 최근의 성과라고 할 수 있다. 그러기에 여성주의 교육이론은 오늘날 학생들이 성에 관계없이 모두 가정적 삶과 직업세계를 위한 교육을 받아야 한다는 양성평등교육을 주창한다. 그리고 남녀공학에 대한 비판적 시각을 보여 주는 것에 대한 반론적 성격의 연구들이 등장하고 있다. 이에 따라 교육도 남성과 여성에 대해 서로 다른 이중적 기준을 적용하게 되었다고 비판한다. 그러기에 학생들이 성에 관계없이 모두 가정적 삶과 직업세계를 위한 양성평등교육을 받아야 한다고 주장한다.

여섯째, 여성주의 교육이론은 우리 사회의 민주주의 미완성을 해결하기 위해 정의(justice)의 윤리와 함께 돌봄의 윤리를 요청하고 있다. 이러한 요청은 남성과 소년에 대립하는 여성과 소녀들에 대한 고착된 성 정체성에 대한 문제제기도 하기에 여성주의 교육이론의 궁극적 목표는 '성-평등의 윤리학'의 구축에 있다고 할 수 있다(곽삼근, 2008). 돌봄(caring)이 강조되는 가정에서도 남녀차별, 부부간의 불평등한 관계 등을 시정하기 위해 돌봄과 함께 정의가 요청되고, 정의가 강조되는 국가 안에서도 빈민, 약자 등을 위한 복지 정책을 실시할 때에는 정의와 함께 돌봄이 요청된다는 측면에서 볼 때 정의와 돌봄을 동시에 필요로 한다. 따라서 정의는 공적 영역이고, 돌봄은 사적 영역으로 이분화하는 정책은 바람직하지 않다. 따라서 근대성의 이상인 정의와 권리 등의 계약윤리와 함께 탈근대성의 이상인 돌봄 윤리와의 융합과 통섭을 요구하는 관점을 필요로 한다.

일곱째, 여성주의 교육이론은 최근 생태여성주의에 큰 관심을 보이고 있다. 여성운동이 종래의 남성 지배를 극복하는 운동에 그치지 않고, 모든 종류의 대결 구도를 극복하는 새로운 인간관계를 추구하는 데 있어 생명과 환경에 대한 관심까지를 포함할 수 있는 가능성을 보여 주는 개념이라고 할 수 있다.[10] 생태여성주의는 인간의 잘못된 자연관과 환경과의 관계, 인간과 인간 사이의 관계 등을 생태계 회복의 입장에서 새롭게 정리할 것을 요구한다. 이들은 생태여성주의 입장에서 나와 타인, 나와 사물 및 환경, 그리고 나와 동식물 간의 관계가 올바로 정립될 수 있도록 이끌어 나가는 것이 오늘날 교육의 중요한 과제라고 본다. 생태와 여성성은 매우 밀접한 연관성을 가지기 때문일 것이다. 여성주의 교육이론의 변화는 국가안보(national security)에서 인간안보(human security)로, 나아가 생태안보(ecological security)로의 이동을 보여 주는 것과 같은 맥락에서 패러다임의 이동을 볼 수 있다(Harris & Morrison, 2011: 109). 생태여성주의 교육이론은 지역공동체교육, 양성평등교육, 생명존중교육, 환경교육 등으로 제시되고 있다. 이는 여성주의 교육이론에서 추구하는 여성주의 세계질서 구축에 가장 근접하는 사고 지향을 보이는 것이다. 오늘날 생태주의적 여성주의 가치와 접목한 교육이론의 이념적 지향은 생태여성주의 관점과 유기적으로 결합하여 생명 중심, 돌봄, 협동과 상생의 살림교육의 원리를 지향하는 이론과 실천으로 나아가고 있다(곽삼근, 2008: 83-84).

여덟째, 여성주의 교육이론은 군사문화와 성차별주의 간의 관련성과 남성다움에 대한 군사문화적 가치들이 어떻게 소년들의 행동방식에 영향을 미쳐서 남성다운 행동의 피해자인 소녀들을 어떤 식으로 희생시키는가에 대한 문제의식을 갖고 있다. 우리 문화에서는 '진짜' 사나이가 되는 필수조건이라 하는 것들이 대부분 군사문화적인 것들이다. 예를 들어 '진짜' 사나이는 공격적이며, 감정을 억누르고, 두려움이 없어야 한다. 만약 두려움이나 의심을 가진다면, 이는 여성적이고 약한 것이기 때문에 '진짜' 사나이 축에 낄 수 없게 된다. 남자다움의 개념을 설정하고 사회적 질서 속에서 남성이 우월함을 정당화하는 데에 '전투'라는 개념이 중요한 역할을 담당하고 있기 때문에 군사문화는 가부장제의 이념 체계 속에서 특별한 역할을 한다(Duczek, 1993: 236-237). 물론 한 국가의 군인이 된다는 것은 실제로는 순종적이고 복종적이며 권위 구조에 완전히 종속된다는 것을 의미한다. '전투'야말로 남자의 '남자다움'을 궁극적으로 판정짓는 것이다. 이 말은 군사문화가 남성에게서 나타나는 여성적인 특질, 즉 부드러움, 민감함, 관심 등의 특질들을 경멸하게 만든다는 것이다. 이렇게 군사문화는 여성에 대한 공격을 남성의 '소유물'에 대한 모독을 통한, 남성에 의한 공격으로서 여성들이 가장 혐오하는 신념 체계라고 할 수 있다. 따라서 군사문화가 학교문화를 통해 재생산될 때 학교의 민주주의 문화 건설은 요원하게 될 것이다.

●•• 여성주의 교육학의 위상과 그것이 학교혁신에 주는 함의

오늘날 여성주의 교육이론은 여성주의 교육학으로의 학문적 위상을 갖는 것으로 발전하고 있다. 세계를 보는 하나의 관점 혹은 행동방식을 정리한 교육이론의 체계화는 '여성주의 교육학(feminist pedagogy)'의 위상을 갖는 것으로 발전하고 있다(곽삼근, 2008). 여성주의 교육학은 다른 여성주의 학자와 운동가들과의 끊임없는 대화를 통해 발전해 가고 있는 지적 운동이고 전략이라고 할 수 있다(Coffey & Delamont, 2000: 5). 여성주의 교육학은 교육현장 속에서 끊임없이 그리고 급속히 자체 모습을 재구성하고 그 속에 포함되는 학문 영역도 재구성되고 있다. 사회문화적 성(gender)을 하나의 분석 렌즈로서 조심스럽게 사용하다보면 젠더라는 범주를 지지해 주는 시스템의 제약에 부딪히게 된다. 지배적인 사상/행위 시스템에 부딪히다 보면, 젠더와 그 비-형평성을 확인할 수 있게 해주는 바로 그 개념적/논리적 도구를 의문시하지 않을 수 없다. 기존의 익숙한 것을 다른 위치에서 새롭게 바라봄으로써 주류 인식의 부분성과 한계를 성찰하고 세계에 대해 더욱 확장된 인식이 가능하다. 단순히 성차별을 해결하자는 차원에 머물지 않고 세계에 대한 새로운 질문 방법을 던진다. 여성주의 교육학은 여성들의 더 나은 삶, 그리고 사회문화적 성을 넘어 모든 사람들을 위한 사회역사적 운동의 실용적/정치적 차원들에까지 사유의 지평을 넓혀가고 있다.

여성주의 교육학은 교육이론과 교육실천에 대한 접근에 있어 여전히 젠더적 사고를 간과하고 있다는 연구가 증대하고 있다. 이러한 연구와 운동 과정에서 발전된 여성주의 교육학은 1980년대의 제3의 물결운동의 흐름을 타고 평등, 해방, 희망, 자력화 등을 강조하는 '비판적 교육학(critical pedagogy)'의 부류에 속하면서도 남성에 의해 주도되고 있는 비판적 교육학이기에 여성 문제에 대해 상대적으로 관심이 덜하며, 가부장이고 남성주의적 담론 경향을 보인다는 비판적 관점을 보였다(Gore, 1993; Luke & Gore, eds., 1992). 여성들의 삶은 여전히 '남성적 관점으로 흡수될 수 없는' 철학을 위해 출발점을 제공해 주고 있다(Mayo & Stengel, 이지헌 역, 2013: 266-267). 여성주의자들은 새로운 방식으로 이슈를 만들어 낸다. 여성주의자들은 자신들의 이론화를 촉발시켰던 관심사, 다시 말해서 젠더와 관계없이 모든 사람을 위해서 더 나은 삶을 확보하는 일에 전념하는 연구에 몰두하고 있다.

오늘날 여성주의 교육학은 모두 여성성, 남성성, 그리고 권력의 관점을 통해 학교교육을 비판적으로 조망하고 있다. 교사와 학부모로서의 여성에 대한 특별한 관심의 영역인 교육의 장과 중첩된 비판적 성찰과 의식의 고양을 촉진한 여성주의적 관심을 반영하고 있다. 대체로 교육 접근에서의 공정성, 철학적 접근 방식들과 지적/도덕적/교육적 시사점, 일부 여성은 허용하고 다른 여성은 배척하는 인종과 계급의 특권, 성별 분석을 한다는 것이 오히려 문제가 많은 성별 규범을 더욱 현실화할 가능성이 있다는 문제제기가 대두되고 있다. 여성들이 타자로서 겪는 경험들은 식민지 지배를 겪고 배척을 받았던 사람들의 경험을 반영하고 있다. 여성주의자들은 이런 특별한 실천적 이상을 거울삼아 내적 비판과 대화를 활발하게 나누고 있다. 여성주의 교육학에서 중시하는 학습자의 경험을 주제 중심적이고 교사중심적 교육을 변화시킬 수 있는 중요한 고리로 상정돼 왔다. 여성주의 교육학에서 경험은 더 학습자 중심적으로 다루어진다. 이때의 경험이란 경험에 대한 자기고찰을 불러일으키는 경험이라고 할 수 있다. 학습자들은 여성으로서 독특한 혹은 억울한 경험을 고백하는 방식으로서가 아니라 그런 일과 성향까지 포함해 자신의 존재조건에 대해 어떻게 생각하고 있는지를 드러내는 과정을 통해 성장한다. 학습자에게 힘을 실어 주는 것(empowerment)은 진정한 의미에서 개별 학습자로부터 시작되는 일이기도 하다. 여성주의 교육학이 만들어야 할 구체적인 실천과제와 연관되는 핵심적 주제는 교사의 역할과 권위, 지식과 권리의 근원으로서의 개인경험을 위해 필요한 공간, 그리고 다름/차이의 문제이다(Weiler, 1996). 여성주의 교육학에서 강조하는 교사의 역할과 권위는 제도적으로나 내용의 전문성으로부터 비롯된 권위가 아니라 학습자와의 감정적 교류를 전제로 하는 해방적 권위를 촉구한다. 지금까지의 폐쇄적이고 격리된 교육자 · 학습자의 관계가 아니라, 학습자들이 교사의 삶을 신뢰하고 자신을 개방하는 과정에서 생겨나는 관계를 중심에 놓는다는 것이다.

여성주의 교육학은 지식과 진리의 근원으로서 개인의 경험을 위해 필요한 공간을 찾는 것을 중시한다. 개인이 '성적인 존재'로 살아오면서 겪은 경험은 중요한 진리의 기반이 된다. 이런 경험을 어떻게 활용하느냐에 따라 침묵 아래 묻힐 수도, 의식화의 자원이 될 수도 있다. 이런 점에서 당연히 여성주의자들은 개인적 경험이 소통되고, 그것이 재조명 · 이론화되는 공간을 찾는다. 여성주의 교육학은 그런 변화와 실천의 과정을 이론화하는 학문이라고 할 수 있다. 그리고 여성주의 교육학은 차이(difference)를 중시한다. 같은 여자라도 그 사람이 어떤 조건에서, 어떤 상황에서 살아가고 있느냐에 따라 여성이 느끼는 모순은 전혀 다르다. 그렇다고 해서 이런 '다름'이 여성의 연대를 해치고 여성을 파편화하는 방식으로 작용해서는 안 된다. 중요한 것은 노동계급 여성과 지식인 여성과 일상의 삶을 살아가는 주부와 이런 여러 가지 위상을 검토해보고, 그 차이가 어떻게 연결될 수 있는지를 다뤄봐야 된다는 것이다. 여성주의 교육학은 교육현장에서 그런 '차이와 연대'를 이뤄내야 한다. 학습자들이 차이의 감수성을 갖되, 동시에 타인의 처지를 고려한 연대를 할 수 있도록 장을 마련하는 것이 중요하다.

여성주의 교육학은 크게 다음과 같은 전략과 모형을 상정할 수 있다(정민승, 2013: 304).

- 이론적 지식과 감정적 · 경험적 지식 통합하기
- 지식생산에 내재한 권력관계에 주목하기
- 참여자들이 획득된 지식이나 타자와의 관계에서 다르게 위치 지워진다는 것을 알기

- 교사 · 촉진자와 학생의 권력 차이 인지하기
- 교육 프로그램에서 투자자들을 알고, 그들의 위치 규정하기
- 교육행위 안에 포함된 맥락 수준과 내용 수준 고려하기
- 어떻게 교육내용이 구조화된 권력관계에 도전할 수 있도록 해주는지 알기
- 해방적 교수전략 수용하기
- 무의식적 행동이 불평등한 권력관계를 재생산하는 방식 깨닫기
- 개방성과 지적 엄격성을 갖춘 공동체 만들기

특히 돌봄/배려 여성주의자로 분류되기도 하고 신페미니트스로 분류되기도 하는 돌봄의 윤리(caring ethics)는 학교혁신을 위한 담론으로 새로운 관심을 끌고 있다. 학교를 좀 더 배려할 수 있는 곳으로 만들기 위해 교육에 '양육(nurture)'이라는 페미니즘의 개념을 적용하는 데 관심을 가졌던 나딩스(Noddings, 1992, 2007)는 교육의 영역에서 무시하고 있는 '돌봄의 윤리'가 도덕교육뿐 아니라 학교 문화/교직 문화의 변화, 나아가 시민사회의 사회적 자본 형성에 새로운 전기를 제공해 주고 있다고 보았다. 그러기에 학교 환경에서는 가정의 기능을 잘못하고 있는 집에서 자란 아동들에게 특별히 도덕적 행동을 하는 학습을 받을 수 있는 기회를 세심하게 마련해 주어야 하는 것이다. 나딩스의 돌봄에 대한 연구는 여성의 특수한 처지/정체성을 구체적으로 다루는 것이 아니라, 여성들이 돌봄의 제공자로서 수행하는 역할의 강점이 윤리학과 교육을 위해 어떤 의미가 있는지를 중시한다(Noddings, 1984). 가부장적 체제의 해체보다는 여성다움의 특별한 품성, 즉 돌봄에 의미를 부여하고자 하는 나딩스는 여성에게만 존재하는 고유한 품성인 돌봄 윤리가 남성적 윤리인 정의 윤리에 의해 짓눌려 낮게 평가됨으로써 부각되지 못했다는 문제의식을 가지고 있다. 그리고 많은 여성주의자들은 돌봄 윤리에 대한 관심을 보여 주고 있다. 길리건과 나딩스의 문헌이 가장 많이 거론되고 있으며, 그들의 생각을 발전시킨 교육이론들이 많이 보인다. 돌봄의 관점을 학교운영과 리더쉽(Blackmore, 1999), 교수법(Noddings, 1989, 1992) 등에 적용시키고 있다. 돌봄의 관점을 우정에 적용시키기도 하고(Thompson,

1990), 돌봄에 대한 여성주의자들의 연구는 이미 학교개혁과 도덕이론에 의미 있는 공헌을 해 왔다. 학교운영에 있어 정의론적 접근이 갖기 쉬운 엄격주의의 허약성을 지적하며 돌봄적 운영원리의 강점을 제시하였다. 나딩스의 관계 윤리는 칸트가 도덕원리에 일치하려는 '의무감'에서 나온 행위/냉정한 이성적 의무만을 도덕적 행위보다 사랑과 자연적 성향에서 나온 행위를 도덕적 행위로 보는 관계 윤리를 더 중시하였다. 나아가 민주적 교실에서 대립되는 생각이나 목표들에 대한 돌봄의 가능성과 희망을 제시하고 있다(Thayer-Bacon, 1998).

오늘날 돌봄의 윤리는 우리나라 '혁신학교운동'에서 학교혁신을 위한 공동체 윤리로 많이 거론되고 있다. 돌봄을 상실한 학교문화의 갱신을 위한 대안적 윤리라고 할 수 있다. 물론 돌봄은 정의와 윤리가 함께 공존해야 할 것이다. 특히 합리주의적 도덕이 충분히 성숙되지 않은 우리사회, 특히 학교교육에 지나치게 관계 중심의 돌봄/배려 윤리를 성급하게 받아들이는 것은 우리 사회의 고질적 연고주의와 온정주의 문화를 극복하는데 걸림돌이 될 수도 있다. 끈끈한 인간관계(가족이기주의, 지연, 학연)에 의존하도록 하며 그것을 미덕으로 생각하는 한국사회에서 자칫 돌봄/배려 윤리가 전근대적인, 가부장적인 사회의 윤리와 동일하게 여기도록 한다면 불의한 사회나 민주주의 지체를 초래할 수도 있다. 돌봄의 윤리는 정의의 관점과 연합을 통해 따라서 양자를 적대적으로 반대하거나 순서적 발달 단계로 설정하기보다는 '보완적' 위치로 볼 필요가 있다. 따라서 '정의로운 돌봄(just caring)'이나 '돌봄적 정의(caring justice)'가 학교문화로 자리잡을 필요가 있다. 돌봄은 자율적이고 독립적인 타인 존중, 진정한 관심 기울기를 통해 타자에게 가치 부여하기, 그리고 수용, 신뢰, 포용, 열린 마음과 같은 자세 가지기가 필요하다. 그리고 공감의지, 공정한 듣기, 의혹의 일시 정지, 관용의 자세를 동반해야 한다.

그리고 여성주의 교육학은 학생 간의 권력관계, 교사와 학생 간의 권력관계가 재생산되는 과정을 아는 것이 중요하다고 본다. 학습자들이 자기의 상황을 비판적으로 인식할 수 있는 시각을 갖도록 해야 하는 것이다. 학교는 무의식적 행동이 불평등한 권력관계를 재생산하는 방식을 깨닫게 해야 한다. 이를 위해 학교는 경험을 통한 관여, 집단적 성찰, 그리고 열정과 감정이 교차하는 교육자·학습자 및 학습자 간 관계를 중시할 필요가 있다. 그동안 학교교육은 이론적 지식을 지나치게 강조하였지만, 이제 이론적 지식과 감정적·경험적 지식을 통합해야 한다. 학습자에게 감성과 이론을 함께 사용할 수 있도록 돕는 것이 중요하다. 의미와 실천의 결합체로서 새롭게 형성된 문화는 학습자 자신을 변화시킬 수 가능성을 갖도록 해야 한다. 대안적 교실문화는 기존의 학문적 경계뿐 아니라, 몸·마음의 경계, 교사·학생의 경계를 흐리는 실천과정 속에서 새로운 교육을 모색해야 할 것이다. 이를 위해 학습자들의 목소리를 내게 하는 노력을 해야 한다. 어떤 집단이 '목소리'를 잃는다는 것은 그 집단이 갖고 있는 이해관계와 힘을 잃는다는 것을 말한다. 학습자의 목소리를 찾고 그것을 개발해 가는 과정, 세력화의 시도를 해야 한다. 특히 여학생들을 어떻게 주체로 키울 낼 것인지를 고려해야 한다. 그들의 힘을 실어주는 것이 중요하다. 주체의 목소리 강화는 곧 민주주의의 기반을 공고화하는 일이기도 하다. 학교민주주의 위기 상황을 맞이하고 있는 우리 사회는 지금 그 어느 때보다 민주적 주체를 양성하는 일을 절실히 요구하고 있다.

심성보

현재 부산교육대학교 교수로서 한국교육연구네트워크 이사장, 흥사단교육운동본부공동대표, 새로운 교육체제수립을 위한 사회적교육위원회 상임대표 등 시민사회의 역량과 교양의 증진을 위한 실천적 교육학 운동과 인문학 운동에 큰 관심을 가지고 있다. 저서로 《민주화 이후의 공동체 교육》, 《인간과 사회의 진보를 위한 민주시민교육》, 《민주시민을 위한 도덕교육》 등이 있다.

참고자료

1) 포스트모던 여성주의자들 중 일부는 인공태반과 같은 과학기술을 통하여 출산조절도 가능하다고 보면서 생물학적 차이를 극복하려는 운동도 벌린다. 강간, 매춘, 포르노 등을 통해 여성이 노예가 되어왔다고 주장하다며 성적 노예 상태에서 벗어나기 위해 레비비안 운동을 벌린다. 이들은 포스트모던 여성주의자들 중 가장 급진적 운동을 벌이고 있다.

2) 본질주의자(essentialists)는 남자와 여자가 본질적으로 서로 다른 본성을 갖고 있다고 주장하는 사람들이다. 오늘날 많은 여성주의자들은 본질주의 입장이 여성들을 공적이고 전문적 세계에서 배제시키기 위해 오랫동안 사용되었다고 생각하기 때문에 이 입장을 극히 혐오하는 경향을 보인다. 일부 여성주의자들은 본질주의가 정말 옳지 않으며 생물학적 증거가 취약하다도 주장하지만, 과학적 주장은 여전히 위력을 발휘하면서 여성의 지위 개선에 도움이 되지 않으면서 정치적으로 이용되어 왔다.

3) 여성주의자들의 품성 윤리 강조는 때로는 '문화적 페미니즘'으로 분류되기도 한다.

4) 우리는 '돌봄'이 가능한 세상에서 잘 살 수 있도록 우리의 세상을 바로잡고 지속시키고 유지시키기 위해 우리가 하는 모든 것을 포함하는 종의 활동으로 간주되는 것이다. 돌봄은 이성뿐 아니라 감성을 포괄할 뿐만 아니라 특정한 타인에게 관심을 보이는 것이며, 인간을 관계 속에서 이해하는 다른 차원의 존재론적 하게 된다.

5) '모성적 사유(maternal thinking)'에서 '어머니 노릇(mothering)'은 중요하다. '어머니 노릇'은 '어머니다움'이나 '모성애(motherhood)'와는 다른 개념으로 어머니로서의 역할하기 또는 어머니로서의 경험을 의미한다. 어머니 노릇을 실제로 누가 하며 어떠한 경험인가는 인종, 계급, 문화 등에 따라 다르다. 어머니 노릇은 어머니를 연상시키기는 하지만, 여성주의자들은 이 용어의 창안을 여성의 경험에 기초하였을 뿐 여성만 하는 일이라고 보지는 않는다. 그러나 러딕의 사회적 실천은 모성적 평화 정치학을 발전될 수 있는 도덕적 통찰과 가치와 관련되어 있지만, 여성만의 속성도 남성만의 속성도 아니라는 지적을 받고 있다. 평화를 사랑하는 여성의 본성은 남성의 폭력만큼이나 신화에 불과할 수 있다. 그런데 독자적인 규범적 대안으로 제시된 모성적 사유 개념은 군국주의와 전쟁에 대한 비판으로서 공적 영역의 대안으로 의미를 갖지만, 도덕적-이론적 발달론을 필요로 한다는 지적을 받고 있다(Maihofer, 2005: 93).

6) 예를 들어 아리스토텔레스는 배려를 우정과 사랑으로, 마르틴 부버는 배려를 나-그것(I-It)이 아닌 나-너(I-You) 관계로, 존 듀이는 배려를 '공감적 이해'로 보았다. 메이로프(Milton Mayeroff)는 길리건의 《A Difference Voice》(1982)와 나딩스(Noddings)의 《Caring》(1984)보다 10년 앞서 《On Caring》(1971)을 출판하였다. 메이로프는 배려를 개별적 성장과 자아실현으로 보았다.

7) 길리건의 '다른 목소리(different voice)'는 종종 '여성의' 목소리로 불렸다.

8) 돌봄 윤리학은 관계(relationship)를 더 중시한 반면, 덕 윤리학은 도덕적 주체(moral

agent)를 더 중시하는 경향이 있다. 관계적 존재론에 기반한 '돌봄' 윤리가 특히 도덕적으로 강조되는 것을 두고 '덕 윤리(virtue ethics)'의 하나로 포함시키는 학자들도 있다.

9) 생태여성주의는 생태학(ecology) 혹은 인간과 자연의 합치를 근본이념으로 하는 생태주의(ecotopia)의 개념과 페미니즘(feminism)의 합성어로서 1980년초에 여성운동과 함께 환경운동을 접목한 의미를 갖고 있다.

10) 이러한 대안적 문화운동으로서의 여성운동을 페미니즘의 제3의 물결이라고 부르기도 한다.

5

CHAPTER

청소년기 여성주의 교육 현장 들여다보기

학교는 학생들의 사회화를 위한 핵심 기능을 한다. 평가시스템이 작동하는 학교는 가정과는 다른 사회화 기관이다. 학생들은 학교에서 객관적으로 분류하고 평가하는 방법을 학습하고 이를 삶의 태도로 내재화한다. 그 결과 학교가 학생들의 성장과 배움이 공간이 되기를 누구나 희망하지만 고정적이고 획일적인 평가기준이라는 익명의 강제된 시선에서 자발적으로 주체적인 응시의 시선을 갖을 수 있는 배움이 일어나기 어렵다.

청소년기는 자신에게 물음을 던지고 그 대답을 기다릴 수 있는 시기이다. 이 시기는 타자로부터 부여된 것들에게 의문을 제기하면서 주체적인 삶의 여정이 시작되는 시기이기 때문이다. 더 나아가 자신을 신뢰하고 타인을 수용함으로써 함께 사는 삶의 가치를 확장해 가는 시기이다. 여성주의 교육은 주체적인 삶의 여정을 위해 함께 질문을 던지고 삶을 공유하는 행복에 대해 이야기한다.

그러나 한국에서 여성학이 주로 대학을 중심으로 논의된 결과 여성주의 교육은 성인 여성 특히 대학생들에게 집중되었다. 사회화 과정을 고려할 때 청소년기의 여성주의 교육에 대한 심도 깊은 연구와 교육적 실천은 매우 중요한 과제이다. 이에 중학교 '도덕과' 교육을 중심으로 여성주의 교육의 특징과 발전적인 방향을 살펴보는 데서 그 연구와 실천을 시작하고자 한다.

●●● 청소년들이 여성주의 교육을 배워야 하는 이유

아기가 태어나서 어른으로 성장한다는 것은 타자의 시선을 자기화하는 일련의 과정이자 강요된 타자의 시선으로부터 벗어나고자 하는 과정이다. 아기는 양육자인 가족의 시선에 의해 자신의 존재적 정체성을 확인해 간다. 아기의 성장은 사회화 과정이고, 이 과정을 통해 습득하는 것을 자연스러운 것으로 받아들이기 때문에 사회 혹은 타자의 욕구는 나의 욕구가 된다. 아이는 채워질 수 없는 타자의 욕구를 나의 욕구로 치환하면서 성장한다.

초등학교 입학은 부모의 시선에서 벗어나서 사회에 통용되는 평가시스템에 입문하는 계기가 된다. 학교는 학생들에게 사회생활에 필요한 가치와 신념, 태도를 가르친다. 학교에서 배우는 내용은 생활전반에 관련된 것이다. 학생들은 교칙을 준수하고, 교과서 내용을 학습하고, 학습한 모든 내용은 평가받는다. 학교의 평가시스템은 유아기 보다 더 강력해진 타자의 시선으로 작동한다. 학교는 자신을 부모처럼 여유를 갖고 인정해 주는 곳이 아니라 객관적인 기준에 따라 평가하는 공간이기 때문이다. 강력한 타자의 시선은 학생들이 자신의 욕구를 무시·억압하는 동시에 타자의 욕구로부터 벗어나고자 하는 욕망을 불러일으킨다.

청소년기가 되면 타자의 강요된 시선으로부터 자신의 주체성을 회복할 수 있는 시기이다. 스스로 주체적으로 타자를 응시할 수 있는 힘이 생길 수 있는 시기이기 때문이다. 이 시기는 초등학생 시기와 다르게 강요된 시선으로부터 탈주를 경험할 수 있다. 물론 탈주의 혼란을 겪을 수도 있지만 인생에 대해 스스로 질문을 던지면서 인간적인 삶의 의미는 무엇인지, 어떻게 사는 것이 인간적인지에 대해 질문을 던질 수 있다.

청소년기의 혼란은 자연스럽지만 적극적인 성장의지가 있어야 가능하다. 그런데 현재 대부분의 청소년기에 해당하는 중·고등학생들이 인생의 질문을 던질 수 있는 기회를 유예당하고 있다고 한다. 정보통신정책연구원이 발표한 자료에 의하면 현재 중·고등학생들이 이전 세대보다 더 인생에서 성공한다는 것의 의미를 돈과 인맥으로 생각하고 있다고 한다.[1] 인생의 다양한 의미가 아닌 소비문화에 익숙해지고 있는 것이다. 돈의 의미는 경제적으로 마음껏 소비할 수 있는 것이며, 인맥 역시 돈을 벌기 위한 수단적 의미를 지닌다. 경제적 성공 신화는 단일한 시선을 강요하는 가부장사회의 영웅 신화와 별반 다르지 않다. 단일한 문화는 청소년기에 해당하는 중·고등학생들이 타자의 시선으로부터 탈주를 시도한다는 그 자체가 실패와 불안으로 인식되게 할 수 있다. 단일한 문화 속에서 '나'라는 존재는 타자와 차이를 지닌 고유한 존재가 아니라, 타자와 차별이 없어야 하는 존재로 인식하게 만들 수 있기 때문이다(이기범, 2009: 369).

청소년기들이 타자의 강력한 시선으로부터 벗어나 주체적인 삶의 태도를 가지려면 어떻게 해야 하는가? 청소년들 스스로 타율적 존재에서 자율적 존재로의 인식전환을 위해 노력해야 한다. 동시에 학교 교육의 제도적 지원과 성숙한 한국사회 문화 형성을 지원할 수 있는 사회시스템이 구축되어야 한다. 청소년들의 인식전환은 학교 차원의 제도적 시스템이 구축되면 효과적으로 이루어질 수 있다.

학교 차원의 제도적 시스템 구축의 우선적인 과제는 학교 교육과정 마련, 학교교육과정을 지원하는 학교행정시스템의 구축이다. 특히 학교교육과정은 청소년들이 인생의 의미에 스스로 질문을 던질 수 있는 심력(心力)을 길러줄 수 있는 기초가 될 수 있다.

그러면 학교교육과정의 운영의 목적과 방향은 어떻게 설정되어야 하는가? 현재 중등학교 교육과정은 국가중심의 교육과정으로 운영되고 있다. 교실에서 이루어지는 교과 수업은 교과서 중심의 형식적 교육과정과 그 이외 활동인 잠재적 교육과정을 통해 교육과정에 제시된 목적과 방향을 구현하고 있다. 따라서 청소년들의 삶에 변화를 목적으로 하려면 실제 수업이 이루어지는 교과 중심의 교육과정 운영에 관심을 갖는 것이 필요하다.

그리고 학생들의 삶에 직접적인 관심을 갖고 있는 교과가 도덕과 교과이다. 도덕과 교과는 여타의 교과보다 청소년기 학생들이 삶의 의미를 추구하고 방향을 설정하는 데 궁극적인 관심을 갖고 있다. 도덕과 교과 이론적 배경은 윤리학을 중심으로 하되, 서양윤리, 동양윤리, 정치학, 도덕심리학을 근거로 하고 있는데, 도덕심리학의 영향을 주고 있는 이론 중 하나가 여성주의 윤리학인 배려의 윤리(care of ethics)이다(교육부, 2013: 16; 교육부, 2015: 11-12). 배려의 윤리학은 여성주의 윤리학의 한 흐름이다.

사실 여성주의는 청소년들의 주체성을 길러주는 데 이론적 근거가 될 수 있다. 왜냐하면 여성주의는 생물적으로 주어진 성에 대해 의문을 제기하고 해답을 모색하기 때문이다. 여성주의, 즉 페미니즘은 비주체적인 삶으로부터 주체적 삶으로 전환하는 것에 관심을 갖고 있다. 여성주의는 인간의 생물적인 자연적인 성(sex)에 부여된 부조리, 편견, 차별을 철폐하고 인간다운 삶, 즉 주체적인 삶을 회복하고자 한다. 이러한 여성주의의 실현은 각자가 처한 삶의 장소 그곳에서 각 개인들의 지속적인 변화를 지향할 수 있는 자각에서부터 비롯된다. 삶의 지속적인 변화, 즉 여성주의가 지향하는 가치의 자각을 위해서 여성주의는 교육에 적극적인 관심을 갖고 있다.

여성주의 교육은 궁극적으로 타자의 강요된 시선으로부터 주체적인 응시의 눈을 갖기 위해 지속적인 성장과 변화 그리고 해방을 목표로 한다. 자연적인 성 차이를 차별하고 억압하는 가부장제의 피해로부터 여성들의 권리만을 회복하려는 소극적인 차원뿐만 아니라 인간에게 부여된 성역할이 사회적 역할로써 고정된 것이 아니라 선택할 수 있다는 적극적인 노력을 한다. 물론 이때의 선택의 의미는 사회적 맥락 안에 있는 선택이다.

여성주의 교육은 타자를 보는 단일한 시선을 강요하는 가부장제에 대해 비판하고 모든 인간이 지닌 다양성과 고유성을 발현하는 것에 가치를 둔다. 인간은 차이를 지닌 존재이며, 차이를 지녔기 때문에 존엄하고 존중받아야 하는 존재이며, 선택할 수 있기에 자유로운 존재로 이해한다. 인간의 고유성에 관심을 갖고 있는 여성주의 교육은 인간을 위한 교육이며, 소외된 약자들의 교육이라고 할 수 있다. 소외된 약자들이 강자들의 시선에 의해 수동적인 존재로 전락할 위험성도 있지만 이와 동시에 역사적으로 소외된 자들의 고통을 경험한 이들은 그 고통을 적극적으로 공감하고 약자들이 자신의 목소리를 회복하는 데 연대책임을 느낄 가능성도 높다. 여성주의 교육은 소외된 약자의 삶을 회복하기 위한 교육으로 본질적으로 인간 교육이라고 할 수 있다.

그러면 도덕과 교육과정은 여성주의 이론을 적극적으로 수용 및 발전시키고 있는가? 한국에서 여성주의 교육은 시민단체와 대학을 중심으로 활발하게 전개되어 온 측면이 없지 않다. 학생 특히 청소년기 사회화 과정의 중요성에 비해 여성주의 교육에 대한 관심은 미미한 수준이다. 그것은 공적 영역인 학교의 교육과정에 시민 단체 등이 직접 개입할 수 없었던 측면도 있다. 도덕과 교육 역시 예외가 아니다. 여성주의 관점의 배려의 윤리조차도 적극적으로 수용한 측면은 부족하다.

이러한 상황에도 불구하고 도덕과 교육은 여성주의 교육과 밀접한 관련을 가질 수 있다. 그것은 위에서 고찰하였듯이 도덕과 교육의 배려의 윤리가 도덕 심리학의 근거이론 가운데 하나라는 사실, 도덕과 교과 자체가 학생들의 삶의 의미와 방향을 설정하는데 관심을 갖고 있기 때문이다. 즉 도덕과 교과는 학생들로 하여금 다양한 도덕문제에 대한 성찰과 탐구를 통해 올바른 판단능력과 도덕적 덕성 및 바람직한 가치관을 확립하여 각자 자율적이고 통합적인 인격을 형성하는데 관심을 갖고 있다(교육부, 2015: 23). 그리고 학생들의 자율적 도덕 능력 함양을 위해 인습적 차원에 주어진 도덕에서 자율적 존재로 성장하는 것을 지향하고 있으며, 배려의 윤리를 행위의 원리로 제시하고 있다(교육부, 2015: 11-12). 물론 도덕과 교육은 배려의 윤리를 여성주의 관점보다는 인간이 지향해야 할 행위 원리로서 접근하고 있는 한계는 있지만 타 교과와 다르게 여성주의 교육과 연결고리를 모색할 가능성은 높다.

이에 도덕과 교육에서 이루어지고 있는 배려의 윤리를 여성주의 관점에서 적극적으로 수용하여 발전시킬 수 있는 방안을 모색하고자 한다.

●●● 여성주의 가치와 도덕과 교육의 만남

일반적으로 서구의 여성주의와 교육의 역사는 크게 근대적 패러다임과 탈근대적 패러다임 형태로 구분할 수 있다. 근대적 패러다임은 가부장제와 밀접하게 연결되고 있다. 근대성은 이성을 중시하는 사회였기 때문에 이성적 능력을 지닌 남성을 우월적인 존재로 여겼다. 이에 비해 감성적 존재인 여성은 가부장제에 의해 통제를 받아야 하는 대상이었다.

근대적 패러다임의 견지에서 여성주의 교육은 희생하는 여성성을 이상화하는 현모양처 교육이었다. 근대적 패러다임으로 부터 변화는 18~19세기 이후부터이다. 18~19세기 초기 여성주의 교육은 가부장제도로부터 해방을 위해 여성의 정치적 권리 회복에 관심을 두었다. 20세기 이후 탈근대사회가 되면서 여성주의 교육은 가부장제의 억압으로부터 여성의 권리의 해방을 위한 교육뿐만 아니라 여성 · 남성 공히 성차별주의와 성차별주의에 근거한 착취와 억압을 종식시키기 위한 의식화에 관심을 갖고 있다(hooks, 2009: 19). 성차별주의와 성차별주의에 근거한 착취와 억압을 종식시키고자 하는 여성주의 교육은 삶의 주체성을 형성하는 데 궁극적인 관심을 갖고 있는 것이다. 물론 삶의 주체성은 약자와의 연대를 통해 이루어진다. 그런데 영원한 간극인 타자의 시선으로부터 벗어나 주체성을 회복하고 성장시키는 것은 쉽지 않기 때문에 부단한 성찰과 자각을 위한 교육을 중시한다.

타자의 삶으로부터 주체성을 회복의 시작은 우리가 성차별주의 개념으로부터 자유로워야 한다. 기존에 익숙한 개념으로부터 탈주를 시도하는 오래된 영화 가운데 하나가 아메나바르 감독이 제작한 〈디 아더스〉가 있다.[2)]

참고 디 아더스(The Others)

제작: 2001년(미국)

감독: 알레한드로 아메나바르

제2차 세계대전이 끝나갈 무렵, 영국 해안의 외딴 저택에서 그레이스는 전쟁에 출정한 남편을 기다리며 빛에 노출되면 안 되는 희귀병을 가진 두 아이를 데리고 살아가고 있는데, 어느 날부터 집 안에 이상한 일이 생기게 된다. 아무도 없는 방에서 발자국 소리가 들리고 피아노가 갑자기 연주된다. 어느 날 전쟁에 나간 뒤 소식 없었던 남편 찰스가 돌아오지만 찰스는 넋이 나간 듯 대부분의 시간을 잠으로 보내고 어느 날 식구들을 다 봤다고 하면서 작별 인사도 없이 떠나고 만다. 일련의 이상한 일들을 겪으며 그레이스는 집에서 망자들의 사진첩을 보고, 얼마 전까지 그녀와 함께 있던 하인들이 이미 오래전에 죽은 사람들의 혼령이었다는 사실을 깨닫게 된다. 그 과정에서 그레이스의 의식 안에서 꿈처럼 남아있던 기억 하나가 되살아난다. 그녀 자신이 아이들의 입을 틀어막느라고 베개를 누르다가 그만 실수로 죽이게 되자 자신의 머리에 총을 겨누고 방아쇠를 당겼던 사실이 기억난다. 그레이스는 혼란스러워진다. 자신의 인간성은 죽음을 통해 사라진 것인가, 소멸된 인간으로서 이젠 유령인가, 그때 벌어진 진실은 무엇이며, 자신들은 누구인가, 지금 어디에 있는가….

영화에 묘사된 '디 아더스(The Others)'는 인간이다. 영화에는 유령과 인간이 등장한다. 흔히 인간과 유령의 개념에서 유령이 타자이다. 그런데 이 영화는 이러한 인식을 비틀어 놓는다. 유령이 동일자이고 인간이 타자다. 이 영화에 등장하는 주인공 모두는 유령들이다. 자기가 인간과 동일한 존재라고 믿는 유령들이 동일자이다. 유령들은 자신이 인간이라고 생각하고 인간과 똑같이 생각하고 행동한다. 관객들도 그렇게 믿는다. 이 영화는 우리가 잊고 있는 단서를 환기시켜 준다. 영화를 통해 감독은 관객들에게 동일자와 타자는 동쪽과 서쪽, 이쪽과 저쪽처럼 호환될 수 있는 상대적 개념이라는 것을 드러낸다. 동일자(the same)는 이쪽 사람이고, 타자(the other)는 저쪽 사람이지만 기준에 따라서 달라지는 개념인 것이다(이왕주, 2002: 50).

근대적 의미적 의미의 타자 개념은 획일적이고 고정적이었다. 그런데 이 영화는 동일자와 타자 개념은 더 이상 단순히 이쪽 사람과 저쪽 사람을 뜻하지 않음을 공포와 불안의 시선으로 보여 준다.

여성주의 역시 서양·백인·남자·부자·권력자·정상인 등의 동일자 시선으로 세상이 움직이고 있음을 비판한다. 동일자 시선에 강요받고 있는 타자들은 동일자의 시선에 갇혀있다. 타자들은 동일자와 자신을 동일시하기 위해 노력하지만 넘을 수 없는 영원한 간극, 즉 벽이 있다.

초기 여성주의자들은 강요된 타자의 시선으로부터 해방을 위해 노력하였다. 이들은 사적인 영역에 머물던 여성들이 공적영역 즉 사회 영역으로 진출하는 것이라고 간주하였다. 그 결과 여성들이 사회적으로 진출하기 비율이 높아졌고, 가정에서 여성과 남성의 양성평등 문화를 형성하기 위해 노력하였다. 전문직으로 진출하는 여성의 숫자가 증대되었다. 그런데 아이러니하게도 전문직으로 진출한 여성들이 소외된 여성들을 비난하는 사태가 발생하게 되었다. 즉 사회에 전문직으로 진출한 여성들이 그렇지 못한 여성들을 능력 없는 사람으로 비난하는 내부적 적이 되는 경우마저 발생하게 되었다(hooks, 2002: 39). 이는 여성들도 이미 성차별적의식이 내재화되었다는 것을 의미한다.

초기 여성주의와 다르게 후기 여성주의는 여성과 남성 공히 동일자와 타자를 양분시키는 의식의 변화가 있어야 한다고 본다. 여성과 남성, 권력자와 가난한자 등 이분법으로 경계 구분하는 것을 넘어서야 진정한 의미의 주체성이 회복될 수 있다고 한다(hooks, 2002: 21).

후기 여성주의 흐름 가운데 하나인 전구적 여성주의[3]는 성차별적 의식의 변화를 위해 자아와 타자의 경계 넘기(border crossing)에 관심을 갖는다. 그리고 경계 넘기는 단순히 의식의 변화뿐만 아니라 제도의 변화가 수반되어야 한다고 본다.

벨훅스(bell hooks)[4]는 남자와 여자를 공히 인간 혹은 시민의 이름으로 묶을 수 없다고 한다. 그녀는 하나의 이름으로 묶는 것은 여성이나 인종, 계층 등의 차이를 인정하지 않는 행위라고 비판한다. 인간은 하나의 주체로 환원할 수 없는 이질성

(heterogeneity)이라고 한다. 그녀는 경계 넘기를 위해서는 인간의 삶을 규정하고 있는 물질적 재화나 수입, 지위 공정한 분배가 불가능하게 하는 지배와 억압의 구조에 관심을 가져야 한다고 본다. 자신들이 태어나면서부터 속하게 되는 성별, 인종, 계층 차이에 의해 형성된 신념, 태도, 가치를 넘어 서는 것이 경계 넘기의 시작이라고 한다(hooks, 1994).

여성주의자들이 의미하는 동일자와 타자의 경계 넘기는 어떤 한쪽이 일방적으로 피해를 받았기 때문에 이로부터 벗어나기 위해 피해를 보상해 주어야 한다거나, 또 다른 폭력을 가하는 것이 아니라 서로가 상호 관계적 존재로서 받아들이는 것이다. 동일자와 타자의 경계 넘기는 어떤 한쪽의 사적인 이익을 최대한으로 보장해 주는 개인들의 안녕(individual-based safety)을 위한 것이 아니라 관계에 기초한 관계적 안녕(connection-based safety)을 위한 것이다. 그리고 관계적 안녕의 관점에 소외된 약자에 대한 관심과 비대칭적 배려를 존중하는 것이어야 한다(조한혜정 외, 2004; 이미식, 2014).

이에 우리는 위의 관점에서 도덕과 교육이 배려의 윤리를 어떻게 수용하고 있는지 고찰해 보자. 여성주의 관점에서 중요한 여성과 남성의 개념이 등장하게 된 것은 제7차 도덕과 교육과정(1997~2007년)부터이다. 이전에도 여성과 남성의 개념이 등장하였지만 제7차 도덕과 교육과정부터 여성과 남성이 가져야할 바람직한 모습으로 성역할 개념이 제시되어 있다. 인간은 성과 무관하게 동등한 가치를 지닌 존엄하고 평등한 존재이지만 여성이 다양한 영역에서 비교적 불평등한 삶을 살아가고 있다고 비판하는 것은 이 시기부터이다.

제7차 도덕과 교육과정에 의하면 '남 · 녀의 성역할이 문화에 따라 다양함을 이해하고 특정한 성이 억압되거나, 특권을 부여했을 때 부정적 결과가 나타나기 때문에 양성의 상호보완이 추구되어야 한다고 밝히고 있다(교육부, 2008: 230-231). 그리고 양성이 서로 협력하여 상호보완을 추구할 때 개인적 및 사회 · 국가적 측면에서 가장 이상적인 결과가 발생할 수 있으며 양성 평등이 실현되려면 의식 · 제도 · 문화 등 다양한 차원에서 변화가 필요하다고 하고 있다.

이에 도덕과 교과서에서는 '양성성(gender)' 개념을 제시하면서 한 인간에게서는 바람직한 여성적 특성, 바람직한 남성적 특성이 공존하고 있다고 하고 있다. 남자든 여자든 남성적인 특성과 여성적인 특성을 모두 가지고 있는 사람이 건강하고, 사회에 적응을 잘하는 이상적인 인간이라고 제시하였다. 중학교 3학년 도덕 〈가정 · 이웃 · 학교 생활의 보람〉에서 전통적 성역할인 여자의 현모양처(賢母良妻)와 남자의 입신양명(立身揚名)을 대신해서 현대적인 성역할은 어머니와 아버지의 역할이 상호 조정 및 보완되어야 한다고 제시하고 있다.

> 이렇게 가부장(家父長)을 중심으로 한 전통사회의 가정에서는 그 위치와 역할이 남녀에 따라 구분되었다. (중략) 여자는 현모양처(賢母良妻)가 되어야 하고, 남자는 입신양명(立身揚名)하여 가족을 이끌어야 한다고 생각하였다. (…) 전통적인 역할관은 오늘날 더 이상 맞지 않는 것이 되어 버렸다. 아버지는 꼭 엄격해야 하고, 어머니는 반드시 자애로워야 한다는 것은 아니다. 그 역할이 바뀔 수도 있으나, 엄격함과 자애로움이 항상 조화를 이루어야 한다는 것이다(교육부, 1998: 74-77).

이와 유사하게 가정이 화목하기 위해서는 조선의 한석봉의 어머니를 예시로 제시하면서 전통적인 어머니의 이미지, 즉 부드럽게만 느껴지는 이미지에서 탈피해서 엄하게 대하는 사랑을 전통 속의 어머니를 통해서 부각시키면서 양성성의 측면에서 부모의 역할을 강조하였다.

> 부모는 자녀가 바른 길을 가도록 하기 위해 정을 억누르고 엄하게 대하는 것이다. 예를 들어, 조선 시대에 한석봉의 어머니는 떡장사로 어려운 생계를 꾸려 가며 아들을 공부시켰다(교육부, 1998: 81).
>
> 현모양처의 표본으로 모든 여성들의 귀감이 되는 신사임당은 (…) 자녀들에게 가장 모범적이고 현모(賢母)였다. 그리고 신사임당은 남편의 부족함을 채워준 현명한 부인이었다(교육부, 1998: 134-137).

그러나 이 시기 도덕과 교육에서 제시한 '양성성' 개념을 여성주의 관점에서 고찰해 보면 한계를 지니고 있다. 양성성 개념이 성역할 사회화 과정에서 형성되었다고 간주하고 있으나, 그것의 강조가 성 차별의식의 근거한 착취와 억압을 종식시키려는 의도에 있지 않다. 단지 가족이 조화롭고 화목하기 위한 도덕적 행위 원리 및 덕목 개념으로 접근하고 있는 측면이 강하기 때문이다.

> 가정을 하나의 배에 비유한다면, 가정의 구성원인 우리들은 배에 타고 있는 선원이다. 가정의 구성원인 우리들은 배에 타고 있는 선원이라고 할 수 있다. 우리 모두는 배를 타고 인생의 바다를 향해하고 있다. (…) 무엇보다도 같은 배에 타고 있는 선원들이 각자 맡은 임무를 제대로 수행해야 내야만 한다(교육부, 1998: 74).

더구나 '양성성' 개념은 여성주의가 거부하고자 했던 '여성성'과 '남성성'이라는 개념을 통해 성역할이 완성된다고 보고 있기 때문에 자가당착적이다. 인간이 추구해야 하는 역할이 성차별이 되면 안 된다고 하면서도 여전히 여성적이거나 남성적 특성을 계발해야 한다고 하기 때문이다. 여성다움과 남성다움이 성차에 얽매여 있는 것으로부터 벗어나야 이 문제를 해결할 수 있는데, 그 정도 수준에는 이르지 못하고 있다.

도덕과 교과에 제시된 양성성은 성역할을 넘어선 개념으로 인간이 사회적으로 수행해야 하는 사회적 실천(social practices) 개념으로 이해되어야 한다. 사회적 역할은 인간의 삶에서 필수적이다. 우리가 삶을 살 때 어떤 역할을 어떻게 해야 하는가는 중요하다. 성역할 역시 각 개인의 자의적인 결단에 의해서 수행되지 않는다. 우리는 사회적 맥락 안에 있는 상황적 존재이다. 인간으로 존재한다는 것은 한 가족의 구성원, 시민, 남편, 아내, 어머니, 아버지 등의 역할을 수행하면서 공동체의 일원으로 살아간다. 우리는 사회적 존재로서 사회적 역할 및 관계로서의 사회적 실천으로부터 빠져나올 수 있는 자유를 가지고 있지 않다.

따라서 도덕과 교육은 성을 초월하기도 하고 초월한 인간다운 사회적 역할에 관심을 가져야 한다. 이러한 측면에서 제7차 교육과정에 제시된 양성성 개념은 한계를 지니고 있다고 할 수 있다.

●●• 여성 되기로서 '도덕과' 교육의 특징과 한계

2000년대 초 '여자의 변신은 무죄'라는 광고 문구가 있었다. 물론 변신할 수 있는 여자는 가정과 사회에서 성공한 슈퍼우먼(super women)이 누릴 수 있는 특권이다. 성공한 슈퍼우먼의 변신 도구는 재화이다. 성공해야 하는 슈퍼우먼 콤플렉스는 직장맘(working mom)들이 겪는 육아 스트레스로 나타날 수 있다.[5] 직장맘들이 겪는 육아에 대한 과중한 부담감 · 죄의식은 가정에서 수행하는 배려의 전적인 몫이 여성으로 사회화되었다는 것을 보여 주는 사례이다. 가족을 배려하는 것이 여성다움으로 표현되는 것은 옳지 않다. 배려는 가족 구성원 누구나 지녀야 할 품성이다. 일상생활에서 배려의 가치를 나를 제외한 타자를 위해 무조건적으로 희생하는 것으로 이해하고 있는 측면은 배려가 희생하는 여성의 몫이라는 사고와 무관하지 않다. 이러한 사회적 분위기는 도덕과 교육과정에도 반영되었다.

2007 개정 도덕과 교육과정부터 도덕과 교육에서 양성성 개념이 아닌 학생들의 도덕성을 함양해야 한다는 측면에서 서양 여성주의 윤리학의 흐름인 배려의 윤리(care of ethics)를 받아들이고 이를 교육 내용으로 제시하고 있다. 도덕과 교육에서 배려의 윤리는 학생들이 온전한 인간으로 성장하기 위해 필요한 원리로서 제시되었다. 현재 2009 개정 도덕과 교육과정(2009년~현재)에서도 배려의 윤리를 도덕성의 원리로 규정하고 정의(justice), 배려(care), 인간존중(respect), 책임(responsibility) 등을 도덕적 행위 원리로 제시하고 있다.

도덕과 교육의 도덕성의 원리로 배려의 윤리(ethics of care)가 도입된 것은 1997년부터 시작된 제7차 도덕과 교육과정부터이고, 2007 개정 도덕과 교육과정 이후에는 학생들이 함양해야 할 도덕성의 이론적 근거로서 본격적으로 제시되어 있다.

여성주의 윤리학에 근거를 둔 배려의 윤리는 스스로의 변화, 그리고 공동체의 변화를 위해 무엇이 필요한가를 이성을 중시하는 이성주의 관점에 대한 비판으로부터 시작한다. 배려의 윤리학자들은 프로이트, 피아제, 콜버그 등이 인격적 성장을 위해 제시한 개인의 권리, 독립성, 자율성, 공정성 등의 정의의 윤리를 남성의 윤리로 비판하면서 인간의 관계, 공감, 따뜻한 보살핌을 중심으로 한 여성의 윤리를 제시한다. 배려의 윤리학자들은 인간의 독립성, 자율성, 공정성을 중시한 이성 중심의 패러다임이 인간의 삶을 유의미하게 하고 행복하게 해줄 수 있는지에 대해 의문을 제기한다. 그리고 인간다운 삶의 대안으로 제시된 정의의 윤리가 오히려 인간을 원자화하고 분절화해 소외의 현상을 더 가속화시키는 데 기여하지 않았는지에 대해 비판의 눈길을 보낸다.

서양의 사상사에서 정의와 배려에 대한 논의가 제시된 적은 있지만, 배려를 여성성의 관점에서 재해석하고 이를 정의의 대안으로 제안한 것은 1980년대에 와서야 가능했다. 배려의 윤리가 활발하게 논의되게 된 것은 미국의 인문학의 흐름과 함께 여성문제에 대한 새로운 인식이 나타난 사회적 분위기와 밀접한 관련이 있다. 배려의 윤리학자인 길리간(Carol Gilligan)의 저서인 《또 다른 목소리 In a Different Voice》(1982)가 출간되었을 때, 그녀의 저서는 여성의 미덕을 찬양하는 여성운동의 교과서가 되었다고 한다.

길리간의 저서가 출간되었던 1980년대 지적 분위기는 포스트모더니즘 사상이 활발하게 전개된 시기였다. 그리하여 그 이전에 사소하게 치부되었던 성에 대한 담론, 이성에 대한 감정 등이 논의의 쟁점으로 부각되게 되었다. 배려의 윤리학자들이 남성에 대한 여성의 차이, 정의와 배려의 차이 그리고 행위의 동기에 있어서의 이성과 정서의 차이 등을 주장하게 되자, 이들이 제기한 논쟁은 커다란 파문을 일으켰다(이미식, 2003).

배려의 윤리는 인간의 삶에 있어서 도덕적인 인간이 되기 위해서는 보편적 원리보다는 행위의 구체성과 맥락성을 강조한다. 보편적인 행위의 원리를 무차별적으로 구체적인 행동이 이루어지는 상황을 무시하고 적용하면, 이론과 실천이 분리될 수밖에 없기 때문이다. 그리고 행위 동기 요소로서 감정을 중시하며 자아와 타자의 관계성을 중시한다. 배려의 윤리는 관계 속에서 맺어지는 타자를 존중하기 때문에, 타자는 따뜻한 눈길과 마음을 주고받아야 하는 살아있는 인격체이다. 그리고 이야기의 구조를 중시한다(이미식, 2003).

그러면 이들이 주장하는 교육은 어떤 모습인가? 우선 이들은 기존에 평가절하 되었던 배려의 가치를 새롭게 인식할 필요가 있음을 강하게 주장하다. 가족과 사회 그리고 국가가 공동으로 양육의 책임과 배려의 가치를 구현하는 노력을 추구하여야 한다고 본다.

그리고 배려의 가치를 존중하는 학교나 교실은 가정 학교 형태가 되어야 한다고 본다. 가정 학교는 "Cs-배려(care), 관심(concern), 그리고 관계(connection)"(Martin, 1990: 24; 이미식 · 최용성, 2002: 164)를 통해 구현한 학교이다. 가정 학교는 관계를 통해 서로의 성장을 목적으로 한다. 벨훅스는 가정 · 학교는 사랑하는 행위, 즉 방법에 관심을 갖는다고 한다.

> 사랑이란 서로에 대한 관심과 존경, 서로에 대한 이해와 책임감을 통해 자기 자신뿐 아니라 다른 사람의 영적인 성장을 돕는 것이다. 우리가 사랑에 대한 이 정의를 받아들인다면 어떤 사랑이든 그 토대는 똑같다고 할 수 있다. 로맨틱한 사랑이라고 해서 특별할 게 없다. 자기 자신을 사랑하든, 가족이나 친구, 연인 등등 누구를 사랑하든 간에 사랑의 정신은 동일하다는 말이다. 물론 관계의 성격에 따라 행동하고 헌신하는 정도는 다르겠지만, 그 모든 행동들이 사랑의 윤리에 기초해야 한다는 것은 변함이 없다(hooks, 2004).

그리고 교사와 학생 모두는 양육자 혹은 돌보는 자로서 자아의 정체성을 형성하려고 노력한다. 교사와 학생은 수동적이고 일방적이지 않고 상호존중하며 평등한 자로서 적극적인 관심과 지지자로서 역할을 한다. 서로를 돌보는 관계적 존재로서 교사와 학생의 태도는 일상적인 삶에서 나타난다(이미식, 2003). 교사와 학생은 만남의 진정성이 있기 때문에 편견, 무지, 오해로부터 해방을 추구한다. 약자의 관점에서 고통에 대해 민감하고 연대를 위해 노력한다. 벨훅스는 가부장제도가 양산한 차별이 낳은 편견으로부터 해방되기 위해서는 교사와 학생은 서로 상이한 문화적 영역을 횡단해야 한다고 본다.[6)]

도덕과 교육에서 제시된 배려의 윤리는 양성성 개념보다는 발전된 것이다. 그러나 여성주의 관점보다는 개인적 차원에서 지켜야 할 도덕성의 한 원리로써 제시되어 있다. 예컨대 도덕과 교과서에서 제시된 배려의 가치는 개인생활, 가정생활, 사회생활 및 전지구적 인류 공동체를 형성하기 위해서 필요한 가치 덕목으로 제시되어 있다. 배려의 가치가 구체적으로 나타난 교과서 단원은 가정생활 영역 단원이다. 중학교 1학년 도덕 교과서 가정 단원의 내용을 보편 오늘날 현대사회의 가정생활에서 발생하는 가치 갈등은 가족 구성원 사이에서 가치관의 차이와 사고방식의 차이로 인해서 발생하기 때문에 이를 해결하려면 가족 구성원 모두가 배려를 실천해야 한다고 제시하고 있다.

> 사회가 빠르게 변하면서 부모 세대와 자녀 새대 간의 가치관과 사고방식의 차이도 커져 여러 가지 갈등이 발생하고 있다. 가족 간의 관심과 배려가 부족하여 가정생활에도 문제가 발생하고 있다. … 따라서 우리는 가정생활에서 발생하는 도덕적 문제를 해결하기 위해서는 상호존중과 평등에 바탕을 둔 민주적인 가족관계를 정립해야 한다. 또한 서로를 이해하고 배려와 사랑을 실천하며, 충분한 대화를 통해 문제를 해결하려고 노력해야 한다(교육부, 2013: 89).

그런데 도덕교과서에 제시된 배려의 가치와 관련된 내용은 여성과 남성의 경계를 넘을 수 있는 '~되기'로 패러다임을 전환할 수 있는 수준에는 이르지 못하고 있다(이미식, 2012). 배려의 윤리가 여성주의 교육의 지향하는 가치를 적극적으로 실현할 수 있는 자아와 타자, 자아와 타자의 관계의 구조 및 제도 개선에 대한 관심이 부족하기 때문이다.

●●● 공존을 위한 삶과 '도덕과' 교육의 새로운 방향

도덕과 교육에서 제시한 배려의 윤리가 도덕과 교육과정에서 여성과 남성의 경계 넘기 수준에 이르지 못할 뿐만 아니라 학교 문화로 정착되지 않고 있음을 느낄 수 있는 징후는 많다. 대표적인 예로 초등학교 학생들이 겪는 심리적 증상 가운데 신학기증후군이라는 것이 있다. 신학기증후군은 왕따, 부적응 등에 대한 두려움과 불안 때문에 학교에 가는 것이 힘들어서 나타나는 심리적 증상 가운데 하나이다. 신학기증후군은 학교가 배움의 기쁨을 누리기 어려운 공간임을 보여 주는 단적인 사례이다.

교실이나 학교가 서로의 차이를 존중하면서 배움과 성장이 자연스럽게 이루어지는 공간이 아니라 타자의 위험으로부터 자신을 보호해야 하는 무기력한 곳이 되어 가는 궁극적인 이유는 무엇일까? 학생들의 무기력의 원인은 다양하겠지만, 유아기부터 나와 타자의 관계성보다 평가를 중시하거나, 나의 고유성을 존중하기보다 고유성을 억압한 교육, 다양성이 아닌 획일성을 강조하는 학습의 태도가 내면화되어 있기 때문일 것이다.[7)]

교사, 학생, 학부모가 공히 배움과 성장의 기쁨을 향유하고 차이를 존중하고 고유성을 발현하는 '~되기'의 노력들이 삶의 각처에서 일어나야 한다. 배움에 대한 자발적 의지가 없는 무기력한 사람들이 아니라 생기 그 자체인 삶의 의지가 살아 숨 쉴 수 있어야 한다. 현재 각자에게 있는 무기력의 원인을 직면하고 삶의 의지, 즉 생기(生起)를 회복해야 한다.

도덕과 교육 역시 삶의 변화를 이끌어 내는 목소리가 되기 위해서는 작지만 큰 발걸음을 다시 시작해야 한다. 무엇보다도 명제적이고 능력중심의 평가와 텍스트 위주의 학습 환경에서 벗어나 삶의 과정과 실천과 성찰을 존중하는 교육을 해야 한다. 성장의 기쁨을 향유할 수 있도록 삶과 실천, 이성과 감정, 배움과 가르침, 강자와 약자, 여성과 남성, 교사와 학생 등 이분법적 사고에서 벗어나서 동사적이고 과정과 맥락, 삶과 실천을 중시하는 '~되기' 교육, 경계넘기 교육을 해야 한다.

그러면 여성주의 관점에서 배려의 윤리가 현재 중 · 고등학교 도덕과 교육에 어떻게 수용·발전되어야 하는가?

첫째, 배려가 단순히 개인적 도덕성의 차원을 넘어서 교사와 학생 공히 나와 타자를 분리를 넘어서기 위한 경계 넘기 개념이 되어야 한다. 경계에 안주하는 삶이 아니라, 그 경계를 넘는 시도를 해야 한다. 청소년기는 사회화가 된 부분이 많이 때문에 자신의 삶을 성찰하고 변화 성장하는 의지를 강화하는 데 관심을 갖는 교육을 해야 한다. 청소년기 성장은 표현을 통해 가능하다. 성장을 돕는 표현은 자신의 언어를 회복하고 이를 각자의 방식에 맞게 표현하고 함께하도록 해야 한다. 즉 학생들은 자신을 표현하고 행위하고 이를 성찰하고 타자를 통해 확언하는 것을 통해 성장할 수 있어야 한다. 타자는 나를 억압하는 존재가 아니라 나와 성장을 함께 하는 기쁨의 존재라는 것을 삶을 통해 느낄 수 있도록 해야 한다.

둘째, 학생들이 일상적 삶에 관심을 갖도록 하는 교육을 해야 한다. 학생들이 일상적 삶에 나타나고 있는 억압과 왜곡된 이분법적 사고, 인간의 본질이 아닌 수단을 중시하는 삶의 태도에서 벗어나서, 진정성 있는 삶을 누리고 찾을 수 있는 교육을 해야 한다. 진정성을 회복할 수 있는 교육 내용과 방법은 타자로부터 억압된 시선으로부터 자신으로 눈으로 자신과 타자를 응시하는 내적인 힘을 길러 주는 교육을 하는 것이다. 자발적이고 주체적인 응시의 눈을 회복하려면 타자의 시선으로 인해 강요된 것들, 상처받은 것들을 밖으로 드러내야 한다. 자신에게 억압된 것을 고백적으로 쏟아 내어야 자신의 몸과 마음에 억압된 것들이 해방된다. 내면에 무엇인가를 숨긴다는 것은 그것을 중요하게 여긴다는 의미이다. 억압된 상처들이 사소한 것들로 치부되어야 치유가 가능하다. 자신의 모습을 진정성 있게 드러내려면 용기가 필요하다.

자신을 타자 혹은 자신에게 드러내는 것은 추상화한 논증적 표현 방식이나 왜곡을 강조하고 덮는 신화적 표현 방식, 본질이나 진실을 왜곡하는 화려한 미사여구(美辭麗句)에는 관심이 없다. 자신을 솔직하고 당당하게 표현하고 성장하는 데 온전한 관심이 있다. 물론 솔직한 표현이라는 의미는 자기 마음대로가 아니라 진정성 있는 표현을 의미한다. 따라서 이러한 목적을 위해 도덕과 수업은 자서전 쓰기, 포트폴리오 작성하기, 저널쓰기, 대화하기 등의 교수 학습 방법을 적극적으로 활용할 필요가 있다.

셋째, 나와 타자의 관계가 형성되는 상황, 맥락에 민감성을 갖도록 하는 교육을 해야 한다. 우리 모두는 관계적 존재이며, 관계는 상황과 맥락 안에 있다. 상황적 사유를 위해서는 정서적 교류가 있어야 한다. 특히 타자의 고통에 민감해야 한다. 타자에 고통에 대한 공감을 위해서는 전지구적인 연대가 필요할 때도 있다. 그리고 타자가 성장하는데 관심이 있는 의지적이고 실천적인 공감이 필요하다. 여성과 남성의 관점이 아닌 인간의 관점에서 공감이 가능할 때, 신뢰가 회복되고 그 신뢰는 약자의 고통에 함께 신음하는 삶이 가능할 수 있다.

넷째, 타인과의 관계성을 존중할 뿐만 아니라 그 가치를 실현하는 평화적 삶의 가치를 실천하는 방법을 구체적으로 제시하는 교육을 해야 한다. 나와 타자를 옳고 그름으로 객관적으로 판단하여 소외시키고 배제시켜서 생명 자체를 파괴하는 것을 도모하지 않는다. 평화적 삶의 가치를 지향하는 교육은 인간이 인간적인 삶을 지향하고 나와 타자의 성장을 적극적으로 돕는 수업을 한다는 것을 의미 한다.

다섯째, 타자를 자신을 설득하거나 인정을 위한 수단적 존재가 아니라 고유한 존재로 인정하는 수업을 해야 한다. 이를 위해서 자신도 자족적이면서도 겸손하고 세계와 평화로운 삶을 지향할 수 있도록 해야 한다(이미식, 2012).

이렇게 볼 때, 도덕과 교육의 방향은 배려의 가치가 일상적 삶에 나타나도록 교육을 하는 것이다. 실천은 매일 매일 자각해야 가능하다. 타자의 억압된 시선으로 주체적인 되기의 삶으로 전환하기 위해서는 순간순간 깨어있어야 한다. 학교에 등교하면서부터 잠자기에 들기까지 나의 행동, 감정, 사고가 나와 타자의 성장에 도움을 주고 있는지? 관계적 평화와 실천에 관심을 갖고 있는지를 성찰하고 이러한 것이 내재화될 수 있도록 도덕과 교육과정을 재구성하고, 이를 지원할 수 있는 행정시스템이 구축되어야 한다. 여성주의 교육이 지향하는 가치의 내재화를 위해 험난하고 고통스럽기까지도 한 교육을 위해서는 교사와 학생, 학부모가 적극적으로 지원하고 참여해야 한다. 특히 도덕과 교사가 도덕과 교과서 내용을 재구성하고 변화를 위한 적극적인 교육 실천을 시작해야 한다.

●●● 희망을 위한 교육

2015년은 광복 70주년이 되는 해로, 일제강점기를 배경으로 하는 영화 〈암살〉이 개봉되어 독립운동가 특히 여성 독립운동가에 대한 사회적 관심을 불러일으켰다. 극중에서 친일인사 암살 임무를 맡은 여주인공은 "알려줘야지, 우린 계속 싸우고 있다고" 말한다. 여성주의가 지향하는 가치의 실현 역시 끊임없이 '알려주는 과정(교육)'을 통해 이루어진다. 물론 여성주의 교육에서는 가르치는 자와 배우는 자를 고정적으로 구분하지 않는다. 가르치는 자나 배우는 자 모두 인간적인 성장과 변화를 지향한다. 교육을 통해 성장하고 실천을 통해 지혜롭게 된다. 혼자만의 행복한 세계를 꿈꾸지 않고 더불어 사는 삶에 온전히 집중한다. 타인에게 인생의 답을 의존하지 않지만 타자를 통해 물음을 확언하고 던진다. 나와 타자는 삶을 공유하지만 침해하지는 않는다. 서로의 고유성을 인정하지만 편견에 사로잡하지 않는다. 성장을 위한 대화를 지속적으로 지향한다.

그러나 유한한 인간으로서 인간답게 산다는 것은 쉽지 않다. 때로는 물음을 버리고 닫힌 답에 안주하고 싶다. 나의 고통이 크기에 타자의 고통쯤은 외면하고 싶다. 개인의 이익을 유지하기도 힘들어서 나의 이익만을 추구하며 살고 싶다. 왜 '나'만 타자의 고통에 민감하면서 살아야 하는지 누군가에게 항변하고 싶다. 그런데 이러한 물음과 태도는 인간이기에 던질 수 있는 물음이고 행복이다. 물음을 던질 수 있다는 것은 삶을 사랑할 능력이 크다는 것을 의미 한다.

학교에서 이루어지는 여성주의 교육의 특징 가운데 자아와 타자의 관계, 자아와 타자의 경계 등의 개념을 중심으로 도덕과 교육에 나타난 특징을 개략적 수준에서 살펴보면서 도덕과 교육에서 여성주의의 실현 가능성에 물음을 던지면서 대안적 방향을 모색하였다. 학교에서 여성주의 교육에 대한 물음은 이 땅에서 고통 받고 있는 약자인 학생들을 위한 것이었다. 학생들의 고통의 정도가 점점 깊어져 이에 비례해 무기력한 학생들의 수가 증가하고 있다. 이들이 희망의 노래를 부를 수 있도록 모두 함께 노력해야 한다. 학교 교육에서 특히 도덕과 교육이 여성주의 교육이 지향하는 가치가 구현되도록 하는 것이 그 실천의 시작이라고 하겠다. 한편 여성주의 가치의 실천은 우리 모두가 각자의 삶에서 변화를 위한 실천을 시작하는 것이기도 하다.

이미식

부산교육대학교 윤리교육과 교수이며, 여성주의 윤리학에 대한 관심을 갖고 있으며 이를 실천하는 삶에 관심이 많다. 저서에는 《도덕교육에 대한 새로운 접근》, 《새로운 이야기 도덕교육》 등이 있고, 모성적 글쓰기를 활용한 도덕과 수업지도 방안, 예비 교사들의 배려 의미 인식과 경험에 관한 질적 연구 등 다수의 논문이 있다.

참고자료

1) 정보통신정책 연구원이 청소년을 대상으로 조사 연구한 내용이다. '인생에 있어 중요한 건 뭘까?' 조사에서 가족, 친구, 이웃, 일, 여가, 돈, 권력, 학력, 건강, 종교 등 10개 항목의 중요도(5점 척도)를 물었더니, 건강(4.66)과 가족(4.52)을 가장 중요하게 여기는 것으로 나타났다. 돈(4.36)과 일(4.00)이 그 뒤를 이었다. 이웃(3.22)과 종교(2.49)는 가장 낮은 평가를 받았다. 이는 우리 사회가 연대나 정신적 안정보다는 돈과 소비를 중시하고 있음을 보여 주고 있다(정보통신정책연구원, 2012).
2) 디아더스 사진은 다음 영화정보사이트에서 발췌함.
3) 벨훅스는 전지구적 페미니즘은 성차별주의, 성차별주의에 근거한 착취와 억압을 종식시키기 위해서는 전지구적 차원의 페미니즘 운동이 가능해야 한다고 밝히고 있다(hooks, 2009: 111).
4) 벨훅스는 흑인 페미니즘, 즉 우머니즘을 주장한다. 우머니즘은 앨리스 워커(Alice Waker)가 서아프리카에서 사용하는 혼합어(pidgin) "잘난 척 하는 여자(big woman)"와 연계해서 우머니즘을 사용하였다. 벨훅스는 우머니즘을 주장하면서 흑인의 고유성과 특성을 인정한 여성주의를 주장한다(홍성주, 2003: 4; 이미식, 2014).
5) 2012년 서울시에서는 직장맘들을 위한 서울특별시직장맘 지원센터를 온라인에서 개소하여 직장맘들의 겪는 문제를 상담 및 지원해 주고 있다. 이는 직장맘들이 겪는 스트레스가 크다는 것을 보여 주는 것이라고 할 수 있다. (https://www.workingmom.or.kr)
6) hooks(1994)의 경계의 교육학은 교사와 학생 모두에게 태도와 실체에 있어서 변화를 수반해야 한다고 한다. 그녀는 경계의 수업(border classroom)은 교사 앞에 책상 또는 강의대가 없어야 하며, 학생과 교사는 원으로 둘러 앉아 타자를 인식할 수 있도록 해야 한다고 주장한다. 그렇게 함으로써 교사는 가르치고, 학생은 배운다는 전통적인 수업에 대한 관점이 바뀌게 될 수 있다는 것이다(조철기, 2012).
7) 초등학교 고학년인 5, 6학년만 되어도 학생들이 발표를 꺼려한다. 그 이유를 물으면 대답을 잘하면 친구들이 잘난 척 한다고 비난할까봐 발표를 하지 않는다고 한다. 이는 학생들이 인성교육을 위한 장으로서 교실이 그 역할을 하지 못하고 있음을 나타내는 일상적인 문화 양상이다.

6

CHAPTER

한국 '여성학' 교육의 역사적 궤적[1]

이 글은 고등교육의 산실로써 대학 내 '여성학' 교육의 현황과 변화, 이를 둘러싼 지식생산의 경로들을 추적하는 데 목적을 두고, 한국 '여성학' 교육의 태동, 성장, 확산과 위기의식의 고조 과정을 사회적 맥락과 연결하여 분석하였다.

한국 여성학의 역사는 1977년 아시아 최초로 이화여자대학교에 개설된 '여성학' 강좌를 출발점으로 삼는다. 이후 1982년 이화여대 대학원에 여성학과 석사과정이 개설되었으며, 1984년에 〈한국여성학회〉가 창립되었다. 이후 1990년대 한국 여성학은 학문적으로 급속도로 성장한 반면, 2000년대 들어 '위기' 담론의 증폭과 페미니즘의 대중화를 거쳐 오늘날에 이르고 있다. 그렇다면 한국 여성학 교육은 구체적으로 어떠한 지점에 서 있으며, 이 좌표가 위치한 배경 화면은 과연 어떤 모습일까?

이 글의 주요 내용은 다음과 같다. 먼저 여성학 교육이 대학 내에서 교육과정으로 편입되는 제도화 과정을 역사적으로 살펴본 후, 둘째, 여성학/젠더 관련 학과, 여성학/젠더/여성 관련 교과목, 교양여성학의 현황을 알아보고 변화 추이를 점검한다. 셋째, 여러 외부적 요인들을 고려하면서 변화의 내용을 분석한 후, 페미니스트 교육의 향후 과제와 전망을 살펴본다.

●•• 한국 '여성학', 제도화의 역사적 궤적

태동기(1970년대~1980년대): 교양여성학의 성립과 확산

한국 여성학의 태동 과정은 개인이 처한 한계를 극복하고자 하는 노력과 이를 조건화하는 사회변혁에 대한 열망, 변화를 위한 정치적 행동(개입)과 연결되어 있다. 군사독재 체제였던 1970~80년대 한국사회가 직면한 특수한 정치적, 사회적 상황에 대한 변화의 욕구라는 내적 요인은 1975년 UN에 의해 선포된 세계여성의 해(International Women's Year), 서구 여성학의 성장, 서구에서 여성학 세례를 받은 학자들의 유입이라는 외적 요인들과 결합되어 학술운동과 사회개혁운동으로 확산되었다. 특히 당시 가부장적 사회에서 존재하던 '여성'과 여성교육에 대한 편견을 타파하고 여성들이 겪는 실질적인 차별과 억압의 문제를 분석하는 일은 '깨어있는 여성들'에게 시급한 과제로 보였다(Chang, 2008). 1970년대 당시 이화여자대학교 사회학과 교수이자 여성자원개발연구소 소장이었던 이효재는 유신시대 가부장적 이데올로기가 독재 이데올로기와 연관된다고 보고, 성차별과 군사독재, 계급문제를 연결하여 분석하고자 하였으며, 이는 이후 여성학 교과과정의 주요한 모형을 제공하게 된다(김영선, 2010: 329).

이에 대학 내 교양 여성학 교육은 사회변혁운동으로써 여성운동에 대한 직접적 반응이자 일상 속에 페미니즘 확산이라는 두 가지 '여성학적 임무'를 수행한다는 면에서 중요한 과제로 떠올랐다. 1977년 처음으로 이화여대에 교양과목으로 채택된 여성학은 1990년대까지, 전문대학을 비롯하여 전국의 모든 대학에서 정식 교양과목으로 채택되었을 정도로 놀랄 만큼 빠르게 확산된다. 1987년까지 대학에서 여성학 개설은 주로 학교 당국이나 소수 '의식 있는' 교수들의 결단에 의해 이루어진 반면, 1987년 이후에는 총여학생회의 요구로 개설된 경우가 많은 것이 특징이다. 특히 민주화 운동이 한창이던 1980년대 한국 사회의 분위기와 이제 막 태동한 대학 내 (총)여학생회 욕구가 맞물려 여성학은 급속도로 확산되었다. 1980년대 후반 여학생들의 투쟁은 교양 여성학 개설뿐만 아니라 학내 여성연구소의 설립에도 기여했는데 예를 들어, 1988년 설립된 부산대학교 여성연구소와 부산여자대학교(현, 신라대학교) 여성문제연구소도 당시 부산지역 여대생들의 민주화 운동의 결과물이었다.

여성학이 1970년대 유신말기 억압적 국가 분위기 속에서 태동하고 민주화 운동이 절정이던 1980년 대 후반에 급속도로 성장하게 된 배경에 대해 이정옥(1996)은 두 가지 측면에서 설명하고 있다. 첫째, 1970년대 후반 모든 시민사회운동이 억압적 국가권력에 의해 통제되고 있을 때, 여성학이라는 강좌가 쉽사리 승인되었다는 것은 여성학의 진보적 성격에 대해 무지했거나, 알았다 하더라도 정권에 대한 직접적 위협이 될 것이라고 보기보다는 사회적 관심의 분산이라는 점에서 묵인했을 것이라고 주장한다. 또한 당시 국제 인권운동 단체에서 지적되어 온 한국의 악명 높은 인권문제를 유엔의 세계여성의 해(1975) 선포에 부응하는 것으로 완화해 보려는 저의가 있었을 것이라고 지적한다. 둘째, 1980년대 후반 여성학이 본격으로 성장하게 된 것은 1987년 노동자 대투쟁으로 집약되는 통합된 사회운동의 맥락에서 운동에 적극적으로 가담했던 여성들의 자기 정체성에 대한 요구, 사회운동에 소극적인 여성들을 사회운동에 동원하고자 하는 남성 활동가들의 필요성, 집약된 사회운동을 분산시키고자 하는 당국의 묵시적 태도 등이 결합되어 있다는 것이다(이정옥, 1996: 74-76).

이효재(1996) 또한 1980년대 여성학의 확산은 민주화와 개혁을 요구하는 학생운동의 영향에 힘입었다고 평가한다. 그는 사회의 뿌리 깊은 성차별의식과 여성을 억압하는 구조적 모순을 파헤치며 밑에서부터 개혁을 요구한 당시 젊은 세대의 열기를 "여성학 운동"이라 부르며 높이 평가하고 있다. 이러한 배경으로 그는 1970년대부터 고조된 범여성 가족법 개정운동의 영향과 여성노동자들의 투쟁을 지원하는 노학 연대운동의 과정에서 제기된 성차별과 노동착취에 대한 문제의식, 여성학과에서 배출되기 시작한 여성학 강사들의 역량으로 여성문제 연구를 위한 학술운동이 활기를 띠게 된 점 등을 들고 있다(이효재, 1996: 281).

따라서 교양 여성학 개설의 시기별 추이 및 특징을 다시 상세히 살펴보면, 첫째, 1970년대에는 주로 대학당국, 여성연구소, 또는 개인 교수의 주관으로 개설되었으며, 둘째, 1980년대 중반에는 여자대학교의 경우 주로 여성연구소와 여성 교수 개인의 주도하에, 남녀공학대학교의 경우에는 남학생의 교련 대체 과목으로 개설되었고, 셋째, 1988년 이후에는 대부분 여학생회의 요구로 개설되었다(조형, 1990: 204-205). 실제 1988년과 1989년에 (총)여학생회의 요구로 여성학을 개설하게 된 학교는 총 24개 대학이었으며 1989년 말까지 총 42개 대학에서 여성학이 개설되게 되었다고 한다(이정옥, 1996: 73). 이들은 이후에도 대학 내 여성학 과목의 폭발적인 증가를 추동하였는데 1990년에는 69개에 이르렀다고 한다(조형, 1990). 이로써 조형(1990)은 적어도 교양과목 수준에서는 여성학이 주변성을 벗어났다고 진단한다(조형, 1990: 201-202). 따라서 한국사회에서 여성학의 급속한 성장과 확산은 아카데미즘을 기반으로 한 학구적 열기에 기인했다기보다는 민주화 운동에 힘입은 바 크다고 일반적으로 평가된다(김승경 · 이나영, 2006; 이효재, 1996: 281).

1980년대 교양 여성학 발전에 주요 동력으로 여성학 전공 연구자를 배출한 이화여대 여성학 석사과정 설립(1982년)과 이들의 위치성을 인정하는 한국여성학회의 창립(1984), 더불어 여성학 지식생산의 학문적 장으로써의 《한국여성학》의 창간(1985)과 이화여대 여성연구원(1977년 설립)의 《여성학논집》(1984) 창간을 빼놓을 수 없을 것이다. 한국여성학회는 한국사회에서 여성학을 학문적으로 정착시키고 체계화시키려는 공동의 지적 광장을 마련할 필요에서 1984년 10월에 창립되었다. 여성학회 설립은 운동으로서 뿐만 아니라 학문으로 여성학을 정립시키기 위한 노력의 일환이며, 여성학 연구자들의 학제 간, 학교 간 연대와 교류 그리고 여성운동에 이론 제공 등을 목표로 한 것이었다는 점에서 의의가 크다(윤택림, 1995). 창립 이듬해인 1985년 회원 수 124명이었던 여성학회는 30주년을 맞은 2014년 다양한 분과학문에 터한 개인회원 844명, 여성단체, 연구소 등 단체회원 95개 기관이 가입하여 활동하고 있다(한국여성학회 홈페이지 참조, http://www.kaws.or.kr/). 대학 밖에서는 또하나의 문화(1984년),[2] 한국여성연구회(현, (사)한국여성연구소)[3] 등이 설립되어 동인지, 학술지 발간 등을 통해 페미니즘 인식론 확산에 기여하기 시작했다는 점도 기억해야 할 사항이다.[4] 결론적으로 이 시기는 사회변혁의 일환으로 페미니즘 인식론이 고등교육

내 교과과정에 도입되고 확산되었으며, 학위과정이 개설됨으로써 남성중심적 학문 구조에 균열을 가하기 시작했다는 특징을 지닌다. 또한 학문으로서 여성학은 아카데미 안과 밖의 다양한 장에서 학문적 정체성 확립과 제도적 구축을 모색하던 시기였다.

역동적 성장기(1990년대): 학위과정으로서 여성학의 제도화

1990년대는 여성학이 제도적으로 급속히 성장하는 시기라고 볼 수 있다. 첫째, 학위과정으로서 여성학 프로그램과 학과 개설이 전국단위로 확산되었으며, 둘째, 대학 부설 여성연구소 설립 또한 전국적으로 확대되었고, 셋째, 이로 인해 타 분과학문에서도 '젠더' 연구와 교육이 태동했다는 점을 들 수 있다. 우선, 1990년에 대구 가톨릭대학교(당시 효성여자대학교)와 계명대학교에 여성학 석사과정이 신설되었으며 1992년에는 이화여자대학교에 처음으로 박사과정이 개설되었다(이재경, 1999: 31; 정일환 외, 2003: 324; 조주현, 1996a: 3). 이후 동덕여자대학교(1996), 숙명여자대학교(1996), 성신여자대학교(1996), 부산여자대학교(현, 신라대학교)(1996) 등 주로 여대에서 여성학과 석사과정 프로그램이 개설되었고, 한양대학교(1996)에 이어 1999년에는 서울대학교에 여성학협동과정이 설치됨으로써 주요 남녀공학대학에도 정식 학위과정이 만들어지기 시작했다[5](〈표 6-1〉 참조).

이 시기 여성학 제도화 과정에 가장 중요한 틀로 작용한 대학원 협동과정 체제는 전임교원 충원에 따른 추가적 부담 없이도 손쉽게 설치가 가능했기에 학교 당국의 저항을 최소화할 수 있었었는데, 이는 학제 간 융합이라는 목표 하에 다양한 협동과정 개설이 장려되었던 당시 대학 교육 환경의 변화와도 연관된다(김영선, 2010: 332). 이러한 변화는 학제간 연구를 위한 대학 내 부설 연구소 설립으로 확대되었는데, 실제 이화여대 아시아여성학센터(1995)를 중심으로 이화여성신학연구소(1993), 동덕여대 한국여성연구소(1996), 가톨릭대 성평등연구소(1996), 성신여대 한국여성연구소(1996) 등이 차례로 설립되었다(〈표 6-3〉 참조). 이에 부설 연구소 출간 학술지들도 늘어났는데 이중 숙명여대 아시아여성연구소의 Asian Women(1995)과 Asian Journal of Women's Studies(AJWS)(1995)는 한국 여성학 최초의 영문 국제학회지라는 점에서 의의를 지닌다.

이 시기 주요 특징 중 하나는 타 분과학문 분야로 페미니스트 인식론이 확산되기 시작했으며 이로 인해 학회, 연구회, 연구소 설립이 증가했다는 점이다. 1992년 설립된 한국영미문학페미니즘학회(1992), 한국여성커뮤니케이션학회(1993년 연구회로 출발, 2003년 학회로 발전), 한국여성심리학회(1995), 한국여성철학회(1997), 한국여성문학학회(1998) 등은 표면적으로 페미니즘을 전면에 내세우거나 여성의 관점이라는 우회적 표현을 쓰기도 하면서 남성중심적 학문 전반에 도전하고 여성주의 의식을 확산하는 데 기여하게 된다. 이러한 현상은 아카데미라는 제도권 밖에서도 확대되기 시작했는데 대표적으로 1997년 설립된 여성문화이론 연구소와 연구지《여/성이론》을 들 수 있다.

아카데미 외적으로는 1995년 북경 여성대회와 김대중 정권(1998~2003) 수립 이후 여성 문제를 정책 아젠다에 포섭하고자 하는 노력이 성주류화라는 구호와 실천으로 이어졌다는 점이 특징이다. 국민의 정부가 출범하면서 대통령 소속 여성특별위원회가 1998년 설치되고, 국제사회에서 여성의 지위가 사회발전의 주요 지표로 포함되게 된 배경과도 연관된다(Kim, 2010: 16). 결론적으로 이 시기는 지식생산의 장으로써 '여성학'이 다양한 제도적 형태 속에서 역동적으로 성장하던 시기라 볼 수 있다.

공고화와 쇠퇴의 이중화(2000년대 이후)

2000년대 여성학의 제도화 과정과 연관된 특징은 단순하게 요약하기 어려울 정도로 복잡하지만 거칠게 정리하자면 이중화 과정이라 볼 수 있다. 한편으로는 공고화되고 확산되지만 다른 한편으로는 약화되고 쇠퇴하는 양극화 현상이 나타나기 시작했다. '위기' 담론 또한 급속히 유포되기도 했다. 이러한 배경에는 2000년대 초반과 중·후반 간 시간적 차이, 서울과 지역 간 차이, 대학 간 서열화와 공간적 구획화,

정책/운동/학문 영역의 성장과 간극[6], 정권의 변화, 여자대학과 남녀공학대학, 독립학과와 협동과정 간 차이들이 있으며, 이들이 서로 교차하면서 다른 조건들을 구성하고, 의도했건 안했건 상이한 효과들을 생산했기 때문이다. 일단 이 장에서는 이중화의 첫 번째 시기인 2000년대 중반까지를 중점적으로 살펴보고 이후의 상황은 다음 장에서 본격적으로 분석하고자 한다.

제도로써 학제의 위치성을 가늠하는 데 가장 중요한 요소가 학위 과정과 대학 부설 연구소라고 할 때, 시기적으로 2000년대 초 · 중반 여성학은 1997년 IMF 경제위기를 딛고 오히려 제도적 측면에서 공고화된 것처럼 보인다. 인적(전담교수, 행정직원), 물적 자원(기금)을 갖춘 학과로 학위수여가 가능한 여성학과는 한국 대학의 현실에서 대학원과 학부 연계전공에 존재하는데 두 가지 모두 이 시기에 완성되었다. 예를 들어, 부산대에 여성학 석사과정(2002)과 박사과정(2004)이 개설되고 서강대에 여성학 석사과정(2005)이 생겼으며, 계명대에는 박사과정(2007)이 개설되었다.[7] 타분과학문에서는 연세대 문화학협동과정에 젠더전공이 최초로 공식화된(2001) 이래, 중앙대 사회학과 대학원에 젠더전공이 개설(2003)되었다.

따라서 여성학과 관련된 대학원 과정의 세 가지 형태, 즉 ① 독립분과로서의 '여성학', ② 분과학문의 형태를 갖추고 있으나 실질적으로 타 분과학문이 관여하여 운영되는 협동과정, ③ 타분과학문에서 하위전공분야로서의 여성학은 이 시기 완성되었다고 해도 과언이 아니다. 또 하나의 주요한 학위 과정인 학부 여성학도 제도화되었는데 이화여대, 동덕여대, 서강대, 숙명여대, 성균관대, 신라대 등 8개 대학교에 학부연계전공 혹은 복수전공 제도가 구축되었다. 그리하여 2005년 기준, 13개 대학교에 여성학과 혹은 협동과정에 석사과정이, 4개 대학교에 박사과정, 2개 대학의 타분과 학문에 젠더전공의 대학원 학위과정(석 · 박사)이, 8개 대학교의 학부에 여성학 연계전공 혹은 부전공 학위과정이 제도화되고, 전남대 여성연구소(2000), 한양대 여성연구소(2002) 등 대학 부설 연구소와 한국여성사학회(2004), 젠더법학회(2005)가 설립되었으며 젠더 관련 학술지가 속속 창간되거나 등재지, 등재후보지로 선정되는 등 타분과학문에서 젠더연구의 성장도 지속되었다.

성장과 확산의 배경에는 2000년대 중반 등장한 대학 내 전임 여교수 충원 문제도 연관된다. 국공립대학의 여교수 비율을 높이기위한 적극적 조치와 연관하여 상당수의 '여자' 학자들이 전임교수로 부임하게 되었는데, 이들 중 여성주의 인식론에 노출되고 여성운동 경험이 있는 여교수들이 대학 내 여성학/젠더 연구 확산에 기여하게 된 것이다. 실제로 전국의 국공립대학 사회학과에 여성학/젠더전공 '여자' 교수가 충원되었는데, 예를 들어 서울대의 경우, 2006년 행정적으로 사회학과 소속이지만 여성학협동과정을 전담하는 형태로 전임교수 1인이 충원되었고, 중앙대 사회학과의 경우 2003년 충원된 젠더 전공자가 젠더 연구의 확산 의지를 가지고 2007년 또 한 명의 여성학 전공자를 뽑기도 하였다.

그러나 아이러니는 바로 여성학의 제도적 공고화와 확산의 시기에 위기담론이 등장했다는 것이다. 최근 몇 년 사이 여성학 학위과정에 구조조정 문제가 등장하고, 실제로 몇몇 여성학과가 문을 닫았으며, 학내외 여학생 운동은 침체하기 시작했다. 서울과 지역을 불문하고 여성학 강좌 수가 줄어들었으며(김혜경 외, 2009), 여성학 교양과목 및 연계전공 복수전공 수강생들도 수적으로 감소하기 시작했다. 분과학문으로써 공고해 보였던 '여성학'은 기존의 견고한 제도적 학문분과들의 틈바구니에서 소외되거나 기존 분과의 하위 영역 중 하나로 포섭되는 노정마저 보이고 있다. 친여성, 민주정부라 평가되는 김대중, 노무현 정권의 영향으로 여성운동의 제도화가 일정 정도 이루어진 이후 여성학의 '위기'가 도드라졌다는 점 또한 아이러니이다. 그렇다면 왜 '우리'는 여성학의 제도적 성장 이후 역설적으로 역사적 '퇴행'을 경험하고 있다고 느끼는 것일까? 제도적 '성장'의 현실은 어떠하며, '위기 담론'의 원인과 배경은 무엇일까? 다음 장에서는 한국 여성학의 제도적 현실을 구체적으로 살펴보고 변화의 지점들을 포착한 후, 이를 한국사회 고등교육의 구조적인 문제와 연결하여 분석하고자 한다.

●●● 한국 여성학 교육의 제도적 현황

학위과정과 대학 부설 연구소

여성학 교육에서 최근 가장 두드러진 변화는 학위과정의 양적 축소다(〈표 6-1〉, 〈표 6-2〉 참조). 2000년대 중반 이후 대구가톨릭대, 상지대, 서울여대, 숙명여대, 한양대 등 5개 대학의 여성학과가 없어지고 계명대의 여성학 대학원 또한 폐원되어 여성학과는 정책대학원에 포섭되었다. 더불어 2007년 개설된 계명대 여성학 박사과정은 사회학과로 흡수되었다. 그리하여 2011년 10월 기준, '여성학과'는 총 9개 대학에 개설되어 있다. 명실상부한 독립된 학과로 존재하는 여성학과는 이화여대 여성학과(학부 연계전공, 석·박사 과정) 한 곳에 불과하며, 동덕여대는 특별과정으로 대학원에 학과형태로 존재하고 계명대 여성학과는 독립된 여성학대학원 여성학과에서 정책대학원 여성학과로 포섭되었다. 동덕여대와 계명대 여성학과의 경우, 각각 2명의 전임교수가 전공과목 개설, 강의, 강사 선임 등 교과과정을 통제하면서 총체적으로 학과운영에 책임을 지고 있기 때문에 독립 학과와 협동과정의 중간 형태로 분류할 수 있다. 그외 부산대, 서강대, 서울대, 성공회대, 성신여대, 신라대 등 6개 대학에는 협동과정이 개설되고 있으며, 3개 대학에 세부전공으로 명시되어 있다(〈표 6-3〉 참조).[8] 학부의 여성학 연계전공 혹은 부전공 또한 2005년 8개 대학에서(동덕여대, 목원대, 서강대, 숙명여대, 신라대, 성균관대, 이화여대, 충북대 등) 2011년도 3개 대학(동덕여대, 서강대, 이화여대)으로 감소했다(〈표 6-4〉 참조).[9] 숙명여대는 여성학 대학원이 폐원됨에 따라 학부 연계전공도 없어진 것으로 보인다.

표 6-1 대학원 여성학과 및 협동과정, 젠더 전공 학위과정

구분			학교명	개설년도	폐과년도	비고
여성학과	여성학과	1	이화여대 (석박사)	1982		1982년 석사과정, 1990년 박사과정 개설
	독립 학과와 협동 과정의 중간형태	2	계명대 (석사)	1990		여성학대학원 여성학과에서 출발, 2010.3부터 정책대학원 여성학과로 편입 2007년 개설된 박사과정은 사회학과 내 여성학 전공으로 편입
		3	동덕여대 (석박사)	1996		협동과정으로 출발했으나 학과체계를 갖춘 경우. 두 명의 전임교수의 경우 학부 교양학부 소속이며 대학원에서는 여성학과 소속이어서 학부의 교양여성학 과정, 여성학 연계전공 과정, 대학원 여성학 과정들을 모두 책임지고 과목을 정하고 강사를 선임하는 역할을 하고 있음.
여성학 협동과정		4	대구 가톨릭대	1990	2008	1999년 효성여대와 통합, 학과에서 협동과정으로, 다시 폐지로
		5	부산대 (석박사)	2002		2002년 석사과정, 2004년 박사과정 개설
		6	상지대	확인불가	2009	
		7	서강대	2005		2005년 석사과정 개설
		8	서울여대	1998	2005	
		9	서울대 (석박사)	1999		1999년 석사과정, 2004년 박사과정 개설
		10	성신여대	1996		2008년 이후 신입생 선발하지 않음
		11	숙명여대	1996	2007	2007년 폐지 통보 2011년 1학기 마지막 졸업생 배출
		12	신라대	1996		여성학대학원으로 출발, 1999년 사회복지대학원으로 편입
		13	한양대	1996	2010	
기타	실천여성학과정	14	성공회대	2006		2006–2009 비학위과정, 2010년도에 NGO 대학원 내 학위과정으로 전환

문화학 협동과정	15	연세대 (석박사)	2001		세부전공에 젠더 분과 (영문명: Gender and Culture Studies)
사회학	16	중앙대 (석박사)	2003		세부전공에 젠더 분과 신설됨

▌표 6-2▐ 학부 여성학 연계전공 현황

	학교명	2005	2011	비고
1	동덕여대	○	○	
2	서강대	○	○	
3	이화여대	○	○	
4	목원대	○	×	
5	숙명여대	○	×	
6	신라대	○	×	
7	성균관대	○	×	
8	충북대	○	×	

두 번째 주목할 사항은 대학 내 '여성연구', '젠더연구'의 산실이자 여성학 관련 과목 개설에 주도적인 역할을 해 왔던 대학 부설 '여성' 연구소 또한 지난 2005년에 비해 수적으로 감소했다는 점이다. 각종 자료를 종합해 볼 때, 2005년 당시 22개였던 연구소 중 5개가 그간 폐소되었고, 1개가 새로 개소하여 2011년 기준 18개 연구소가 운영 중인 것으로 나타났다(〈표 6-3〉 참고). '여성' 연구소들이 그간 학내 페미니스트들의 인식론적 공동체 역할을 수행하면서 학술지 발간, 각종 학술행사 주도, 지역 사회 여성연구의 중요한 역할 수행, 여성관련 (여)교수들과 학생들에 대한 다양한 심정적, 물리적 지원 체제를 제공했다는 점을 감안할 때 여성학의 외형적 '축소'는 '사실'인 것처럼 보인다. 시기별 경향을 보면 1990년 6개에 불과했던 대학 부설 여성연구소는 1990년대 여성학의 '제도화' 시기에 급격하게 증가하였다가 2000년대 후반 이후 다시 감소하고 있다.

표 6-3 대학 내 '여성'연구소 현황[10)]

연번	연구소명	2005	2010	분류	유형	홈페이지	개소년도	학술지	비고
1	대구대 여성연구소	○	x						
2	명지대 여성연구소	○	x						명지여성, 가족생활 연구소는 있음
3	숭실대 여성연구소	○	x						
4	중앙대 여성연구소	○	x						
5	대구카톨릭대 여성연구소	○	x						
6	가톨릭대 성평등연구소	○	○	여성	부속기관	www.cuk.ac.kr/~cukgei/	1996	성평등연구	
7	가톨릭대 여성연구소	○	○	여성	부속기관	cwrik.catholic.ac.kr/	1996		
8	경상대 여성연구소	○	○	여성	부속기관	gender.gnu.ac.kr/	2008		
9	계명대 여성학연구소	○	○	여성	부속기관	iws.or.kr/		젠더와문화 (2005)	등재지 (2016년 현재)
10	동덕여대 한국여성 연구소	○	○	여성	부속기관	www.dongduk.ac.kr/contents/main/cor/subresearch_8.html	1996	동덕여성연구 (1996) → 젠더연구 (명칭 변경 (2008))	
11	목포대 여성연구소	○	○	여성	부속기관	학교 조직도에는 여성연구소가 나와 있으나 홈페이지는 찾을 수 없음			
12	부산대 여성연구소	○	○	여성	부속기관	mypage.pusan.ac.kr/women/index/index.asp	1988	여성학연구 (1989)	등재지 (2016년 현재)

연번	연구소명	2005	2010	분류	유형	홈페이지	개소년도	학술지	비고
13	서울대 여성연구소	○	○	여성	부속기관	igender.snu.ac.kr	2000		
14	서울여대 여성연구소	○	○	여성	부속기관	mail.swu.ac.kr/~swsi/	1975	여성연구논총 (1985)	
15	성신여대 한국여성연구소	○	○	여성	부속기관	www.sungshin.ac.kr/kowoin/	1999	여성연구논총	
16	신라대 여성문제연구소	○	○	여성	부속기관	webdb.silla.ac.kr/	1988	여성연구논집 (1990)	
17	아시아여성연구소	○	○	여성	숙명여대 부속기관	asianfem.sookmyung.ac.kr	1960	아시아 여성연구 (1962)	등재지 (2006)
								Asian Women (1995)	SSCI 등재지
18	이화여대 여성연구원	○	○	여성	부속기관	kwiewha.re.kr/	1977	여성학논집 (1984)	등재지 (2008)
19	이화여대 아시아여성학센터	○	○	여성	부속기관	home.ewha.ac.kr/~acws/	1995	Asian Journal of Women's Studies (AJWS)(1995)	등재지 (2002) SSCI
20	이화여대 이화여성신학연구소	○	○	신학	부속기관	eiwts.ewha.ac.kr/	1993	여성신학논집 (1995)	
21	연세대 젠더연구소		○	여성	부속기관	web.yonsei.ac.kr/gender/	2002	연세여성연구 (현재 폐간)	2001(7호) 까지 검색됨
22	전남대 여성연구소	○	○	여성	부속기관	altair.chonnam.ac.kr/~women/	2000		
23	한양대 여성연구소	○	○	여성	부속기관	hiwomen.hanyang.ac.kr	2002	젠더와 사회 (현재 폐간)	

그러므로 분과학문으로서의 여성학의 위상은 결코 공고화되지 못했다고 보는 편이 맞을 것이다. 이는 학제 식민화의 대표적인 현상으로 볼 수 있는 협동과정이라는 불안정한 구조와도 연관된다(김승경 · 이나영, 2006). 협동과정의 문제는 이미 2000년대 초반에 여러 차례 지적된 바 있는데, 같은 문제가 반복되고 있는 것으로 드러났다. 협동과정은 기존 분과 학문 간 경계를 넘어 유연한 학문적 소통과 창조적 생산을 가능하게 할 수 있다는 장점에도 불구하고, 실질적으로 전임교수나 '공식적 학과(department)' 구조가 없어 다른 학과의 전공 교수들로 이루어진 운영위원에서 강사 선정과 개설과목을 선정한다는 한계를 지닌다(김태현, 2000: 204-205). 전임교수 없이 외부강사에 의존하기 때문에 체계적인 교과과정 운영이 어려우며, 학과의 물리적 지원이 거의 부재하기 때문에 운영과 관련된 재정확보의 어려움, 장학금 등 학생 보상제도의 부재, 이와 연관된 학생정원 자체의 불투명함이라는 악순환이 반복된다. 소수의 학생이라는 열악한 기반으로 인해 다양한 과목을 개설할 수도 없으며 이에 따라 주도적이고 체계적인 여성학의 발전이 어려운 상황이다. 따라서 협동과정은 늘 대학 구조조정의 1순위 대상이 되어 왔으며, 실제로 5개 여성학 협동과정(대구가톨릭대, 상지대, 서울여대, 숙명여대, 한양대)이 대학 구조조정 과정에서 퇴출되었다.

그럼에도 불구하고 성공회대 NGO대학원 내 실천여성학이 석사과정으로 확대된 현상과 중앙대 사회학과에 젠더전공이 공식화된 현상은 긍정적인 변화로 읽힌다. 성공회대의 경우 여성활동가들의 단기 재교육프로그램에서 출발하여 석사과정 프로그램으로 발전했는데, 여성운동 현장에서 필요로 하는 여성주의 지식을 제공함으로써 활동가들의 전문성 제고와 이들 간 네트워크 활성화에 기여한다는 점에서 학문과 현장(현실) 간의 결합을 지향하는 페미니즘 인식론에 부합한다고 평가할 수 있다.[11] 여성운동에 대한 반응과 요구로 여성학이라는 학문이 발전해 온 지난 역사를 감안할 때 오히려 뒤늦은 감마저 든다. 물론 성공회대의 경우, 진보적 학문풍토에 기인한 NGO대학원의 설립과, 현장에서 오랫동안 여성운동을 했고 여성학을 전공한 전담교수가 헌신하고 있는 특수성이 고려되어야 할 것이다.

중앙대의 경우, 두 명의 젠더/여성학 전공 여성학자가 있으며 대학원 과정의 세 가지 트랙 중(사회변동과 노동/문화/젠더) 하나로 정식 채택되어 매 학기 2과목의 젠더 관련 수업이 정기적으로 개설되고 있어 젠더전공 학생 수가 증가하고 있는 추세이다. 학부 과정에서도 1개의 전공기초, 4개의 전공선택 과목으로 지정되어 있다. 서울대의 경우에도 젠더를 전공한 전담 교수가 부임한 이래 교과과정의 진행이 통제되면서 꾸준히 학생 수가 증가하고 있는 점에 주목해야 할 것이다.

대학원 여성학/젠더 전공 교과과정

이재경은 1999년 당시, 한국 여성학 교과과정 개발 과제를 크게 두 가지로 정리한 바 있다. 첫째는 한국 여성학의 이론적 심화를 통한 학문적 정체성의 확립이고 둘째는 전문성 심화를 통한 노동시장에서의 경쟁력 확보라는 것이다(이재경, 1999: 39). 이를 위해 첫째, 이론과 방법이라는 측면에서 정교한 학문적 정체성의 확립이 필요하다고 한다. 그는 서구 이론에 의존하고 있다는 비판을 수용하여 여성들 간 경험의 차이와 유사성, 역사성을 이해하는 것이 필요하며, 계급, 성, 지역, 근대성 등 다양한 개념들을 적용하면서 "한국 여성들"의 경험을 해석해 내야한다고 주장한다(이재경, 1999: 36-37). 둘째, 실무와 관련된 전문성이 필요하다. 이는 특히 여성학과 석사졸업생이 전문적인 직업에 대한 준비가 충분하지 않음에 대한 지적으로 직업시장에서 필요한 연구기법과 기술(technique) 훈련이 필요함을 강조하고 이를 위해 타학과와 연계과정(interdisciplinary program)이 가능한 교과과정의 개발을 제시하고 있다. 셋째, 이론과 실천의 연계를 강조하고 있는데, 구체적으로는 운동단체나 연구소에서 훈련 받는 인턴십 과정의 개설이 절실하다고 지적한다. 넷째, 학부 연계전공의 신설과 체계화를 들고 이는 여성학의 학문적 목표와 학생들의 현실적 욕구를 적절히 반영하는 방향으로 기획되어야 한다고 강조한다. 이상과 같은 지적은 사실 10여 년이 지난 지금도 유효한 측면이 있다. 그러나 현재 대부분의 대학원 교과과정은 이재경이 지적한 첫 번째 과제인 '한국 여성들'의 다양한 경험을 해석해 내는 역할에 가장 성공적으로 보이며 성공회대의 경우 이론과 실천의 연계를 가장 잘 실천하고 있는 것으로 보인다.

2010년 2학기에서 2011년 1학기 동안 여성/젠더 관련 대학원에 개설된 과목 총수는 92개이며[12) 강사진은 전임교수의 비율이 62%로 대체로 높게 나타났다. 교·강사들의 전공은 여성학이 30%로 가장 많았으며 그 다음이 사회학(21%)이 압도적으로 나타났다. 강의 과목은 주로 여성학 이론, 방법론, 가족, 성, 문화, 노동 등의 분야에 분포되어 있다. 2003년도에 필자가 학과 홈페이지를 통해 조사한 교과과정과 비교할 때 특징적인 변화는[13) ① 가부장제 관련한 수업이 사라졌다는 점, ② 상대적으로 "여성학 연구방법론" 등 인식론과 방법론 수업이 증가했다는 점, ③ "트랜스내셔널 페미니즘," "글로발리제이션과 젠더", "글로벌/아시아 페미니즘" 등 지구화와 관련된 수업이 활발히 개설되고 있다는 사실이다. 이는 시대적 변화를 반영하면서도 간학문적 학문하기에서의 불안을 해소하고자 하는 욕구가 반영된 것이 아닌가 한다. 또한 "여성주의 문화이론(서울대)", "페미니스트 문화이론(중앙대)", "문화와 성연구 세미나(연세대)", "섹슈얼리티의 역사(이화여대)", "성연구(성공회대)", "성, 정보, 매체(계명대)" 등 거의 모든 학교에 문화와 섹슈얼리티 과목이 개설되어 있는 것으로 보아 2000년대 이후 변화한 학생들의 연구관심이 꾸준히 반영된 것으로 보인다.

다만 연세대 문화연구학과를 제외하고는 교수법(페다고지) 관련 수업이 거의 실시되지 않고, 타 지역에 대한 연구가 이뤄지지 않은 점 등은 여전한 것으로 나타났다. 실제 많은 석박사과정의 학생들이 아카데미 안과 밖에서 연구와 강의(교육)라는 진로를 택한다고 볼 때 여성주의 페다고지의 개발이 시급한 상황이며, 타지역 여성들에 대한 이해 또한 서구중심주의(미국과 서유럽)를 벗어날 수 있는 주요한 과제이기에 관련 수업이 없다는 점은 유감이 아닐 수 없다.

표 6-4 대학원 개설과목(총 92개) 강사진 현황(2010년 2학기와 2011년 1학기)

구분	교수	강사	확인불가
	57	30	5
%	62.0	32.6	5.4

구분	전공구분 (총92개 과목)										
	여성학	사회학	문학	인류학	사학	교육학	경제학	철학	정치학	기타	확인불가
	30	**21**	3	5	2	1	1	5	2	9	13
%	32.6	22.8	3.3	5.4	2.2	1.1	1.1	5.4	2.2	9.8	14.1

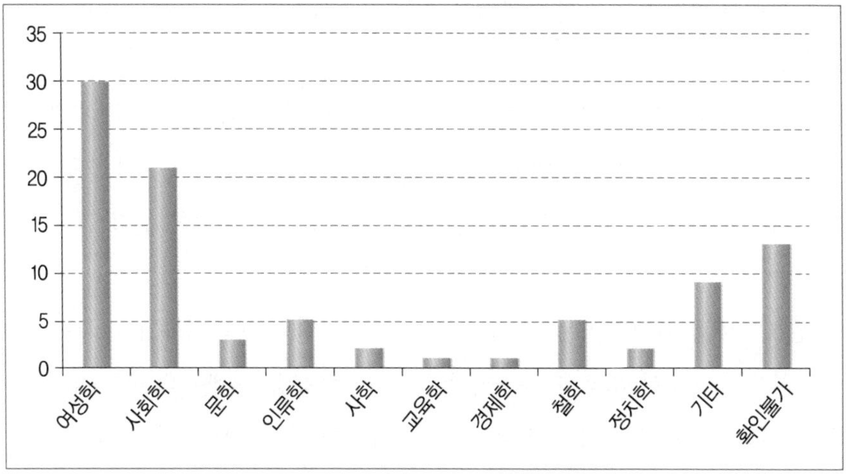

▌그림 6-1▐ 대학원 강의 교수진 전공 현황

교양 여성학

학부 교양에서 여성학 관련 강좌는 "여성학 개론"에서 시작하여 "성과 사회", "가족과 여성", "대중매체와 여성" 등 시대의 변화와 학생들의 욕구를 반영하며 다양한 모습으로 개설되어 왔다. 1990년대 소위 '교양 여성학의 전성기' 당시 김정희와 이숙진(1996)은 대학 교양과정이 안고 있는 문제점을 다음과 같이 제기한 바 있다. 첫째, 과다한 학생 인원과 대단위 강의로 인해 토론이나 공동연구를 지향하는 수업방식에 장애가 되고 있으며, 둘째, 2학점으로 운영되는 경우가 많아 강의 시간이 부족하고 일방적 강의 위주로 흐를 위험이 있다. 셋째, 강사의존도가 높으며, 넷째, 개설학과나 주무자의 차이에 따라 여성학 과목의 존립 자체가 안정적이지 않다고 주장하면서 여성학과가 없는 학교의 경우 교양과목 위원회나 관심 있는 교수들, 여학생회, 기타 학과 등에서 강의를 개설하고 있으므로 개별적, 비체계적 운영되며, 상황에 따라 폐강되기가 쉽다고 지적한다. 다섯째, 지식이나 이론 전달 중심이 아니라 의식 변화 중심의 다양한 수업운영방식이 비학문적이라 비판받기도 한다. 덧붙여 생물학적 '여성'이거나 '여성' 관련 학과 출신(예를 들어, 가정대)이면 아무나 가르칠 수 있는 과목으로 여겨진다는 점 등을 문제점으로 들 수 있는데 많은 부분이 2011년에도 지속되고 있는 것으로 보인다.

편의상 여성학/젠더 관련 학과가 있는 대학과 서울의 주요 사립대학, 지방 국공립대학으로 제한하여 여성학 수업현황을 살펴보았다. 학교 규모와 발전 방향, 정원의 차이를 고려하지 않고 개설과목 수만을 본다면 예상대로 여성학/젠더 관련 학과가 있는 대학에 상대적으로 많은 수의 여성(학)관련 교양과목이 개설되어 있었다(〈표 6-5〉 참조). 이화여대의 경우 2010년 가을부터 2011년 봄학기까지 21개의 과목이 개설되었고, 서울대의 경우 15개, 연세대 13개, 한양대 13개, 경희대 11개 순으로 많이 개설되어 있다. 한양대의 경우, 현재는 폐과되었지만 여성학과와 여성연구소가 오랫동안 유지되어 왔다는 점과 연관해서 생각해 볼 수 있을 듯하다. 경희대에 "젠더, 섹슈얼리티 문학", "젠더와 역사: 평등과 차이의 정치사", "구별의 정치학: 인종, 계급, 성" 등 상대적으로 여성학 관련 교양과목이 많은 이유는 최근 '후마니타스 칼리지'라는 독립된 교양대학을 중심으로 인문학 살리기를 중점에 두고 있는 학교 정책의 특성과 연관된다. 또 하나 눈에 띄는 것은 사립대학 중 하나인 고려대의 경우 1, 2학기 합해 3개 개설에 그치고 있다는 점이다. 동덕여대의 경우 아래 표에는 제시되지 못했지만, 학부연계전공과 대학원 학위과정의 존재로 인해 상대적으로 교양여성학 개설이 원활한 것으로 보인다. 교양여성학 영역 중에서 반드시 1과목은 이수해야 졸업할 수 있으며, 매 학기 13개의 교양여성학 과목을 개설되고 있다는 점에서 주목할 만한 경우다.[14)]

▌표 6-5▐ 10개 대학 학부 교양 여성학(젠더, 성 관련) 수업 현황[15]

연번	학교	학기	과목수	여성주의/젠더 관점		
				있음(비율)	없음	기타*
1	이화여대	2010–2	14	9(64%)	4	1
		2011–1	7	5(71%)	2	
			21	14(67%)		
2	서울대	2010–2	8	6(75%)	1	1
		2011–1	7	6(86%)	0	1
			15	12(80%)		
3	연세대	2010–2	7	4(57%)	3	
		2011–1	5	3(60%)	2	
			13	7(54%)		
4	고려대	2010–2	0	(0%)		
		2011–1	3	2(66%)	0	1
			3	2(67%)		
5	경북대	2010–2	2	1(50%)	2	
		2011–1	1	1(100%)		
			3	2(67%)		
6	중앙대	2010–2	3	2(66%)	1	
		2011–1	4	1(25%)	3	
			7	3(43%)		
7	한양대	2010–2	5	2(40%)	3	
		2011–1	8	3(38%)	4	1
			13	5(38%)		
8	서강대	2010–2	1	1(100%)		
		2011–1	1	1(100%)		
			2	2(100%)		
9	부산대	2010–2	1	1(100%)		
		2011–1	2	2(100%)		
			3	3(100%)		
10	경희대	2010–2	5	4(80%)	1	
		2011–1	6	5(83%)	1	
			11	9(82%)		
	총계		90	59(66%)	26	5

*강의계획서가 탑재되지 않아 판단불가.

2011년 각 대학의 교양 과목 관련 강의안을 살펴보면, 여성학, 사회학, 문학 관련 전공 교 · 강사가 강의하는 경우가 많았지만, 개설학교 당국과 개설자의 무지로 인해 페미니즘을 전혀 공부하지 않은 '여자' 학자들이 가르치는 경우도 많았다. 따라서 성, 여성이라는 제목으로 개설되고 있지만 실제 강의 내용이 '여성주의적 관점'과 무관한 경우도 많다(예: 생물학적 성차를 강화, 재생산하는 경우, 가부장적 가족제도를 지지하는 경우, 심지어 여성을 폄하하고 대상화하는 경우, 성적 소수자를 병리화하는 경우 등). 강사의 개별적 의식과 교수법에 의존하고 있는 실정이라 강의의 질 또한 담보되기 어려운 것 같다. 이는 교양 여성학만의 문제라기보다는 체계적인 교수법에 대한 교육이 거의 없다시피 한 학문전반의 상황과 개별적 인적 관계망을 통해 강사를 수급하는 현상, 강사 개개인의 의식을 객관적으로 측정하기 어려운 점 등 근본적인 구조적 측면과 맞물려 있다. 또한 여성학의 비/제도화와도 연관되는데, 분과학문으로서 여성학의 제도화가 여성학 교양 강좌의 체계적 개설과 여성주의적 관점의 견지에 필요조건이라고 한 김은실의 1998년 제안은 이런 점에서 유효하다.

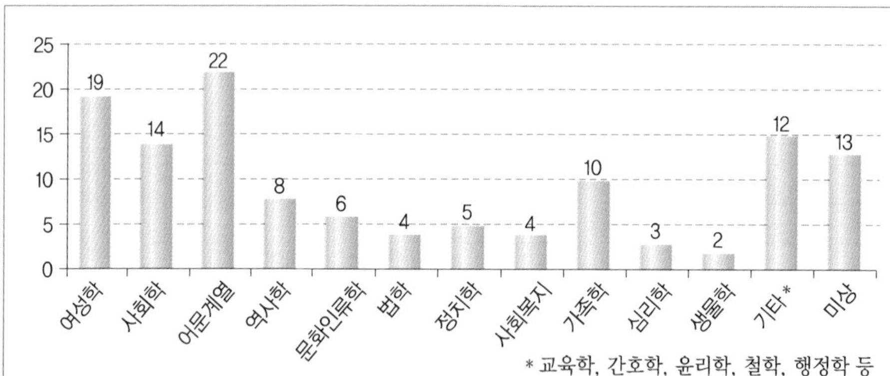

▌그림 6-2▌ 학부 교양 여성학(젠더/성 관련) 수업 강사 전공

●•• 기회구조의 변화와 새로운 경로 모색

여성학과 수의 감소, 대학 내 부설 여성(학) 연구소의 감소, 분과학문로서의 불안정한 위상, 학부 교양 여성학의 수적 감소 문제 등으로 인해 현재 한국 여성학 교육은 제도적으로 볼 때 '후퇴'했다고도 평가할 수 있다. 필자는 이것이 단순히 여성학 내부의 문제에 기인하기보다는 다른 외적 요인들과 복합적으로 얽힌 결과라고 본다.

첫째, 한국 사회 지식정책의 변화와 연관된다. 시발은 김영삼 문민정권 당시인 1995년 5·31개혁 정책이며 김대중, 노무현 정권을 거쳐 한국의 고등교육체계는 시장친화적 효율성이 강화되는 방향으로 나아가는데(김원, 2008; 장수명: 2009), 이로써 설립준칙주의, 대학정원 자율화, 전문대학원제 도입, 학술진흥재단(현, 학국연구재단) 주도의 각종 연구프로젝트와 BK21 사업(1999), 지방대학역량강화사업(NURI) 등이 차례로 확립되었다.[16] 변화의 요지는 한편으로는 규제완화를 통해 진입장벽을 완화하여 간접적으로는 경쟁을 촉진하고, 다른 한편으로는 국가가 재정지원을 매개로 대학 간 경쟁을 직접적으로 유도하는 장치의 확립이라 볼 수 있다. 특히 1997년 IMF, 문민정부의 대학 설립준칙주의와 정원 자율화가 야기한 방만한 고등교육체제, 더불어 문민정부 이래 강조되어 온 '세계화' 과정에서 '연구수준 세계 일류화'라는 당위성이 구조조정의 빌미를 제공한 것은 분명하다. 이로써 한국사회는 제도로써 대학뿐만 아니라 지식인 사회의 교체와 재편의 시기를 거치게 되었다.

그러므로 대학 부설 여성연구소 문제도 대학자율화 정책, 한국연구재단이 주도하는 중점연구소 지원 사업, HK(인문학 한국) 사업과 학술지 사업(등재지/후보지 지원), 대학 자체 내 구조조정(통폐합) 등의 요소와 함께 고려되어야 할 것이다. 실로 지난 몇 년간 '세계수준의 연구역량 강화'라는 구호 하에 상대적으로 빈약한 연구소는 '부실'로 찍혀 자체 구조조정 대상이 되고, 외부 지원금을 많이 받을 수 있는 연구소들은 '중점 육성'의 대상이 되어 왔다. 이를 통해 국가 지원, 외부 지원금 등 물적 조건이 좋은 연구소들은 상대적으로 급팽창했으며 연구역량(전임 연구원 수, 이에 기반한 논문 수) 또한 증대되어 왔는데 여성학 분야도 예외는 아니다. 물론 물적 토대를 잃지 않기 위해 또 다른 프로젝트를 향해 질주해야 하고 끊임없는 성과물을 만들어 내야 하는 악순환의 고리에 빠지게 된다.

둘째, 신자유주의 시대 '아카데믹 캐피탈리즘(academic capitalism)'의 확대·심화 현상과 연관된다.[17] 아카데믹 캐피탈리즘은 대학이 유사시장행위를 통해 상업적 경쟁관계에 복무하고 이에 교수들은 외부자금 확보를 위해 시장지향형 노력을 한다는 의미이다(Slaughter & Larry, 1997). 문제는 기업가적 대학 모델이나 아카데믹 캐피탈리즘이 전제하고 있는 시장경제논리가 대학에 도입되면서 경쟁력 담론 못지않게 중요한 대학의 가치가 설 자리를 잃는 역효과를 낳고 있다는 점이다(한경희, 2006: 14). 실로 2000년대 후반 이후 한국 대학들은 심화된 상업적 경쟁관계에 돌입했으며 살아남느냐, 문을 닫느냐가 먼 미래의 일이 아니라 '지금' 눈앞에서 현실화되고 있다. 교육부뿐만 아니라 청와대까지 나서서 부실대학과 그렇지 않는 대학을 구분하고 이에 따른 차등지원을 통해 강력한 대학구조조정 드라이브를 거는 현실에서 자유로운 대학은 한 곳도 없을 것이다.[18] 무엇보다 최근 몇몇 서울의 사립대학이 대기업의 소유가 되면서 급격한 구조조정의 물살을 탄 결과가 '학교 순위 상승'으로 나타나자 대학구조조정은 '살아남기 위해' 피할 수 없는 '대세'인 것처럼 보였다. 여기에 현재 국내 대학정원은 약 60만 명이지만 고교 졸업자수가 2024년까지 41만 명으로 급감한다는 인구학적 변화에 대한 예견이 '부실대학' 정리에 정당성을 제공하고 있다. 따라서 지식 생산의 계량화, '객관적' 평가시스템, 연봉제도, 상시 평가시스템 등의 도입을 통해 대학은 이제 '생산성'과 '효율성', '경쟁력'의 논리로 재단되고 있는 실정이다.[19] 인문사회계열의 많은 학과들이 그러한 시스템에 적응하지 못할 경우 손쉽게 통폐합이나 폐과의 대상이 되는 것도 이러한 논리의 연장선상에 있다.

셋째, 견고한 학부제와 대학별/학제별 순위구조, 높은 국가 의존도라는 특징을 지닌 한국대학의 특수성과 연관된다. 그리핀(Griffin)은 여성학 제도화를 심화시키거나 방해할 수 있는 요인들로 ① (교과과정을 발전시키는 데 있어) 대학의 자율성 정도(높음/낮음) ② 유연한/견고한 학제적 구조 ③ 여성운동의 반-제도화 성향/여성학의 제도화를 향한 여성운동의 지원 또는 중립성 ④ 여성학에 대한 국가의 지원 등을 제시한

바 있다(Griffin, 2005: 92–93). 이 중 한국 대학은 정부에 대한 낮은 자율성(정원, 학과개설 등), 견고한 (학부)학제적 구조, 여성학(을 비롯하여 소위 '돈 안 되는' 인문학 계열 학과)에 대한 국가 지원 부재로 특징지을 수 있을 것이다. 이들이 모두 여성학 제도화의 저해 요인들로 작동해 왔음을 고려할 때, 학제로서 후발 주자이자 학부에 학과제도가 부재한, 인문학과 사회과학의 경계에 놓인 여성학이 견고한 분과학문으로 자리매김하기란 거의 불가능한 기획일지도 모른다. 여기에 한국의 특수성인 대학과 분과학문 간 심각한 서열화를 고려한다면 그나마 2000년대 이후 몇몇 남녀공학 대학에 여성학과 학위제도가 생긴 것은 기적에 가까운 일이라 볼 수 있다.

교양 여성학의 문제들 또한 연장선상에서 생각해 보면, 보다 넓게는 한국 대학교육에서 교양교육의 현실과 연관된다. 견고한 학부학과를 중심으로 하는 대한민국의 학사(서열)구조 체제, 교육목표와 교육과정 간의 체계성 부족, 전임교수 부족과 강좌당 학생 수 과다, 이로 인한 시간강사에 대한 높은 의존도와 낮은 처우, 개선을 위한 재정적 어려움, 기초학문이 소외되기 쉬운 의사결정 구조, 대학 서열구조와 학벌주의 풍토 등 여러 가지 구조적인 문제점들이 교양교육의 혁신과 발전을 가로막고 있다(서남수, 2010). 한편으로 여성학 교양과목의 축소 현상은 교양교육 관련 대학 내 제도적 변화와도 관련 있다. 1990년대 당시만 해도 '여성학' 교양과목은 여성연구소, 교수운영위원회, 관련 학과, 교양학부와 여학생처 등의 주관으로 개설 가능했다(조형, 1990: 212–215). 그러나 최근 많은 대학에서 교양과목은 교양학부대학, 교양과정부 등에서 독자적으로 관리, 개설하는 추세이고 교양과목 수 자체를 전반적으로 줄이고 있는 상황이라 개별 교수나 학과, 연구소 등에서 개설 요청을 강제하기가 어려운 실정이다.

●●● 미완의 프로젝트와 향후 과제

한국의 여성학은 대학 내 여성교육의 중요성 제고와 사회변혁에의 참여라는 역사적 소명의식을 바탕으로, 아카데미 내부에서 '양성평등' 의식의 고취뿐만 아니라 사회, 문화, 정치 등 여러 영역에서 급진적인 변화를 모색해 왔다. 그러나 대학 안팎으로 한국 여성학은 '위기'에 처했다고 자평한다. 외적으로는 다른 사회적 '위기'들과 연관되며, 내적으로는 '여성학'을 하는 '우리'의 문제와 연관된다. 전자는 문민정부 이후 진행된 대학정책의 변화, IMF 이후 가속화된 시장화 정책, 자유시장의 원리에 입각한 대학 구조조정, 대학생 수 감소라는 소용돌이 속에서 신자유주의 시장경제체제가 가속화되는 대학의 현실과 맞물리며, 이는 대학서열 구조, 학과 중심의 학사구조와 전공의 지위제(위계제)라는 한국 대학의 고질적인 병폐와 연결된다. 후자에는 분과학문으로 공고화되기도 전에 위축된 제도적 문제, 폄훼되거나 상업화되는 페미니즘의 사회적 위상, 여성학 전공자의 불확실한 진로, 여성운동의 일환으로 설립 추진되었던 여성가족부의 위상 변화 등과 연관된다.

그러므로 여성학의 '위기'는 개인적인 문제나 개별 학과, 학교의 문제로 한정하기보다 학계전반의 변화, 사회구조적, 정치적인 변화와 맞물려 이해되어야 한다. 필자는 그동안 여성학이 내적으로는 불균등한 제도화 혹은 미완의 제도화라는 과제를 안고, 급변하는 외적인 환경 변화에 대응해 왔다고 생각한다. 국가 권력에 의해 개혁의 대상이 되고 있는 대학의 현실 앞에, 페미니스트들은 때로는 패배하고 때로는 순응하지만 때로는 작은 승리를 맛보면서 내/외적 갈등들을 조정하고 협상해 왔다. 물론 각 분과학문에서 남성중심적 지식의 근간을 흔드는 인식론으로서 페미니즘은 확대되었다고 보기 어려우며, 분과학문으로써 여성학의 정체성은 여전히 불안전하다. 여성의 사회적 지위 향상은 당연히 지향해야 할 변화라고 생각하면서도 이에 기여한 여성운동이나 페미니스트에 대한 사회적 낙인은 지속되고 강화되고 있다. '양성평등'은 시대적 조류라고 생각하면서도 이를 위해 투쟁해 온 페미니스트들의 노력은 폄하되고 여성혐오 현상이 첨예화되고 있는 것 또한 현실이다. 그럼에도 불구하고 남녀공학 대학의 교과과정과 타 학문분과에서 페미니즘 인식론은 새로운 방식으로 구성되고 확산되고 있는 듯하다. 또한 다른 장들을 통해 페미니즘 지식생산의 새로운 경로들이 개척되고 있는 사실도 간과되어서는 안 된다. 특히 여성/젠더와 연관된 문제는 특수하지만 사소한 것, 누구나 할 수 있는 것 등으로 무시되거나 폄하되며, 심지어 끊임없는 질문의 대상이 되고 게토화되는 다른 학문 영역에서, 페미니즘의 영토 개척이 다양한 방식으로 일어나고 있다는 사실을 상기해야 할 것이다.

'여성'들이 현재 누리고 있는 '자유로운 대학' 생활은 기실 정치, 사회, 문화 전 분야에 걸쳐 성평등한 관점을 확산시키고자 했던 과거 선배들의 노력과 그들이 이루어낸 집단적 업적의 산물이다. 우리는 이의 수혜자임과 동시에, 평등하고 자유로운 학문의 장, 정의로운 사회를 후배들에게 물려줄 책임감 또한 안고 있다. 이제 이미 특권화된 '우리'는 외적으로는 대학의 시장화를 반대하는 진보학자들과 연대하여 교육과 연구 환경을 변화시키면서 동시에 내적으로는 끊임없는 자기성찰과 혁신의 과제를 안고 있다. '학문하기,' '교육하기'의 맥락과 의미가 급변하는 지금, '우리'의 안/밖에 내재한 무수한 경계들을 넘어 다른 '우리들'과 접속하고, 더 나아가 경계 자체를 이동시키고 해체하는 페미니스트 교육이 절실하다. '우리'를 다시 상상하는 작업은 여성학을 한다는 것의 의미를 재고하게 하고 '우리'라는 집단정체성을 재구성할 것을 요구하기에 때로는 고통스럽고 슬픈 아픔을 동반하겠지만, 결국 인식론과 정치학으로서의 페미니즘과 페미니스트 집단의 생존, 확대 재생산을 위해 필수적인 과정이라는 사실도 잊지 말아야 할 것이다.

이나영

미국 메릴랜드 대학교(University of Maryland)에서 여성학 박사학위를 받고 현재 중앙대학교 사회학과 교수로 재직 중이다. 오랫동안 포스트식민주의와 민족주의, 페미니즘 이론에 대한 연구를 진행해 왔으며, 성매매, 일본군 '위안부,' 기지촌 여성문제 등에 관심을 갖고 필드에서 활동해 왔다. 저서로는 《다시 보는 미디어와 젠더》(공저), 《여성주의 역사 쓰기: 구술사 연구방법》(공저), 《탈/근대 아시아와 여성, 공간을 만들다》(공저) 등이 있으며, 최근 논문으로 "한국사회의 중층적 젠더 불평등: '평등 신화'와 불/변하는 여성들의 위치성" 등이 있다.

참고자료

1) 이 글은 필자의 논문이 기초가 되었음을 밝힌다. 이나영(2011). 한국 '여성학'의 위치성: 미완의 제도화와 기회구조의 변화. 한국여성학, 27(4), 37-81.
2) 1984년에 창립한 '또하나의 문화'는 여성문제의 독자성을 인식하고 다양성이 인정되는 사회변화를 통해 여성문제를 해결하려는 전략을 가지고 있었다. '또 하나의 문화'란 가부장제나 남녀불평등에 대한 반대를 의미하지만 이 운동을 정답으로 여기고 모든 이들에게 강요하지 않겠다는 점을 분명히 하고, 제도개혁보다는 일상적인 삶의 양식의 변화를 목적으로 하며 글쓰기와 특강 등을 통해 동인의 유대감을 끌어내는 느슨한/열린 조직을 표방하였다(조주현, 1996b: 143). 또문의 동인지들은 한국사회의 가부장적 권위주의, 획일주의, 성차의 고정관념 극복을 주요 주제로 삼았으며, 이와의 연계 속에서 상업주의, 자본주의 계급불평등, 여성해방문학을 재고하는 데 기여하였다.
3) '한국여성연구회'는 여성문제 이론정립, 여성운동의 전망 모색과 여성정책 수립에 기여하기 위해 1989년 설립된 학술단체다. 1998년 한국여성연구소로 조직을 개편하고 1999년 사단법인으로 등록하여 현재 공식 명칭은 (사)한국여성연구소이다. 연구소 학회지는 《여성》(1985)으로 출발하여 《여성과 사회》(1990), 《페미니즘연구》(2001)로 바뀌었으며, 2009년부터 등재지가 되었다.
4) 비록 페미니즘을 전면에 내세우지는 않았지만 이효재 선생이 설립을 주도한 한국가족학회(1977)(발간지: 가족과 문화) 또한 분과 학문 외곽에서 페미니즘 인식론 확산에 기여했다고 보아야 할 것이다. 정부 출연 여성문제 전담 기구인 한국여성개발원(현, 한국여성정책연구원)의 설립(1983) 또한 다른 섹터에서의 제도화 과정으로 보아야 할 것이다. 관련 학회지로는 《젠더리뷰》(2006), 《여성연구》가 있으며 《여성연구》는 2009년부터 등재지가 되었다.
5) 이하 모든 '○○대학교' 명칭은 '○○대'로 축약하여 상용하고자 한다.
6) 여성특위는 2001년 여성부로 승격하여 여성운동계는 1대 장관, 한명숙을 배출한다. 이후 상당수의 여성운동단체 활동가들과 여성학과 출신들이 정부기관으로 들어갔는데 이는 페모크래트, 여성운동의 제도화 등의 논란을 빚게 된다.
7) 변혜정 외(2011)에 의하면, 한양대와 성신여대를 제외하고 파악되고 있는 국내 여성학 전공자의 수는 2011년 기준, 석사학위과정 졸업자 약 552명, 박사학위과정 졸업자 약 31명이라고 한다. 이 중 이화여대 여성학과 졸업생이 전체 석사과정 졸업생의 약 48%, 박사과정 졸업자 수의 약 80%를 차지한다(325-326). 여성학 석·박사학위 소지자 79명을 대상으로 한 직업별 분포도 조사에 따르면 연구/교육기관 관련 종사자가 30명으로 가장 높았으며 그 다음으로 프리랜서(교육강사 등) 22명, 여성단체 등 시민단체 종사자 9명, 정치나 정당, 기타 행정기관 등의 근무자 7명 순으로 나타났다(331).
8) 연세대학교와 중앙대학교의 경우, 문화학과 사회학이라는 타 분과학문의 세부전공으로 되어 있고, 2010년도에 NGO 대학원 내 정식학위 과정으로 승인된 성공회대학의 실천여성학 전

공은 일단 기타로 분류해 보았다.

9) 동덕여대의 경우, 복수전공이 51학점, 부전공은 30학점을 이수해야 하는데, 매학기 4~6 과목씩 여성학전공 과목이 개설되고 있으며, 여성학 전공을 신청한 학생뿐만 아니라 '자유선택'의 형식으로 수강하는 학생들이 많아서 매학기 100명~200명 가량의 학부 학생들이 여성학전공에 개설된 과목을 수강하고 있다고 한다. 2011년 기준 준비된 과목은 총 21과목으로, 이들 과목은 매학기 개설과목, 1년에 1번 개설과목, 2년에 1번 개설과목으로 분류되어 학기별로 과목을 정한 다음 전공과목을 발표하는 형식을 취한다고 한다(전임교수와의 서면 인터뷰).

10) 본 표는 2011년 10월 기준으로 작성된 것으로 기존의 논문, 각 대학 홈페이지, 여성학회 홈페이지, 동료교수들의 정보 등을 종합하여 작성된 것이므로 실제 현황과 차이가 있을 수 있음을 밝힌다.

11) 홈페이지에 나타난 해당학과의 개설목적은 다음과 같다. "본 전공은 한국시민사회의 현재와 미래를 이끌어가는 여성활동가들의 리더십 향상 및 여성운동 현장에서 필요로 하는 실제적인 여성주의 지식을 제공하는 것을 목적으로 한다. 이에 여성활동가들이 그들의 경험을 재해석하고 새로운 비전을 찾아 나가는 계기를 형성하는 한편, 미래세대 활동가들의 새로운 욕구가 서로 공유되고 소통되는 개방적인 인적교류네트워크를 구축하고자 한다. 이렇게 미래의 여성리더십에 필요한 전문성과 네트워크를 제공함으로써 학생개인들의 잠재력 극대화는 물론 여성학지식생산, 여성운동과 시민사회의 질적 발전에 기여하고자 한다."

12) 학교와 학과별로 2년에 1번씩 개설되는 과목들이 있기 때문에 본 조사에서 빠진 수업들이 있음을 양지 바란다.

13) 당시에는 학과 홈페이지에 제시된 과목 현황에 기준한 것이고 이번 2011년도 자료는 실제 개설된 과목에 대한 전수 조사를 바탕으로 한 것이기에 직접적인 비교는 불가능하기에 여기서는 간략하나마 변화의 개요만 짚어보고자 한다.

14) 동덕여대 여성학과 전임교수에 따르면, 2011년 2학기 기준으로 개설된 교양여성학은 〈성과사랑〉, 〈결혼과 가정〉, 〈육아와 자녀교육〉, 〈여성과 노동〉, 〈한국의 여성상〉, 〈여성과 문화〉, 〈여성과 소비자경제〉, 〈여성과 사회〉, 〈여성과 리더십〉, 〈법여성학〉, 〈청년기갈등의 이해〉, 〈가족과 문화〉, 〈삶과 교육〉 등 13개 과목에 이른다고 한다.

15) 서울의 주요 4년제 대학과 지방의 국립대를 선정하여 검색하였으며, 주로 학교 홈페이지와 교양학과 홈페이지에 들어가 성, 여성, 젠더, 가족, 결혼, 섹슈얼리티, 페미니즘 등의 키워드로 검색했기 때문에 실제로 관련 수업이 누락되었을 가능성이 있음을 한계로 인정한다.

16) 대학정책 관련 상세한 내용과 변화의 추이는 장수명(2009)과 김원(2008), 한경희(2006)를 참조바란다.

17) 슬러터와 래리(Slaughter & Larry, 1997)는 신자유주의시대의 대학은 국가기관이나 기업체 등의 외부자원을 끌어들이고 이윤을 얻기 위해 "유사시장 행위(marketlike behavior)"를 동반하는 상업적 경쟁관계에 복무하고 있다고 지적하고, "아카데미 자본주의"라는 용어를 사용한다. 경쟁을 통한 자원의 획득은 상징적 차원의 명예뿐만 아니라 경제적 이윤을 남긴다는 점에서 실질적이며 현실적이다. 이러한 현실에서 대학은 순수한 학문의 상아탑으로

남아있기보다는 기업화를 통해 살아남아야 하는 과제를 안게 되었다. 대학 내 지식인 집단 또한 상업적인 환경에서 살아남기 위해 자신들의 인적 자본을 최대한 활용할 수밖에 없게 된다. 인적 자본(human capital)은 노동의 질로 결정되는데 이때 지식인이 소유한 인적자본의 질은 '잘 팔리는' 지식의 생산여부와 외부의 자본을 얼마나 많이 끌어들일 수 있느냐에 따라 판단된다. 따라서 대학(연구기관) 내 지식인 집단은 시장이나 국가로 대표되는 공공영역으로부터 자율적인 존재인 동시에, 한편으로는 이에 의해 고용되어 있다는 점에서 "학자(academics)"이자 "자본가(capitalists)"가 되었다(ibid, 8-13; 김승경 · 이나영, 2006).

18) 교육과학기술부는 2011년 9월에 4년제와 전문대를 합친 전체 평가대상 346개 대학 중 4년제 28개, 전문대 15개 등 43개 대학을 정부 재정지원 제한대학으로 지정했다. 이 중 상명대를 포함한 4년제 대학이 9개, 전문대 8개 등 17개 대학을 신입생 학자금 대출제한 대학으로 추가 공시했다. 정부는 '부실대학' 명단 발표가 수험생들의 해당 대학 지원을 억제해 구조조정을 촉진하는 효과로 이어지기를 기대하고 있다고 밝혔다(한국일보, 2011년 9월 5일). 또한 대통령이 직접 10개 교육대학의 총장들을 만나 구조조정의 필요성과 당위성을 피력하고 반발하는 대학들에는 '경고' 메시지를 준다는 말도 서슴지 않고 있다(서울신문, 2011년 10월 24일).

19) 이러한 논리는 소위 경쟁력 없는(생산성, 능률성이 떨어지는) 학과의 폐과를 정당화하는 기제로 사용되고 있다. 이에 따라 최근에는 학과 교수들의 논문편수(연구능력), 교수 1인당 학생 수, 취업률 등을 기준으로 한 학과와 학교평가가 상시화되고 이를 기반으로 하는 전국 대학평가 결과가 매년 각종 언론에 보도되고 있다. 재벌 언론들은 앞 다투어 개별적 평가기준을 개발하고 이를 토대로 대학들을 매년 평가하고 있는데 문제는 실제로 언론에 나타난 '순위'가 신입생들의 학교와 학과 선택에 영향을 미친다는 점이다.

Part 03

여성주의 교육 실천 현장

7

CHAPTER

성평등을 가르치는 교육, 그 시간과 공간

온 거리마다 '대~한민국'이 울려 퍼지고 월드컵 4강이라는 믿기 어려운 결과를 받아들고 한껏 들떠있던 2002년 여름 날, 한 일간지는 "축구 4강 한국 '여성권한척도'는 64국 중 61위"(한겨레, 2002. 7. 2.)라는 기사를 크게 실었다. 정신차려보니 이 시기는 여성주간(7. 1.~7. 7.)이었고, 이 기간에 맞추어 기사화된 세계 최하위권의 남녀평등지수로 인해 자성의 목소리가 실렸다. 여성부 출범 시기와 맞물려 2000년대 초반 이후 매년 발표되는 갖가지 성평등 관련 지표 지수의 등락은 매년 우리 사회에서 논란거리가 되었다.

1990년대 말 군가산점제 폐지, 2000년대 초반 여성부 출범, (여성에 대한) 적극적 조치 등 일련의 상황을 거치며 우리사회 구성원들은 '성평등'이라는 가치에 대해 각자의 의도와 무관하게 관심을 가질 수밖에 없게 되었는데, 그 결과 우리 사회 구성원들은 성평등이 이미 또는 거의 실현되었다고 생각하게 되었다. 그리고 이제는 오히려 여성의 지위가 더 높아졌다고 여기며 이에 근거하여 남성에 대한 역차별 담론이 자연스럽게 나오고 있다. '성차별이 아직 있어요?', '성평등 주제는 옛날이야기'라는 등의 분위기가 팽배한 사회적 분위기 속에서 성평등을 가르치는 교육이 어떻게 진행되고 있는지를 알아보자.

앞의 내용과 같은 세태가 반영된 것인지, 한국여성정책연구원에서 2008년 남성 483명을 대상으로 실시한 성평등 의식 조사 결과와 2014년 남성 1,500명 대상 조사를 비교한 결과, 연령 · 학력 · 혼인 · 소득수준 등 모든 변수를 고려해도 가정생활 · 직장생활 · 제도 및 정책 · 이성관계 · 사회문화 등 모든 영역에서 2014년 남성의 성평등 의식이 2008년 결과보다 떨어졌다고 한다(여성신문, 2015. 7. 27.). 이 외에도 청소년 91.7%가 '남녀 모두 동일한 권리를 가져야한다'고 응답했으나 '집안일은 누가 해야 하는가'라는 질문엔 60%만이 '공평하게 나눠야 한다', 나머지 29.9%는 '부인주도'로 집안일을 해야 한다거나(한겨레, 2014. 7. 10.), 대학생들 251명 대상 설문조사 결과, '제때 주먹 쓰는 남자가 멋있다'(동양일보, 2016. 3. 3.) 등 성평등의식의 지체현상이 낯설지 않을 뿐 아니라 이러한 현실에서 갈수록 확대 재생산되는 '여성혐오'는 어떻게 받아들여야 하는지 등 우리 사회는 아직도 성평등의식에 대해 나누어야 할 얘기가 많다. 사실 수치로 나타나는 성평등 관련 지수들보다는 성평등 이슈를 바라보는 우리 사회의 시선이 우리사회의 성평등의식을 보여 주는 바로미터가 아닌가 싶기도 하다.

이렇게 현실과 의식이 일치하지 않는 현실에서, 이 글은 이러한 성평등의식을 향상시키기 위한 교육인 '성평등교육'의 시작과 현재를 정리하기 위해 시도된 글이다. 우리나라의 성평등교육은 몇 가지 특징을 가지며 전개되었는데, 첫째, 1970년대 아카데미운동을 통해 주로 단체에서 '조직화된 여성'을 중심으로 소규모로 진행되던 '여성인간화교육'이 성평등교육의 초기 모형이라 볼 수 있다. 이는 1980년대 초반 '일반여성(주로 주부)', 직장여성 대상의 대중 교육 프로그램으로 확산된다.

둘째, 1980년대 이후 여러 폭력 사건들이 사회적으로 공분을 일으키면서 성폭력/가정폭력에 대한 상담을 중심으로 하는 일군의 여성운동단체들의 활동 기반이 확고해졌는데, 이들 단체에서는 성폭력/가정폭력상담원교육을 통해 대중과의 접점을 확대해나갔고 이를 통해 외연을 확대할 수 있었다. 성폭력/가정폭력상담원교육뿐 아니라 1980년대 이후 (사무직 등) 여성노동자들의 목소리가 모아지면서 직장여성 대상 교육프로그램이 다수 개설되기 시작했고, 이는 1990년대 성평등교육의 사상적 기반인 페미니즘의 대중화로 인해 각 단체 고유의 상설 기획강좌들이 더욱 증폭되는 시기를 맞게 되었다.

셋째, 2000년대 이후 여성부 설립, 여성운동단체 출신의 페모크라트 등장 등으로 인해 여성운동단체의 활동과 정부 기관의 활동 사이의 경계가 모호해지고 제도화의 길을 걸었는데, 이는 성평등교육의 실천현장에서도 '양성평등교육', '폭력예방교육' 등으로 제도화, 의무화되는 형태로 나타나 여성단체(NGO) 중심이던 교육주체가 정부와의 거버넌스를 통해 실행되는 상황이다. 이로 인해 상담원교육이나 폭력예방교육이 '진정한' 의미에서 여성주의를 공유하는 성평등교육인지에 대한 논란이 제기될 뿐 아니라, 이러한 교육 외에 성평등교육 관련 기획강좌를 개설함에 있어서도 재정자립도 등에서 어려움을 겪고 있는 많은 단체들에서는 정부 프로젝트 사업의 비중이 높은 편이다.

참고 **제도화**

제도화란 국가를 비롯한 여타의 조직들과의 관계에서 일상적이고 관례적인 상호작용이 이루어짐으로써 사회운동이 반복적이고 자기유지적인 과정으로 접어드는 현상이라 볼 수 있다.

출처: 신상숙(2008). p. 88.

이상과 같은 세 가지 시기적 구분을 통해 여성운동단체 및 관련기관들이 실시하는 성평등교육의 과거와 현재를 정리하면서 향후 과제와 전망을 살펴볼 것이다.

●●● '성평등교육'은 무엇일까?

우선 우리가 알고 있는 '성평등교육(feminist education, gender equality education)'은 무엇일까? 성평등교육, 양성평등교육, 여성주의교육, 성인지교육 등 다양한 명칭으로 불리는 이 교육들은 동일한 교육목적과 내용을 담보하고 있을까? 그렇다면 성평등교육의 개념 또는 범위는 무엇일까? 사실 여성학 강의를 가면 '성평등'의 개념보다는 그 필요성에 대한 설명으로 정해진 시간의 절반 이상을 배치하게 된다. 한편 성평등의 개념에 대해서 한마디로 정의하기 어렵기도 하다. 이 글을 준비하면서 새삼 알게 된 점은 사람마다, 심지어 여성단체나 관련 기관에 몸 담고 있는 사람들 간에도 성평등교육에 대한 인식 차가 크다는 것이다.

성평등의식향상을 위한 교육의 의미로 가장 일반적으로 사용되는 용어들은 '양성평등교육'과 '성평등교육'인데 현재 한국양성평등교육진흥원, 여성가족부, 지방자치단체 등 정부(출연)기관에서 시행되는 다양한 교육들 중 여성주의 개론 역할을 하는 교육을 지칭할 때 양성평등교육이라는 용어를 주로 사용하고 있다. 대부분의 선행연구에서는 양성평등교육을 의식교육이나 폭력예방교육, 성교육 들을 포함하는 넓은 의미로 사용하고 있고, 일부 연구(김선회 외, 2010; 홍선영 외, 2012)에서는 성평등교육을 넓은 개념으로 사용하기도 하고, 양성평등교육은 성평등을 가르치는 교육으로서 성평등교육의 하위개념으로 사용하고 있다는 의견도 있다(배유경, 2015).

필자가 보기에 위에서 언급한 개념상의 포함 관계를 떠나서, 여성주의를 표방하며 활동하는 여성(운동)단체들에서는 양성평등교육이라는 용어보다 성평등교육이라는 용어가 보다 더 일반화되어있는 것으로 보인다. 그 이유는 '양성'평등교육이라는 용어 속에 내재된 남성/여성의 젠더 이분법적 인식을 재생산하기보다는 젠더/섹슈얼리티가 교차하며 만들어내는 '성'차별을 드러내려는 의도적 프레임으로 볼 수 있겠다.[1] 이런 의미에서 이 글에서는 '성평등교육'이라는 용어를 주로 사용할 것이며, 성평등교육은 성평등 의식과 성평등 실현을 목적으로 하는 모든 교육으로 정의하며 양성평등교육, 성희롱, 성폭력, 가정폭력, 성매매예방교육 및 성교육을 포함(김선희 외, 2010)하는 개념으로 볼 것이다.

●●● '누가' 성평등교육을 실시하는가?

성평등교육을 시행하는 주체는 크게 정부주도형 기관, 비영리-민간주도형 단체 및 기관, 기업-민간주도형 기관 등으로 나눌 수 있다.[2] 성평등교육을 실시하는 것으로 보이는 정부주도형 기관은 한국양성평등교육진흥원, 한국여성인권진흥원 등 중앙 차원의 정부 출연 기관들과 재단 형태의 지역 여성가족개발원/연구원 등이 있고, 비영리-민간주도형 기관은 여성단체[3], 기업-민간주도형 기관은 대학 부설 사회교육기관, 언론기관 교육원, 각종 문화센터 등으로 분류할 수 있다.

그러나 실제로는 성평등교육기관을 범주화하는 작업이 간단하지 않다. 정부주도형 기관과 비영리-민간주도형 등의 영역이 젠더거버넌스 형식으로 결합되어 있는가 하면, 상담소 시설을 위탁받은 다양한 시민사회단체에서 여성 대상 교육프로그램을 실시하기도 하여 성평등교육인지를 구분하는 것이 어렵기 때문이다. 또한 여성인력개발센터, 여성회관, 여성센터, 대학 내 평생(사회)교육기관 등의 교육프로그램에 대해 여성주의 관점으로 분석한 다수의 연구에 의하면, 대부분의 프로그램 내용이 교양, 여가, 보살핌 등의 단순한 기능 과정에만 편중되어 있으며 직업능력교육에 있어서도 단기간의 과정에만 치중되어 있다거나(권인탁 외, 2013: 48), 여성인력개발센터의 프로그램들이 여성들에게 행복한 가정만을 상상하게 하거나 혹은 저임금의 여성적 역할 수행을 '정상화'하면서 직업과 결혼 그리고 저임금 노동에 대해 여성들이 갖는 갈등을 삭제한다는(나윤경, 2007: 145) 비판을 면치 못하고 있는 것이 현실이다. 기존 연구들의 결과에 의하면, 여성센터, 여성회관, 여성인력개발센터, 평생교육원 등의 프로그램이 직능교육 위주로 진행되는 경향이 있어[4] 성평등 실현이라는 목적과 거리가 있고 오히려 성별 고정관념 및 불평등을 재생산하고 있다는 한계들이 지적되고 있는 바(권인탁 외, 2013; 박성정, 2004; 이소정, 2006; 정미자, 2013) 성평등교육의 범주에 넣기에 한계가 있다고 판단된다. 그래서 이 글에서는 이 기관들의 프로그램은 논의하지 않고 정부주도형 중 일부 프로그램과 민간주도형 중 여성주의를 표방하며 활동하는 여성운동단체의 교육프로그램 중심으로 살펴볼 것이다.

참고 **젠더 거버넌스**

'젠더 거버넌스'는 성별과 관련된 "차별적 관계를 완화, 개선시키려는 목적으로 정책 네트워크를 통해 이루어지는 관련행위자들의 상호작용 및 관계구조"로 이해하거나(원숙연 · 박진경, 2006: 92), "기존의 민주적 거버넌스 개념에 성분석틀로 거버넌스를 재구조화함으로써 정부 중심의 성평등정책의 한계를 넘어, 제도와 정책에 대한 민간영역의 참여를 확대시킬 수 있는 개념"으로 간주된다(장영민 외, 2006: 119).

출처: 최유진(2014). p. 561.

●●● 성평등교육은 어떻게 발전했는가?

성평등교육의 태동, 여성인간화교육

여성 교육에 대한 금기를 깨기 시작한 일제 시기부터 이루어졌던 여성단체들의 교육활동은 해방 이후에도 다양한 여성사회교육기관들의 설립으로 이어져 여성 교육이 활발해졌다. 민간에서 설립한 여성단체/기관뿐 아니라, 정부에서 최초의 여성회관을 설립(1959)한 이후 이를 필두로 각 시도에 여성회관이, 1970년대 이후에는 대학 부설 사회교육기관의 설립이 줄을 이었다. 이어 1982년 사회교육법 제정으로 인해 국가정책적으로도 장려되어 1980년대 언론기관 문화센터, 도서관 등의 사회교육기관들이 더욱 성황을 이루게 되었고 이러한 상황에서 여성을 대상으로 하는 사회교육 또한 활발해졌다. 1980년대 초 여성단체, 여성회관, 기타 여성사회교육기관 등 총 96개 기관을 대상으로 한 실태조사에 따르면, 이 기관들은 1970년~1979년 사이에 가장 많이 설립되어 70년대 이후 여성사회교육이 본격적으로 활성화되기 시작하였음을 알 수 있다(권영자 외, 1984).

여성교육의 양적 증가에도 불구하고, 이 시기 여성사회교육은 경제발전을 우선시하는 정치, 사회적 상황과 맥락을 같이 하며 여성의 발전보다는 국가 경제를 부흥시키기 위한 인력자원으로서의 여성인력개발에 역점을 두는 취미 관련 일반 교양 프로그램이거나 단순 기술 습득 교육들이 많았다(〈표 7-1〉 참조).

▌표 7-1 ▌ 1980년대 초반 여성단체 교육 종류

구분	교육 종류
교양교육	**장기강좌:** 주부대학, 어머니대학, 규수학당, 여성학강좌, 여학사 재교육 **단기강좌:** 월례강좌, 화요강좌, 법률강좌, 국사강좌, 소비자교육, 자원봉사교육, 종교단체여성교육
기능 · 기술교육 (직업개발교육)	파출부, 요리사, 베이비시터, 환자 돕는 이, 피부관리사, 재봉기능사, 건축설계제도사, 표구사, 설계투시도, 도배사, 페인트사, 타일사, 귀금속교실, 정원사, 직업여성재교육, 미싱자수, 동양자수
취미교육	꽃꽂이, 분재, 테라리움, 염색, 사탕부케, 코사지, 매듭, 양초공예, 종이인형, 사진, 옷본, 등공예, 칠보, 바가지공예, 미용, 창작교실, 한글서예, 묵화, 가야금, 손뜨개, 스테인드그라스, 원예, 민속공예, 다도, 실내장식, 가죽공예, 조화
보건 · 체육교실	수영반, 테니스, 체조, 에어로빅댄스, 체력관리, 요가, 캠프, 등산, 고적답사, 민속춤, 미용체조, 보건강좌, 직장인체능교실, 자전거
기타	영어 · 일어 등의 어학교육

출처: 한정자(1984). p. 28.

〈표 7-1〉에서 보듯, 여성단체에서 개설한 다양한 프로그램들 중에 성평등교육이 속할만한 교양교육프로그램에서는 교양 및 일반생활 상식을 위한 강좌가 주를 이루고 있다. 1981년 보건사회부에 등록된 법인등록단체 중 52개 여성단체의 교육프로그램을 분석한 연구에 따르면, 장기적으로 실시되는 주부대학, 신부교육 등 7개 단체의 총 220개 강좌의 내용 중 교양 및 상식이 25.5%, 식생활에 관하여 10.9%, 여성의식 및 여성문제에 관한 강좌가 10%를 차지하는 것으로, 여성단체가 의식화교육을 담당해야 한다는 당위에 비추어볼 때 상당히 미약한 수준(한정자, 1984: 101)이라고 평가된다.

여성문제에 대한 의식화프로그램은 주로 여성운동단체에서 개설했는데, 대표적인 프로그램은 〈표 7-2〉에 정리해 보았다. 이들 교육프로그램은 대개 2~3개월 과정으로 주 1회~2회, 1회에 2시간씩 교육하는데 공통적인 특징은 그룹토의시간을 갖고 교육내용을 재확인하며 의식화한다는 점이었다(매일경제, 1982. 3. 16.).

▌표 7-2▌ 1980년대 여성단체의 주요 성평등의식교육프로그램(상설)

단체명	교육 프로그램명	세부 내용
대한여학사회	여학사교실	여성문제, 생활경제, 인간심리, 한국사, 가정법률, 동양철학 6개 주제를 과목당 6시간씩 강의와 2시간씩 그룹토의(매일경제, 1982. 3. 16.)
여성문제연구회	여성학강좌	여성의 행복과 해방, 모성과 문화, 남성해방+여성해방=인류해방, 家의 개념과 家의 변동, 親族관계 일반 및 친족의 형법상의 효과, 혼인 및 친자에 관한 법률, 민법 개정의 논란과 여성의 법적 지위, 소비자교육, 전통사회 여성의 재인식, 근대여성운동의 맥락, 여성과 가정교육 등 주제로 실시[5]
여성평우회	여성학교실	고졸사무직여성 대상. 직장여성들이 여성문제의 본질과 한국사회를 제대로 이해함으로써 직업관을 확립하고 민주시민으로서 보다 적극적이고 주체적인 삶을 살아가도록 하는 것이 목적(동아일보, 1984. 8. 20.)
한국여성유권자연맹	근로여성주부대학	직업여성을 위한 1박2일 교양교육 통해 여성공동체 시도. 올해는 보다 깊이 있는 주제연구를 위해 4주간의 일요일에 여성사/여성과정치/역사의 이해 등 의식화교육을 한 후 5주째는1박2일 숙박교육 실시(매일경제, 1982. 3. 16.)
여성의전화	여성학당	여성문제에 대한 인식을 심화시키고 자원봉사활동을 통해 여성의 자기실현 및 사회참여기회를 모색하기 위한 카운슬러교육을 좀 더 강화시킨 것. 여성학분야로 한국가족의 이해, 여성자질개발, 나는 누구인가, 가부장제문화와 여성, 여성문제의 본질, 새로운 여성문화를 위한 한국 사회와 여성문제 등 개설(매일경제, 1985. 8. 24.)
서울 YWCA의 화요강좌, 수요강좌, 한국가정법률상담소의 어머니학교 등		

1970년대 후반~1980년대 초반 시기는 기존의 가부장적 문화 속에서 성평등의식이 싹을 틔우는 시기, 즉 사회가 남녀의 지위, 여성의 현실 등을 '문제(problem)'라고 인식하기 시작한 시기였고, 그래서 성평등교육도 현 사회의 여성문제를 인식하게 하는 교육이 주를 이루었던 것으로 보인다.

이 시기 여성의식화교육의 산실 역할을 했던 곳 중 두드러진 단체는 '크리스찬아카데미'라 볼 수 있다. 크리스찬아카데미는 '여성 인간화'라는 목표 아래 여성중간집단교육의 일환으로 여성사회교육을 실시했는데[6], 이는 여성이라는 특수성에 입각해 무엇보다도 남녀 간의 양극화 해소에 초점을 맞출 것과 여성운동이 어느 한 계층만이 아닌 전체 여성의 이익을 대변할 수 있는 운동이 되어야 한다는 기본 인식 아래 진행되었으며(박인혜, 2011: 103-104 재인용), 1974년부터 1978년 말까지(1979년 아카데미 사건으로 중단) 여성중간집단교육을, 1979년 3월부터 주부아카데미, 기독교여성아카데미, 직장여성아카데미 등 아카데미라는 명칭이 붙은 교육프로그램과 여성지도력개발과정 등으로 대중여성 의식화와 조직화를 위한 교육을 실시하였다. 주부아카데미의 내용은 여성의 지위에 대한 문제제기를 기반으로 하여[7], 1970~1980년대 초반까지 총 2,000여 명이 참여한 대중교육이었다(박인혜, 2011: 103-104; 이재우, 1991: 17-18).

이와 같이 1980년대 주부 대상 프로그램들이 활성화되었던 배경에는 광범위하게 형성되기 시작한 도시중산층의 고등교육을 받은 '가정주부층'이 자신이 받은 교육의 결실을 사회생활에 활용하지 못하는 내적갈등의 문제를 여가활동, 즉 사회교육으로 해소하려는 동기가 있었다. 주부들 대부분은 이러한 교육 참여를 통해 능력 있는 현모양처가 되라는 사회적 기대에 부응하여 소비자와 어머니로서 가정에서 강조되는 여성의 책임과 역할을 충실히 수행하기도 했다.

그러나 한 강좌 안에서도 일반교양뿐 아니라 여성운동의 차원을 포함하는 주제들이 동시에 있어 교육내용 간 상충 및 지체현상을 보이고 있다는 지적처럼(김영숙, 1991: 27), 1980년대 여성단체 교육의 주제는 직업훈련과 일반 교양교육이 주를 이루고 있지만 다른 한 편에서는 대중적인 여성의식교육이 점차적으로 그 영역을 키워가면서 혼재되어 있었던 것으로 보인다.

주부층 중 일부는 여성단체의 의식교육을 통해 지체되고 있던 가부장적 가치와 변화된 사회 사이의 간극을 좁히고 일상생활의 평등을 도모하기도 했다(박인혜, 2011: 174-175 재인용). 이러한 의식 변화는 교육프로그램의 개설에도 영향을 미쳐, 1980년대 중반 일반교양을 다루던 서울YWCA의 '수요주부강좌'는 폐지된 반면 매일경제(1985. 8. 24) 직장여성문제를 특집으로 '여성취업의 현황과 문제', '여성의 직장의 의미', '직장에서의 성차별', '직업여성의 정신위생' 등이 개설되었고, 여성의 전화가 개설한 '여성학당'은 여성문제에 대한 인식을 심화시키고 자원봉사활동을 통해 여성의 자기실현 및 사회참여기회를 모색하기 위한 카운슬러 교육이 강화되고, 여성학분야로 '한국가족의 이해', '여성자질개발', '나는 누구인가', '가부장제문화와 여성', '여성문제의 본질', '새로운 여성문화를 위한 한국사회와 여성문제' 등이 개설되었다(매일경제, 1985. 8. 24.).

여성단체뿐 아니라 정부기관으로는 1983년 설립된 한국여성개발원(현, 한국여성정책연구원)에서 성평등을 주제로 대중교육프로그램들을 다수 개설했는데, 예를 들어 일일강좌, 토요강좌, 수요강좌 등 월 1회 강좌를 비롯하여 여성과 경제생활(주 1회, 6주), 유권자 과정(주 1회, 4주), 여성사(1박 2일, 2박 3일, 3박 4일), 평등한 부부(주 1회, 4주), 자기표현훈련(주 1회, 4주), 사회참여훈련(주 1회, 6주), 여성지도자과정(초급, 중급, 고급)(주 1회, 6주, 6주, 4주), 방송모니터링 교육과정, 취업준비 교육과정, 성교육과정, 결혼준비교육과정, 여성대학 등 다양한 영역에서 다수의 상설 교육을 개설하였다(김인순 외, 1995).

이상에서 본 바와 같이, 성평등교육의 태동기라 할 수 있는 1970년대부터 급증한 여성사회교육기관에서는 주로 일반교양 및 단순 기술습득 프로그램 들이 주를 이루었지만, 1970년대 중반 이후 '여성문제'를 인식하기 시작하면서 일부 여성단체 중심으로 '여학사교실', '여성학강좌', '여성학교실' 등의 이름으로 성평등의식 교육프로그램이 상설화되기 시작하였다. 특히 '여성인간화교육'이라는 목표 아래 활동했던 크리스찬아카데미의 주부아카데미, 직장여성아카데미 등은 여성의식화교육의 초창기에 중요한 밑거름 역할을 했다고 볼 수 있다.

성평등교육 활성화: 여성운동단체와 페미니즘 대중화

1980년대 후반부터 1990년대까지는 사회전반적인 민주화운동의 분위기에 동참하여 '진보적' 여성운동단체의 활동이 급성장한 시기이다. 1983년 여성의 전화, 1983 여성평우회, 1987년 여성민우회, 1987년 한국여성노동자회, 1991년 한국성폭력상담소 등 주로 성폭력/가정폭력문제/노동문제 상담과 이를 둘러싼 사회의 의식 개선을 위해 대중 의식교육을 주요사업으로 삼는 여성운동단체들의 조직화가 활성화되고 이들은 대중운동을 표방하며 여성운동의 새로운 방향성을 제시했다. 이렇게 여성주의를 표방한 단체들에서 1980년대 후반부터 1990년대 중반까지 개설한 성평등교육 프로그램은 대략 다음과 같다.

▮표 7-3▮ 성평등교육 프로그램(상설)[8)]

단체명	프로그램명
거창여성회	여성학당(90), 상담원교육
경남여성회	민주여성학교(86), 직장여성교실, 예비신부교실(93)
기독여민회	일하며 배우며(어머니교실)
광주전남여성회	대중교양강좌(월-기타, 수-여성강좌, 목-풍물, 금-탈춤)
대구여성회	여성학교(87), 주민자치지기단교육(93), 직장여성학교
부산여성회	여성학교(90)
대전충남여민회	직장여성학교, 상담원교육
서울여성노동자회	주부대학
서울YWCA	직장여성대학
수원여민회	여성학교실(88)
수원여성회	금요여성교실
여성신문 교육문화원	여성학교육과정
인천여성노동자회	젊은 남녀를 위한 교양강좌 '성,연애,결혼'
전북민주여성회	여성학교(89), 직장여성교실
제주여민회	직장여성교실(91)
충남여민회	여성학강좌, 직장여성학교
충북여성민우회	주부교실(93)
한국여성민우회	민우여성학교, 직장여성교실, 매스미디어모니터교육(91)
한국여성사회교육원	여성학강좌
한국여성의전화	여성상담자교육, 직장여성학교(87), 미혼남녀교육(95)
한국여성연구회	여성학특강(92)
또하나의문화	주부공부방

출처: 민주여성(한국여성단체연합, 1987~1995). 당시 신문기사들.

〈표 7-3〉에서 본 바와 같이, 경남여성회, 대구여성회, 대전충남여민회, 서울 YWCA, 전북민주여성회 등 많은 단체에서 '직장여성학교' 등의 이름을 내걸고 직장 여성 대상 프로그램들을 많이 개설했는데, 70년대 생산직 여성 주축으로 여성노동운동이 활발했던 것이 80년대 산업구조의 변화와 함께 사무직 여성들의 조직활동으로 확장되었음을 추측할 수 있다.

또한, 상담원교육이 다수 포함되어 있는 것은 1990년대 성폭력, 가정폭력 문제가 사회적으로 이슈화되면서 이에 등에 대한 상담과 이를 위한 상담원 교육이 여성운동단체의 대표적인 사업방식이었음을(박인혜, 2011: 268) 보여 준다. 한국여성의 전화의 경우 1983년 설립 시기부터 '여성상담학교'[9]를 열었는데, 여성상담학교의 목적은 여성학 이론과 여성상담이론으로 여성을 의식화시키고 상담원을 육성해 상담활동을 하게 하는 것으로 1회 상담원교육부터 여성학과 상담이론을 절반씩 배치하였고[10] 매 강좌마다 분반토론을 필수로 하여 상담원 스스로의 자기성장과 변화를 동반토록 했으며 여성주의 상담이 곧 여성운동이라는 관점에서 상담원교육을 실시한다고 밝히고 있다(한국여성의전화 홈페이지).

한국성폭력상담소도 1991년 개소하면서부터 성폭력상담원교육을 실시하고 있으며, 특이점은 상담원예비교육으로 여성학교육을 실시한 후 본상담원교육을 실시하고 상담원교육을 수료한 자 대상으로 실습교육을 개설했다는 것이다.

이러한 상담소 설립의 증가와 더불어 성폭력상담원교육의 기회가 많아졌고, 사회 전반적으로 섹슈얼리티 담론이 증가하면서 '성'에 대한 관심도 많아져, 자녀 성교육을 위한 여성 대상 교육이나 '여성의 성'[11]에 대한 내용이 많아졌다는 것은 상담원교육의 시너지효과로도 볼 수 있다. 이렇듯, 상담원교육은 성/가정폭력에 대한 상담전문가 양성이라는 목적을 넘어, 상담에 필요한 성평등의식 관련 주제를 자연스럽게 녹아들게 함으로써 우리나라 성평등교육을 더욱 대중화되고 확산시키는 역할을 하였다고 평가할 수 있다.

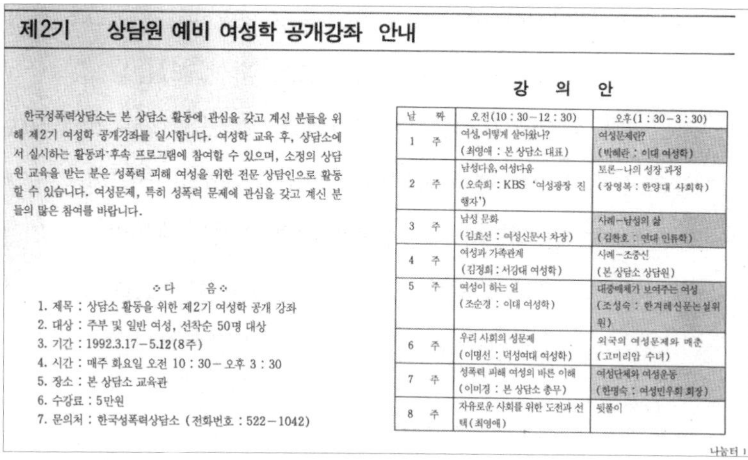

제2기 상담원 예비 여성학 공개강좌 안내

한국성폭력상담소는 본 상담소 활동에 관심을 갖고 계신 분들을 위해 제2기 여성학 공개강좌를 실시합니다. 여성학 교육 후, 상담소에서 실시하는 활동과·후속 프로그램에 참여할 수 있으며, 소정의 상담원 교육을 받는 분은 성폭력 피해 여성을 위한 전문 상담인으로 활동할 수 있습니다. 여성문제, 특히 성폭력 문제에 관심을 갖고 계신 분들의 많은 참여를 바랍니다.

◇다 음◇

1. 제목 : 상담소 활동을 위한 제2기 여성학 공개 강좌
2. 대상 : 주부 및 일반 여성, 선착순 50명 대상
3. 기간 : 1992.3.17－5.12(8주)
4. 시간 : 매주 화요일 오전 10 : 30－오후 3 : 30
5. 장소 : 본 상담소 교육관
6. 수강료 : 5만원
7. 문의처 : 한국성폭력상담소 (전화번호 : 522－1042)

강 의 안

날 짜	오전(10 : 30－12 : 30)	오후(1 : 30－3 : 30)
1 주	여성, 어떻게 살아왔나? (최영애 : 본 상담소 대표)	여성문제란? (박혜란 : 이대 여성학)
2 주	남성다움, 여성다움 (오숙희 : KBS '여성광장 진행자')	토론－나의 성장 과정 (장영복 : 한양대 사회학)
3 주	남성 문화 (김효선 : 여성신문사 차장)	사례－남성의 삶 (김찬호 : 연대 인류학)
4 주	여성과 가족관계 (김정희 : 서강대 여성학)	사례－조중신 (본 상담소 상담원)
5 주	여성이 하는 일 (조순경 : 이대 여성학)	대중매체가 보여주는 여성 (조성숙 : 한겨레신문논설위원)
6 주	우리 사회의 성문제 (이명선 : 덕성여대 여성학)	외국의 여성문제와 매춘 (고미리암 수녀)
7 주	성폭력 피해 여성의 바른 이해 (이미경 : 본 상담소 총무)	여성단체와 여성운동 (한명숙 : 여성민우회 회장)
8 주	자유로운 사회를 위한 도전과 선택(최영애)	뒷풀이

나눔터 11

▲ 한국성폭력상담소 상담원교육 예비여성학강좌
출처: 성폭력상담소 소식지 나눔터(1992. 3.). 3호

또한 1990년대에는 문화산업영역을 위시하여 전 사회적으로 '페미니즘'이 대중화되기 시작하였고 이 시기에는 '페미니즘'이라는 수식어를 붙이면 '더 잘 팔리는' 시기였다.

이날 강의는 서울보건전문대학 여자교수들이 학교와 지역사회와의 벽을 허물고 문화교육시설이 거의 없는 성남지역의 주부들에게 교육기회를 만들어주고자 마련된 것으로 지난해에 이어 올해 여름방학에 두 번째로 개설되었다. 이 지역사회 여성대학은 5일 과정으로 한국문학과 여성주의, 부정불량식품의 근절대책, 한국전래 식생활의 특성, 디자인과 생활, 활력증후란 무엇인가 등 일상생활과 밀접하고 주부들이 꼭 알아야 할 내용을 담고 있다(동아일보, 1992. 6. 30.).

한국문화재보호재단에서 미혼여성대상으로 제16기 신부학교는 (중략) 교육내용은 생활예절, 전통음식실습, 결혼과 성, 생활법률, 여성학, 자녀교육문제 등 (후략) (한겨레, 1995. 8. 27.).

위 기사들을 보면, 전체 커리큘럼 내용으로 봤을 때는 성평등교육의 목표로 기획

된 것은 아닌 것으로 보이지만 여성 대상 교육을 기획할 때 프로그램 내에 '여성주의' 주제를 넣었음을 볼 때 페미니즘이 대중적으로 확산되었음을 짐작할 수 있다.

1970년대부터 일부 여성운동단체에서 실시되던 성평등교육은 1980년대 중후반 여성운동단체들의 설립과 1990년대 페미니즘 사조의 대중화로 인해 더욱 성행하게 되었다. 여성운동단체는 법 제도의 제 · 개정을 위한 대정부 운동방식 못지않게 대중과의 소통을 활발하게 시작하며 의식 개선을 위한 교육을 중요한 운동방식으로 실천하였고 특히 상담소를 운영하는 단체를 중심으로 상담원교육을 상설화하여 성평등교육이 확산되었다.

●•• 다양화, 제도화된 성평등교육

성평등교육프로그램의 유형 및 주체

이제 성평등교육은 다양한 이름으로 셀 수 없이 많은 교육현장에서 실시되고 있으며 교육 주체 또한 정부기관, 여성단체, 민관협력, 그리고 개별강사에 이르기까지 매우 복잡하고 다양하다. 정부출연기관 등을 포함한 공공부문 대상의 성평등교육에서는 2003년 설립된 한국양성평등교육진흥원이 중심적인 역할을 담당하고 있으며 지방자치단체마다 성평등사회 실현 등을 목적으로 활동하는 정부출연기관이 (주로) 재단형식으로 설립되어 있고 이 기관들에서 성평등교육을 실시하기도 한다. 예를 들어, 매년 '부산여성리더양성과정', '양성평등교육강사과정' 등을 운영하고 있는 (재)부산여성가족개발원의 경우, 이 기관이 표방하는 미션은 '성평등사회 실현과 건강한 가정 구현에 기여'하는 것으로 이를 위해 ① 여성 · 가족 · 보육 · 저출산 · 아동 · 청소년 관련 정책개발, ② 양성평등 및 가족역량강화를 위한 프로그램 개발 · 운영 · 보급, ③ 여성인력개발 및 경제활동지원을 위한 프로그램 개발 · 운영 · 보급, ④ 여성의 사회참여 활성화를 위한 사업, ⑤ 국내 · 외 여성교류 및 단체활동 활성화 지원사업, ⑥ 여성 · 가족관련기관 · 단체의 기능강화를 위한 지원사업, ⑦ 여성 · 가족관련 정보의 생산 및 제공, ⑧ 목적사업과 관련하여 부산광역시로부터 위탁받은 사업 등을 목적사업으로 수행한다고 명시되어 있다(부산여성가족개발원 홈페이지 참조).

민간영역에서는 여성단체와 기타 사회교육기관이 다양한 성평등교육프로그램을 운영하고 관련 강사를 양성하고 있으며, 이들 기관이 독자적으로(정부 지원금을 받지 않고) 강좌를 운영하는 경우도 있고, 지원금 사업이나 위탁사업 등 공공부문과 젠더 거버넌스 형식을 유지하며 강좌를 운영하는 경우가 많아 교육사업에 있어서 공공과 민간을 엄밀하게 구분하기 어려울 정도로 상호협력관계를 유지하고 있다. 이러한 점을 감안하여 현재 진행되고 있는 성평등교육 프로그램의 유형을 정리해 보면 〈표 7-4〉와 같다.

표 7-4 성평등교육프로그램 유형

유형	내 용	주 교육주체
전문상담원교육	성폭력·가정폭력 전문상담원 등	여성단체
성교육강사양성과정	성교육강사양성, 전문강사양성과정 (성폭력, 가정폭력, 성매매, 성희롱 예방 등)	여성단체, 한국양성평등교육진흥원, 지역 여성재단/개발원
폭력예방교육	(찾아가는) 성폭력, 가정폭력예방교육	여성단체 + 한국양성평등교육진흥원
정책 및 정치의식 관련교육	정책 및 의회 모니터링, 성별영향평가분석 관련 교육 등	여성단체, 한국양성평등교육진흥원, 지역 여성재단/개발원
기획강좌	여성학교육, 리더십교육, 부모교육, 인문학교육 등	여성단체, 지역 여성재단/개발원

현재 진행되고 있는 성평등교육프로그램을 크게 성교육강사양성과정, 전문상담원교육, 찾아가는 폭력예방교육, 기획강좌 등으로 나누어 보았다. 이 중 전문상담원교육은 정부로부터 위탁받은 상담시설(여성단체가 다수)에서 그 운영지침에 따라 개설하고 있고, 성교육강사양성과정은 주로 여성단체들이 독자적으로 개설하거나 정부

로부터 성문화센터를 위탁받은 단체에서 개설하기도 한다. 찾아가는 폭력예방교육은 2013년 여성가족부에서 폭력예방의 원년을 선포하며 시작되었는데 각 지역마다 지역지원기관이 있고 이를 한국양성평등교육진흥원이 총괄 관리하고 있다. 정책 및 정치의식교육은 여성단체 연대체 또는 여성정치영역으로 특화된 단체들에서 주로 기획하거나 선거철이 가까워지면 증가하는 주제이기도 하다. 실제 입후보자 대상 교육이나 정책제안 관련 활동은 수도권에서 많은 반면, 지역에서는 지역 (여성)정책에 대한 모니터링이나 성별예산분석 등의 형태로 이루어지는 경향이 있다. 기획강좌는 여성단체가 독자적으로 기획해서 실시하는데, 주로 외부지원금사업으로 진행되는 경우가 많으며 외부지원금을 받지 않고 개설하는 경우도 있다.

전문가 양성과정으로서의 성평등교육: 상담원교육 및 강사양성교육

성평등교육을 실시해 온 여성단체에서 가장 폭넓게 실시해 온 교육은 상담원교육과 성교육강사양성과정교육인데, 이 절에서는 이들 교육의 흐름과 변화양상에 대해 살펴보기로 한다.

상담원교육은 1980년대 후반 이후 사적인 일이라고 치부되던 성폭력 및 가정폭력을 사회적 이슈로 공론화시키며 운동해 온 여성운동단체들에게는 단체의 정체성을 드러내는 면에서나 회원 조직화라는 측면에서 의미 있는 운동방식 중의 하나로 여겨진다. 주로 상담소를 운영하는 단체에서 성폭력상담원교육과 가정폭력상담원교육의 이름으로 개설되는데, 1994년 '성폭력방지법' 시행 이후 성폭력상담소 운영에 대한 허가를 받기 위해 법이 정한 기준을 통과해야 했고, 이 과정에서 교육 내용, 교육 자격 등 상담원교육 관련 내용도 제도화되었다.[12]

제도화 이후의 상담원교육은 법적 요건에 맞는 상담전문가 양성이 우선 목적이기 때문에 교육내용에서 여성학/여성운동 강좌 비중이 점차 줄어들고 상담관련강좌가 주류를 이루게 되었는데, 실제로, 한국여성의전화 상담원교육 커리큘럼 변화과정을 분석한 표에 의하면 1990년대 초반 여성운동 · 여성문제강좌와 상담관련 강좌가 각

각 반반씩 비중을 차지했거나 오히려 50%를 밑돌던 상담관련 강좌가 점차 비중이 늘어나 2000년에는 상담관련 강좌의 비율이 확연히 높아진 것을 알 수 있다. 이에 박인혜는 '상담자의 여성문제 의식에는 학력, 직업, 연령에 따른 요인보다 각 기관 내의 상담자 교육프로그램이 큰 영향을 미친다'(고명숙, 1999; 박진아, 2000 재인용)는 이전 연구결과를 덧붙이며, 상담 관련 내용이 증가하는 만큼 여성주의 내용이 줄어들어 여성주의 상담의 원리를 충분히 체화시키기 어렵다고 지적했다(박인혜, 2011: 382).[13]

▌표 7-5▐ 상담원교육 커리큘럼 비율(한국여성의전화, 1990~2000) (단위: 년/%)

연도	정체성 강좌	여성운동강좌	여성문제강좌	상담관련 강좌
1990	0	25	25	50
1992	7.1	0	50	42.9
1993	11.1	0	55.6	33.3
1993	12.5	0	41.7	45.8
1994a	5.6	11.1	22.2	61.1
1994b	13.1	4.2	13.1	69.9
1995a	15.4	0	38.5	46.1
1995b	6.7	0	16.6	76.7
1997	11.1	5.6	22.2	61.1
1999	0	7.7	38.5	53.4
2000	0	0	26.7	73.3

a: 위탁교육, b: 자체교육
출처: 박인혜(2011). p. 380.

성교육전문강사양성과정은 성폭력·가정폭력전문상담원교육처럼 정부의 운영지침을 따르기보다는 단체별로 프로그램을 기획하고 있는데, 성교육강사양성과정에서 다루는 주요 교육내용의 1순위는 섹슈얼리티 이해(43.2%), 인권과 젠더이슈(24.3%), 성평등강사로서의 자세(16.2%) 순이었다(김선희 외, 2010). 경기지역의 성평등교육강사 양성과정을 운영하는 기관에 대한 연구에 의하면 성평등교육 관련 분야 교육을 운영하는 기관의 대부분이 성교육과정을 운영하고 있으며, 이는 성평등교육의 주요 수요가 학교, 학생들이라는 사실을 확인한 것이라고 지적했다(김선희 외, 2010: 46). 초 · 중 · 고등학교 학생들의 성(평등)교육기관으로서 큰 역할을 담당하고 있는 곳은 청소년성문화센터로, 센터의 특성에 따라 초 · 중 · 고등학교 학생 뿐 아니라 유치원 이하와 학부모, 교사를 위한 교육프로그램도 운영 중이다. 성문화센터는 성교육 뿐 아니라 다양한 성평등교육프로그램을 운영하고 있는데, 성교육의 기본이념에도 젠더감수성이나, 인권, 평화감수성, 평등 개념이 포함되어 있는 등 실제 교육현장에서는 성교육과 성평등교육이 분리하기 어렵다고 지적한다(배유경, 2015: 69).

오늘날 폭력예방교육이 확대되면서 성교육강사과정이 폭력예방교육강사 양성과정으로 이름이 변경된 경우도 많지만(배유경, 2015: 141), 의무화 또는 제도화의 영역에 있는 성폭력 · 가정폭력 · 성매매 등의 폭력예방교육강사 양성교육은 주로 한국양성평등교육진흥원(이하 양평원)[14)]에서, 성교육강사양성과정은 주로 여성단체 또는 성문화센터에서 진행하는 것으로 나누어진 것처럼 보이기도 한다. 그리고 각 교육의 수요처, 특히 의무교육을 실시해야 하는 공공기관의 경우 교육실적 입력 시 가점을 주는 양평원 소속의 '전문강사'를 원하는 등 수요가 증가하는 경향이 있어 양평원의 전문강사 양성과정에의 교육참가자는 더욱 증가할 것으로 보인다.

이렇게 여성단체가 정부 사업을 위탁받기도 하는 만큼, 정부기관에서도 여성단체가 주로 하던 교육프로그램들을 상설화하면서 수요자 입장에서 볼 때 교육 선택의 폭이 넓어진다는 측면에서 긍정적인 지점이 있겠다. 다만, 초창기 강사양성과정을 시작하였던 많은 여성단체들이 지역사회 성평등의식 확산 차원에서 성평등의식교육을 시작하게 되었듯이 성평등교육을 여성운동의 차원으로 보려는 경향이 아직도 많이 남아있는데(김선희 외, 2010: 65-66), 전문상담원교육이나 강사양성교육과 같이 자격증 또는 수료증을 취득하는 교육은 교육참가자가 사회복지사이거나 상담관련 분야에서 활동하는 사람이 대부분이고 이 경우에 중소도시로 갈수록 주부의 비율이 증가하는 특성이 있고(배유경, 2015: 123), 이들이 이전에는 상담원 교육을 받고 상담소에서 활동하려는 사람들이 많았다면 최근에는 여러 가지 자격증을 따는 추세에 따라 자격증의 하나로서 상담원교육을 수료하는 경향이 있다거나(이미정 외, 2010:

100), 경력단절 고학력여성들의 새로운 일자리 분야로 성평등교육 전문강사라는 직업에 대한 관심이 높아지면서 강사양성과정을 여성들에게 일자리를 제공할 수 있는 수단으로 보는 경향도 강해지고 있어(김선희 외, 2010: 65) 향후 상담원교육과 강사양성과정의 내용과 방향에 대한 고민이 필요한 것으로 보인다. 상담원 교육의 제도화를 포함하여 이러한 지점들은 현재의 상담원교육이 성평등교육으로서의 역할을 하고 있는지에 대한 인식 차이를 만들어 내기도 한다.

기획강좌

강사양성과정, 상담원교육과정 외에도 '여성주의'를 표방하거나, 혹은 '여성주의'의 혼종성을 드러내며 참신한 기획강좌들이 열리기도 한다. '매년 가장 많은 여성주의 강좌를 여는 곳으로 알려진'(여성신문, 2010. 1. 22.) 여성문화이론연구소(이하 여이연)가 그중 하나이다. 1997년 만들어진 여이연은 '여성들의 역사를 다시 쓰고 대안문화를 만들며 여성주의적 시각에서 새로운 시대의 이론적 패러다임을 만들어보려는 목적으로 만들어진 여성연구자들의 모임'(여이연 홈페이지)이다. 여이연에서는 1998년부터 현재까지 분기별로 연 4회 정기강좌를 개최하고, 수시로 이론가나 이슈 중심으로 강좌를 열기도 한다. 2009년에는 무료강좌인 '시대난독'을 열기도 했고, 군가산점제 부활, 간통죄, 성노동 등 사회적인 이슈들에 대한 공론화역할도 함께하고 있다. 대중들이 다가가기엔 다소 어려운 강좌라는 평가가 있기는 하지만 여성주의 교육프로그램의 역사에 있어 중요한 의미를 지니는 장소라고 볼 수 있다.

'민우여성학교'라는 브랜드로 1980년대 후반부터 꾸준히 성평등교육을 실시해 온 한국여성민우회도 세 가지 유형의 교육프로그램이 있는데(한국여성민우회 홈페이지 참조), 우선, 매해 새로운 주제와 기획으로 마련되는 기획강좌로 2011년 시작된 '열독(熱讀)(열심히 읽다)' 프로그램은 여성학 고전을 함께 읽기도 하고, '나를 매혹시킨' 여성학자, 철학자 등을 시리즈로 구성하기도 한다. 두 번째는 성폭력전문상담원교육, 성교육강사양성교육, 여성노동상담원 교육 등의 정기교육이고, 세 번째는 여성노동,

여성건강, 성폭력, 미디어 등 주제별 강사뱅크 운영을 통한 찾아가는 교육인데, 예를 들어 2009년에는 '대학 내 찾아가는 여성학강좌'라는 제목으로 '연애'를 주제로 하여 일상과 밀접한 여성학을 대학 내에 확산시키려는 의도로 강좌를 열기도 했다(여성신문, 2009. 9. 3.).

한국성폭력상담소와 한국여성의전화는 주로 상담원교육과 폭력예방교육강사 양성교육 중심으로 교육을 실시하기는 하지만, 이 뿐 아니라 한국성폭력상담소는 2010년부터 '성폭력 피해자와 함께 살아가기 위한 젠더 감수성교육 시민강좌' 등을 비롯해 성폭력을 둘러싼 다양한 강좌들을 열고 있고, 한국여성의전화 또한 여성정치학교, 즐거운 데이트를 위한 연애강좌, 나이듦교육을 비롯하여 최근 '여성주의 집중 아카데미 2015 뜨거운 시선'이라는 교육프로그램을 세계여성폭력추방 주간에 맞춰 열고 있다.

부산지역의 경우, 단체명에서부터 교육을 주 목적사업으로 하고 있음을 알 수 있는 (사)부산여성사회교육원은 지역에서 '여성주의'를 표방하며 여성학 교재를 출판하고 여성주의 강좌를 끊임없이 기획 · 실천하고 있는 단체 중 하나이다. 매년 몇 차례의 '토론난장'을 통해 연금개혁, 낙태 등 논란이 되는 이슈에 대해 참가자들이 말 그대로 난장을 벌이는 방식으로 토론을 하고 여성주의 시각으로 재해석을 시도한다거나 여성주의 입문과정(HAPPY 스쿨: Happiness At Feminism Yard school, 2014)나 여성주의 중급과정(페미니즘 D.I.Y.(do-it-yourself) 교실, 2015) 등을 통해 여성주의 교육의 대중화를 위해 노력하고 있다. 또한 부산지역 여성단체의 연대체 중 하나인 부산여성단체연합은 2014년부터 매년 '여성인권대학'을 개최하고 있는데 그중 '제2회 여성인권대학'의 내용은 다음과 같다(〈표 7-7〉 참조).

표 7-6 2015 여성주의 중급과정 "페미니즘 D.I.Y.(do-it-yourself) 교실"

1차	5/28	1강 판옵티콘에 갇힌 여성: 외모의 힘	정슬아
	6/4	2강 섹슈얼리티: 몸의 욕망	구명숙
	6/11	3강 여성의 신체거래 1: 성매매	정경숙
	6/18	4강 여성의 신체거래 2: 난자매매, 대리모	김경례

2차	6/25	1강 결혼은 누구의 이익일까?	조주은
	7/2	2강 누가 아이를 낳는가/낳을 수 있는가	이기숙
	7/9	3강 싱글여성은 독신세를 내야하나	김혜정
	7/16	4강 동거가 합법화되면 결혼제도는 사라질까	조은주

표 7-7 부산여성단체연합 제2회 여성인권대학(2015) "나는 당사자다"

회기	제목	강사	
1	세상의 중심에서 '여성주의'를 외치다	이나영	중앙대학교 사회학과 교수
2	내 인생은 군대였다	피우진	예비역 중령 ≪여군은 초콜릿을 좋아하지 않는다≫ 저자
3	미군 위안부 기지촌의 숨겨진 진실	김현선	≪미군 위안부 기지촌의 숨겨진 진실≫ 엮은이
4	인권: 삶의 총체성과 취약성의 응답	오정진	부산대학교 법학전문대학원 교수
5	트랜스젠더리즘과 그들의 삶	김비	트랜스젠더 소설가 ≪네 머리에 꽃을 달아라≫ 저자
6	당사자에게 듣는 성매매이야기	봄날	여성인권지원센터 살림 활동가
7	여성장애인	유영희	(사)한국여성장애인연합 상임대표
8	장그래와 나	김소연	전 금속노조 기륭전자 분 회장
9	나, 여성정치인	배재정	새정치민주연합 국회의원
10	'색'과 '계' 사이: 여자, 성적 욕망을 말하다	김현경	이화여자대학교 한국여성연구원 기획 연구위원

이외에도 선행 연구나 기사를 중심으로 살펴보면, 춘천여성민우회 '민우새내기여성학강좌', 원주여성민우회가 '2011 민우여성학교-자녀교육과 여성의 불안과 우울, 분노 등을 여성주의로 읽어 보는 강좌' 등 지역에서도 여성민우학교는 지속되고 있으며, 경기여성연대의 1999 초등학생을 위한 폭력예방프로그램 및 부모교육, 여성정치참여 확대를 위한 여성정치지도자 육성 프로그램 '여성이 만드는 삶의 정치'(2000~2005), 인천여성단체협의회의 '여성자치학교', 충북여성발전센터의 '여성학아카데미'(2013~2015), 충북생활정치연대의 '여성주의 학교', BPW 청주클럽의 '차세대 젠더리더십강좌', 광주여성재단의 '여성주의와 인문학의 조우' (2012~2015), (사)

전북여성단체연합의 '여성시민강좌'(2011), 울산시민연대가 진행하는 '여성인문학'(2009, 2011), 대구여성회 '2015 페미니즘의 눈으로 세상보기' 등 지역에서도 꾸준히 성평등교육이 진행되고 있다. 인문학과의 교차, '여성주의' 학교/대학/아카데미 등의 콘셉트가 많이 보이는데, 여성운동단체와 여성주의 사상 및 이론이 연결되어 긍정적으로 보인다.

전 국민 대상의 폭력예방교육

직장 내 성희롱예방교육의 의무화가 법적으로 명시된 1999년 이후, 2008년 공공기관 성매매예방교육, 2013년 청소년 대상 성폭력예방교육, 2014년 초중고 대상 가정폭력예방교육 등의 의무화가 법적으로 근거를 갖게 되었다(배유경, 2015: 90). 나아가, 성폭력, 가정폭력 등 4대악 근절을 내세운 정부 시책에 맞춰 여성가족부는 2013년을 성폭력예방교육의 원년으로 선포하면서 지역소상공인, 통 · 반장, 학부모, 사회복지시설 종사자, 택시 · 버스 기사, 민간기업 종사자 등 전 국민을 대상으로 '찾아가는 성폭력예방교육'을 시작했고 2014년부터는 가정폭력예방교육을 포함하여 '찾아가는 폭력예방교육'사업을 실시하고 있으며, 최근에는 지방자치단체들도 폭력예방교육을 실시하고 있다. 2000년대 초반 여성부/한국여성가족개발원에서 활동가 및 전공자 대상으로 양성평등의식교육강사, 성희롱예방교육강사를 양성 및 위촉하고, 공무원 대상으로 양성평등교육을 실시하던 것에서, 2010년대 초반에는 폭력예방교육의 전문성을 강화하고 폭력예방교육 전문강사를 양성 및 관리하기 위해 양평원 직제에 폭력예방교육부를 신설(2014. 5. 1.)하여 체계적으로 관리하기에 이른 것이다.

찾아가는 폭력예방교육사업의 경우, 양평원에서 중앙지원기관의 역할을 맡아 지역의 폭력예방교육 지역지원기관[15]에서 함께 파트너로 참여하고 있으며 의무대상이 아닌 20명 이상의 시민이 신청서를 작성하면 무료로 강의를 지원하고 있다.

이상에서 보는 바와 같이, 1990년대 후반 상담소의 제도화를 시작으로 여성단체의 제도화, 2003년 양성평등 교육과 진흥 업무를 수행하기 위해 여성가족부 산하에 설립된 양평원 교육프로그램의 활성화 등으로 인해 성평등교육 프로그램은 교육주체와 영역에서 다양성을 보여 주고 있다. 특히 교육주체에서는 현재의 젠더거버넌스를 보여 주듯 동일한 교육주제라 하더라도 민과 관이 혼재를 이루고 있고, 각 지역의 여성단체들은 각자의 방식으로 끊임없이 다양한 교육프로그램들을 시도하고 있다.

●•• 성평등교육: 현실과 상상력이 공존하는 공간으로

유행처럼 어디에나 페미니즘을 이름 붙이던 시기를 지나, 이제 성평등교육은 페미니즘에 대한 사회적 편견으로 인해 '여성주의'나 '페미니즘', '평등' 등이라는 용어를 명시적으로 드러내어야 하는가, 이면에 숨겨야 하는가 하는 전략적 고민을 하고 있는 현실에 처해 있다. 성평등교육을 진행하는 강사들이 가장 힘들어하는 부분 역시 페미니즘에 대한 편견이나 '역차별' 논란이 사회 전반적으로 퍼져있는 점에 있고, 이러한 교육 내용 테두리 밖의 고민으로 인해 재미있는 교육에 중점을 두어야 할지, 의미 있는 교육에 중점을 두어야 할지의 경계에서 고민하기도 한다.

성평등 관련 법 · 제도는 선진국 수준이라지만, 우리 사회의 구성원은 아직도 '성평등'이라는 것에 대해 피상적으로만 합의하고 있어 소통이 더 필요하다는 것을 보여준다. 그래서 성평등교육은 지속되어야 하고 지속될 것이다. 이런 시점에서 지금까지의 성평등교육을 성찰하고 향후 전망을 모색해보는 것은 의미 있는데, 다양한 지점이 있지만 그중 세 가지 정도 언급하고자 한다.

우선, 교육대상의 측면에서 보면, 지금까지의 성평등교육은 주부 대상으로 시작하여 직장여성, 학부모(주로 '모') 등 최근에는 여성을 명시하지는 않지만 대부분 여성이 주 교육대상이다. 이는 현실적으로 주로 남성은 경제활동을 하고 있고 여성은 비경제활동을 하는 것으로 인식되어 상대적으로 교육을 받을 수 있는 시간이 많을 것이라는 추정에 기반한 기획 단계에 원인이 있기도 하고, 여성의 의식이 바뀌어야 가정 내 평등문화, 예를 들어 육아 시 평등문화 조성 등을 통해 나아가 사회가 변화될 수 있다는 70년대 방식이 이어져 온 것으로도 볼 수 있다. 그러나 이 또한 성별에 대한 고정관념을 전제한 기획방식으로 볼 수 있는데, 이제 여성의 경제활동참가율도 증가하였고 여성의 의식만이 바뀌는 것보다 남녀의 의식이 함께 바뀌어야 한다는 인식이 퍼져있는 상황에서 성평등교육의 대상은 다양해질 필요가 있고 이를 넘치도록 드러내야 할 필요가 있다. 특히, 남성들은 상대적으로 더욱 성평등교육에 대해 불편해할 것이라는 고정관념 또한 있는데, 당연한 얘기이지만 이는 경험으로 보아도 성별에 따른 차이가 아니라 교육 내용, 세대, 경제적 지위 등 다양한 특성의 교집합에 따른 차이라는 것이 더 설득력이 있다. 우리 사회의 남성들 또한 자신의 정체성이나 지위에 대해 혼란스러워하고 있기는 마찬가지이다. 이제껏 성차별주의에 뿌리박지 않은 정체성을 구축하는 법을 소년들에게 알려주고 그들을 설득, 감화시키는 페미니즘 문학은 없었다는 벨 훅스(2000[2002]: 157)의 지적처럼, 성평등교육에서도 이들을 설득할 수 있는 다양한 방식을 고민하고 이들과 다양한 정보를 공유하는 것이 필요한 시점이다.

또한, 이렇게 교육대상을 다양화하는 것과 동시에 현재의 교육 시스템에 대한 점검도 필요하다. 예를 들어, 현재 초등학교에서는 실시되고 있는 폭력예방교육과 양성평등교육은 성역할고정관념의 형성기인 그들에게는 상당히 중요한데, 이제는 현재의 폭력예방교육이 폭력의 개념을 설명하고 사건 발생 시 대처방안 등의 정보를 주는 것에 그치는지, 아니면 성평등의식과 사회시스템에 대한 성찰 기회를 주는지에 대해 그동안 성평등교육을 담당해 왔던 주체들이 개입할 시스템을 만들어 가는 것도 중요할 것이다. 물론, 여성단체에서 주로 지역에서 소규모로 실시하던 성평등교육이, '폭력예방교육'이기는 하나 전 국민 대상으로 확대된 것은 충분히 성과로 볼 수 있다. 그러나 배유경(2015: 12)은 지금까지의 성평등교육은 관련법이 먼저 만들어지고 그것에 근거하여 교육의 내용이 채워지는 방식으로 기능적으로 이루어졌으며 양성평등교육의 이론적 자원공급처로서의 여성학의 활용이나 여성학 연구자들과의 관계설정이 잘 구축되지 않았다고 지적한다. 이러한 제도화된 정부 주도의 교육과 여성학 자원 간의 연계 시스템뿐 아니라 중앙과 지역 간의 연계시스템 또한 고민할 지점이다. 지역에서 볼 때, 지역의 여성단체들이 성평등강사/교육을 관리하는 위치가 지정되기는 했지만 이들 단체 또한 중앙기관에 의해 관리되는 것으로 보일 정도로 주도적인 역할을 할 수 있는 입지가 좁다. 이러한 관계들이 유기적으로 결합될 때 현재의 폭력예방교육이 성평등교육인지 아닌지에 대한 논란들을 해소할 수 있는 시작점이 될 것으로 보인다.

세 번째는 지역의 교육프로그램과 관련된 고민이다. 최근 양평원의 전문강사 양성과정은 탈락률, 경쟁률이 회자될 정도로 수강생이 몰리고 있으나, 성평등교육을 진행하는 다른 중요한 축인 여성단체의 성평등교육프로그램은 상담원교육이나 일부 프로그램을 제외하고는 수강생 모집이 어려운 상황이다(적어도 지역에서는). 그래서 여성단체의 활동가 또는 회원들이 수강생으로 등록하거나 이 회원들이 알음알음으로 수강생을 모집하고, 수강료는 최대한 줄이게 된다. 그래도 이러한 모집방식에는 한계가 있으므로 조금 더 인지도 높은 강사를 섭외하려 하고, 지역에서도 지역의 강사를 활용하기보다는 '중앙'의 인지도 높은 강사를 섭외하여 수강생을 모집하려 한다. 교육프로그램의 수강생 모집을 원활하게 하려면 열악한 여성단체의 재정으로 부족하기 때문에 더욱 외부지원금을 필요로 하게 되는데, 이러한 외부 지원금 사업은 그 지원주체의 성향에 따라 또는 공모 당시의 관심 이슈에 따라 맞춰서 지원해야 선정가능성이 높아지므로 교육프로그램을 기획하는 단체 입장에서는 단체의 성격과 주제의 연속성에 대해 어느 정도 포기하고 진행하는 상황이 발생하고 있는데 이것은 변화를 모색해야 할 지점이다.

이러한 성찰 지점에서 생각해 볼 수 있는 방법 중 하나는 지역 시민의 일상과 연결되는 고리를 찾는 것이다. '중앙'의 인지도 높은 강사는 지역 시민의 일상을 공유하기에는 어느 정도 한계가 있고, 외부지원금 사업은 교육의 안정성을 담보할 수 없어 교육프로그램의 지속성을 바탕으로 한 단체–참여자 간 신뢰관계를 구축하기 어렵다. 교육참가자가 지역에서, 일상에서 경험하는 것들을 함께 해석할 수 있는 시간과 공간을 공유하는 교육프로그램으로, 필요하다면 기존의 교육프로그램을 허물고 다시 시작하는 것은 어떨지 생각해 본다.

현재 진행되고 있는 성평등교육의 제도화가 더욱 가속화될 가능성이 높은 상황에서, 여성단체의 재정상황을 고려할 때 성평등교육의 안정성이 위협받는 지금의 상황은 여성단체의 입장에서는 '위기'일 수도 있으나 성찰의 기회이기도 하다. 여성운동의 '위기'를 말하는 시대에 해법은 '다양한 문화적 접근을 통한 방법론적 문제보다 오히려 여성운동의 이념과 의식을 생각해보는 자세이며, 이를 통해 오히려 여성운동의 내실을 튼튼히 하는 것'(이지나, 2003: 178)이며, 교육을 통한 '여성주의' 이념 전파, 다시 교육으로부터 출구를 찾는 것(김수정, 2015: 13)이라고 한다. 그리고 만약 성평등교육에 대한 불편함에 마주치더라도 불편함을 불편해하여 시도조차 하지 않는 우를 범하기보다는, 그 불편함이 '상상해 보지 않은 세상'에 대한 '낯섬'에서 기인하는 것이라는 것을 설득하고 재미있고 기발한 상상력을 발휘하는 작업이 필요하다. 물론, 그 불편함을 완화시키기 위한 고민도 병행되어야 함은 당연하다.

안미수

여성학을 공부하였고 부산대학교 여성연구소 전임연구원으로 활동 중이다. 대학생이 된 이후부터 남녀의 공존에 대한 고민을 놓지 않으려 노력했는데, 강아지들과 동거하면서부터 사람과 동물, 모든 개체의 공존에 대한 고민을 시작하였다.

참고자료

1) 버틀러는 '젠더 불평등'을 여성에 대한 차별의 기호로 간주하는 게 더 이상 유효하지 않고, 페미니즘은 여성의 구조적 지배를 다른 모든 젠더분석이 나아가야 할 출발점이라고 보는 것은 페미니즘 존속 가능성을 위험에 빠뜨린다고 지적한다(주디스 버틀러, 2004[2015]: 22).
2) 사회교육기관 분류기준에 의하면, 행정부주도형 사회교육기관, 법인형 비영리민간주도형 사회교육기관, 기업식 민간사회교육기관(김영희, 1990: 14 재인용)으로 분류되는데, 성평등교육 또한 '성인여성을 대상으로 하는 정규학교 교육과정 이외의 프로그램을 통하여 시행되는 교육'(김경아, 1988: 3)인 여성사회교육의 일환으로 진행된다고 보아 이 분류를 참고하였다.
3) 여성단체를 '여성으로 이루어진 집단'으로 보느냐, 아니면 '여성이기 때문에 겪어야 하는 다양한 문제를 해결해가고자 하는 목적을 가진 집단'으로 보느냐에 따라 다를 수 있지만, 이 글에서는 '여성단체임을 표방하며 일정 수 이상의 회원이 지속적으로 활동을 이어가는 조직'을 여성단체로 보는 김선희 외(1996: 218)의 범위를 따르고, 후자의 집단에 대해서는 여성운동단체로 칭할 것이다.
4) 권인탁 외(2013)의 연구에서 광명시 평생학습원, 농협주부학교 등에서 페미니즘을 반영한 프로그램이 개설되었다고 지적한대로, 일부 사회교육기관에서는 성평등교육프로그램이 개설되기는 하나 소수에 불과하다.
5) 1983.4.26.~7.12 실시된 8기 여성학강좌의 구체적 내용으로서 당시 교육프로그램 중 여성의식화 주제를 가장 집중적으로 다루고 있다. 사회단체로서는 처음으로 1979년에 여성학강좌를 개강했다고 기사화된 (사)여성문제연구회는 1952년 11월 11일 여성문제연구원으로 부산에서 창립했다가 59년 개칭했다(매일경제, 1985. 2. 23.). 1984년 기사에 의하면, 여성문제연구회는 연 2회 정규적으로 여성학강좌를 실시했으며, 3개월 과정으로 자수, 매듭 바느질 등을 가르치는 민속교실도 함께 열었다(동아일보, 1984. 3. 13.)는 점을 볼 때, 한 단체의 교육프로그램에서도 여성의 성역할을 유지하는 교양 교육과 여성의식화 교육이 혼재되어 있음을 알 수 있다.
6) 크리스찬아카데미의 원장이었던 강원룡 목사는 1960년대 이후 한국사회가 산업화, 도시화, 근대화 등으로 인해 비인간화와 양극화문제가 심각하다고 보고, 이 중심에 놓인 것이 여성이며 모든 면에서 차별받는 것이 여성이라는 문제의식에서 여성사회교육을 시작했다(이정자, 2014: 6). 당시 신문에서는 한국여성연구회나 한국여성유권자연맹 등의 여성학강좌들도 '여성단체활동에 새로운 기류, 인간의식교육에 열의'라는 제목으로 기사화되었다(경향신문, 1980. 3. 4.).
7) 제1기 주부아카데미 교육은 오리엔테이션 및 영화감상 "우리 여자들", 여성의 의식변화와 역할의 변화, 여성이 열등하다는 신화, 가족 · 결혼 · 아동교육, 법은 여성의 편에 서는가, 주부는 지역사회의 주인이다, 한국의 현실 1: 국제 정치의 흐름, 한국의 현실 2: 한국의 역사 · 정치, 한국의 현실 3: 한국경제와 오늘, 여성운동의 방향과 여성단체의 현황, 수료식 등 총 12주 프로그램이었다(박인혜, 2011: 115).

8) 이 프로그램들은 한국여성단체연합 소식지인 '민주여성' 합본호(1987~1995)에서 발췌한 내용을 주로 하고 당시 신문기사들을 보조자료로 사용하여 여연 소속 단체의 프로그램들이 많다는 한계가 있다. 이러한 한계를 감안하되, 당시 성평등교육은 직능단체 중심인 한국여성단체협의회보다는 여성운동단체의 성격을 띤 단체들 중심인 한국여연 단체들이 주로 실시했으므로 당시 성평등교육의 얼개를 보는 데는 큰 무리가 없을 것으로 보인다. 괄호 안의 숫자는 상설화된 프로그램 중 처음 개설된 연도로, 자료 내용 중 1회라고 기재된 교육에 한해 표기하였다.

9) 주로 상담원교육으로 불리는 교육을 박인혜(2011)는 상담교육의 전문성보다 대중성에 초점을 맞춘 '여성상담학교'라고 칭하며, 1970년대 크리스찬아카데미의 '여성사회교육'도 페미니스트 교육이라 할 수 있지만 그 대상이 제한적이어서 대중교육이라 하기는 어렵다는 점을 감안할 때, 여성대중의 의식화와 여성학 학습을 목적하는 한국 최초의 페미니스트 교육이라고 평가한다.

10) 여성의전화 홈페이지에는 1회 교육부터 여성학이론과 여성상담이론을 절반씩 배치하였다고 되어 있는데, 실제 커리큘럼을 보면 다음과 같다. 1기 프로그램보다 2기 프로그램에서 여성학 교육이 더욱 보완된 것을 확인할 수 있다(박인혜, 2011: 176-177).
- 제1기 여성상담학교 커리큘럼: 여성운동의 실제와 여성의 전화, 공격 폭행심리 및 행동이해, 가정폭행 일반에 대한 오리엔테이션, 구타당하는 여성의 정신과적 문제, 알코올 상습에 대한 이해와 예방, 상담원리, 상담실제, 상담사례, 경청의 기술, 정신건강, 인간성장의 발달 과정, 자원봉사활동의 사회적 의미(15개 강좌)
- 제2기 여성상담학교 커리큘럼: 가정문제와 인간화운동, 여성문제의 본질과 운동, 여성과 법 이해, 여성심리 이해, 부부윤리, 성윤리, 인간행동이해, 가족심리 이해, 현대사회와 정신건강, 상담원리, 위기상담, 면접의 기술, 상담실제, 사례연구, 여성학대의 심리 및 행동이해, 학대받는 여성의 정신과적 문제, 상담원의 윤리와 사명(24개 강좌)

11) "여성의 성에 대한 내용이 많은 점이 특이하다. 살기 좋은 구로지역 만들기 여성회가 준비한 제7차 살구주부대학이 '여성의 성'을 주제로 (중략) '하나만의 사랑, 둘의 사랑', '모성과 여성의 몸', '여성작가와의 만남', '위기의 여성-중년여성이 흔들리고 있다'의 강좌가 열린다(한겨레, 1994. 3. 24.).

12) **▌표 7-6▐ 성폭력·가정폭력상담원 양성교육과정 내용에 대한 여성가족부 지침**

교육분야	성폭력교육과목	가정폭력교육과목	이수시간
소양분야	여성학 · 여성복지 및 정책, 성폭력의 개념과 특징, 여성인권과 폭력	가족복지 및 정책, 여성학 · 여성복지 및 정책, 한국가족의 특성과 가족문제, 여성인권과 폭력	15
전문분야 I	성폭력의 이해, 성폭력관련법령 및 정책, 법률 구조 실무, 법적 절차 및 대응방식, 의료지원 실무	가정폭력의 이해, 가족법 및 가정폭력 관련법, 법률구조 실무, 법적 절차 및 대응, 의료지원 실무	30
전문분야 II	상담원리와 기법, 상담이론, 상담자의 자세 및 윤리, 대상별 상담과정	상담심리개론, 상담의 기법 및 프로그램, 상담자의 자세 및 윤리, 대상별 상담과정	35

전문분야 III	상담사례 연구 및 실무연습, 역할연습 등	상담사례 연구 및 실무연습, 역할연습 등	20
총계			100

출처: 이미정 외(2011). p.62, p.65.

13) 성폭력·가정폭력 상담원 대상 양성교육 요구도를 조사한 연구에 따르면, 성폭력상담원 양성교육에서 '상담유형별 유의사항'에 집중적으로 강의가 이루러지는 반면 상대적으로 상담실습부분은 중요하게 다루어지지 않아 '상담교육'과 관련된 제안이 가장 많았다는(전길양 외, 2006: 73; 이미정 외, 2011: 100 재인용) 연구도 있다.

14) 양평원에서는 공무원 대상으로 성인지정책교육(성인지력향상과정, 양성평등정책과정, 성별영향분석평가과정, 성인지예결산 및 통계과정)을, 일반시민 대상으로 전문인력양성교육(성폭력예방교육전문강사 양성과정, 성희롱예방교육전문강사양성과정, 성매매예방교육전문강사양성과정, 가정폭력예방교육전문강사양성과정, 폭력예방통합교육전문강사양성과정, 양성평등교육전문강사양성과정, 성별영향분석 평가교육전문강사양성과정, 성희롱고충상담원전문교육과정 및 심화과정) 등을 실시한다. 또한 성매매방지상담원양성교육과 성매매방지상담원 양성교육은 한국여성인권진흥원에서 실시한다(각 기관 홈페이지 참조).

15) 2014년 선정된 지역지원기관은 한국청소년성문화센터협의회(대한가정법률복지상담원 부설 가정폭력상담소), ㈔씨알여성회 부설 성폭력상담소, ㈔에코젠더(파주시건강가정지원센터), ㈔한국심리협회 인천지부 부설 인천폭력예방교육전문기관 "하모니"(인천여성가족복지연합), ㈔너브내가족상담센터 부설 홍천가족상담소(영월성폭력상담소), 대전YWCA 성폭력·가정폭력상담소, ㈔광주여성의전화, ㈔부산성폭력상담소, 대구여성폭력통합상담소, ㈔제주여성인권연대 부설 제주여성상담소 등 10개소이다.

8

CHAPTER

섹슈얼리티교육, 그 작은 현장 이야기

섹슈얼리티는 욕망의 차원을 넘어 인간의 성 행동뿐만 아니라 인간이 성에 대해 가지고 있는 태도, 사고, 감정, 가치관, 이해심 등을 포함하는 성에 대한 종합적인 것이다. 섹슈얼리티 교육은 무엇일까? 성교육하면 성에 대한 지식, 남녀에 대한 이야기들이 주를 이루고 있다. 하지만 섹슈얼리티 교육은 인간, 사람에 대한 새로운 접근이며, 섹슈얼리티는 명사가 아닌 동사로서 인간을 알게 하는 것이다. 고정된 남자, 여자, 섹스가 아니라 변화하고 있는 자신의 생각, 느낌, 몸, 감정, 욕구에 관한 이야기다. 동시에 다른 사람과 맺는 관계, 섹스에 관한 즐겁고 재밌는 이야기를 나누는 것이 바로 섹슈얼리티 교육이다. 우리의 성교육에서 섹슈얼리티 교육이 어떻게 녹여나 있는지 살펴보는 것은 흥미로운 일이다.

섹슈얼리티 교육, 성교육은 그 사회의 정치적 지형과 의식, 여성운동의 전개와 밀접한 관계가 있다. 또한 섹슈얼리티 교육과 성교육은 혼용되어 진행되기에 이를 구분하는 것은 어렵다. 이 글에서는 여성운동의 성장과 함께 한 성교육에서의 섹슈얼리티 교육을 살펴보고자 한다. 1990년대 이후 섹슈얼리티 교육의 흐름을 살펴보고 성폭력특별법, 아동청소년성보호에 관한 법률 제정에 따른 변화와 섹슈얼리티 교육 내용을 살펴보고자 한다. 그리고 작은 실천 현장인 부산성폭력상담소를 살펴보고자 한다.

●●● 섹슈얼리티 교육, 그 시작은?

내가 처음 받은 교육은 섹슈얼리티라는 말보다는 성교육으로 시작된 것 같다. '사랑방노동자회'에서 받았던 교육이다. 이곳은 노동자들이 모여 친목을 도모하고 노동자로서 권리를 높이기 위한 공간이었다. 당시 노동운동을 하고 있던 나는 10여 명 남짓 여성들과 강의를 들었던 기억이 난다. 강사는 구성애[1] 선생님이었다. 우리는 사회변화, 정치변화에는 민감했으나 성에 대해서는 매우 무지하였다. 당시 자신의 성기를 본 적이 있느냐라는 질문에 한 명만 손을 들었다. 대부분 본적이 없었고 모두가 그저 질문 자체에 놀라워하였던 기억이 난다. 나 역시 본적이 없던 터라 손을 들 수 없었다. 이후 집에서 거울로 보라는 지침에서부터 자기 몸 구석구석을 만져보라는 이야기까지, 당시에는 충격적이었지만 이후 상담소 활동과 성교육을 하는 데 많은 도움이 되었다. 그것이 성교육의 시작이었다. 이후 성교육은 자기 몸, 감정, 이성에 대한 탐구며 느낌이며 나아가 다른 사람과의 소통이라는 것을 성교육과 여성학 공부를 통해 깨닫게 되었다.

1980년대, 사회민주화와 더불어 시작된 여성운동이 한켠에서 활발히 전개되고 있었다. 진보적인 여성단체인 한국여성단체연합을 중심으로 여성의 지위향상을 위한 활동들이 전개되기 시작하였다. 이러한 여성운동 중에서 여성인권과 관련된 활동, 특히 반성폭력 운동이 시작되었다. 반성폭력 운동의 시작은 공권력에 의한 성고문 사건으로 볼 수 있다. 부천경찰서 성고문 사건은 노동운동을 하는 여성을 조사하는 과정에서 성고문을 한 것이다. 이전에 정치적 · 사회적 운동에서 성과 관련된 문제들이 거의 제기되지 않았다. 하지만 이 사건은 여성계에 큰 반향을 일으켰고 이후 성폭력문제들이 이슈화되기 시작하였다. 한국사회에서 여성운동의 발전과 성폭력의 이슈화는 성교육을 실시하는 계기가 되었다.

●•• 섹슈얼리티 교육의 흐름

1990년대 성교육의 시작은 어떠했을까? 성에 대해 여러 사람의 호기심이 작동되고 창의성이 발휘되어 다양한 형태의 성교육이 전개되기 시작하였다. 이는 여성운동의 성장과 궤를 같이 한다. 1994년 성폭력특별법이 제정되고 성폭력상담소가 개소되면서 성교육도 활발히 전개되었다. 여성주의적 시각에서 전개되는 성교육은 형식적이고 생물학적인 성교육에서 벗어나 자신의 삶과 정체성, 여성, 남성을 바라보는 시각들을 바꾸었다. 남녀차별금지법이 제정, 시행되고 1997년 가정폭력방지법, 2004년 성매매 방지법이 제정되고 여성단체들의 숙원사업이었던 호주제도가 2005년 위헌결정이 내려졌다. 이러한 시대적 흐름과 그 맥을 같이하여 성교육도 다양하게 전개되었다. 청소년성의식 조사가 전개되기도 하고 학부모 성교육, 아이들 대상 성교육, 성교육 강사양성과정 등 다양한 교육들이 여성단체를 중심으로 전개되었다. 1990년대 구성애의 성교육이 공중파를 통해 전파되면서 더욱 성에 대한 관심은 고조되기 시작하였다. 성교육은 형식적인 생물학적 교육에서 벗어나 때론 즐거운 웃음으로 두근거림을 던져주었고 한국 사회에서 성에 대한 담론은 더욱 퍼져나갔다. 공중파의 위력과 입담이 정말 좋은 구성애가 성교육에 미친 영향은 대단하였다.

성교육의 흐름에는 정권도 큰 영향을 미친다. 1998년 진보정권이 출범한 이후 여성운동은 급속도로 성장한다. 이는 다르게 말하면 제도화가 급속도로 진행된다고 할 수 있다. 대체적으로 진보운동을 하던 여성단체와 정부는 파트너십을 가지게 된다. 제도를 개혁하고 제도를 만들고 그 제도에 따라 일을 하는 것이 여성계에 퍼져나가기 시작하였다. 여성 리더들은 국회의원 또는 시의원으로 정계에 진출하고 우리의 요구에 부응하는 사업들이 제도화되면서 관련 여성단체들이 그 사업을 수행하게 되었다. 제도화란 독립적인 여성단체의 활동에서 벗어나 법과 정책들이 마련되면서 여성단체들의 활동이 정부의 보조금 지원의 틀에서 활동하게 된다는 것이다. 그러기에 이러한 제도화는 여성단체들의 독자성과 자율성과 충돌하게 된다. 제도화는 여성들의 지위를 보장하고 높이기 위한 현실적 방안이었기에 여성계의 활동들은 여성들의 지위향상을 위한 제도적 장치마련에 그 힘을 쏟았다. 1990년대 후반부터 10년간 민주화운동 세력이 정권을 잡았던 시기는 여성의 지위를 향상시키기 위한 제도적 장치마련과 함께 성평등정책이 활발히 전개되었다. 성교육프로그램들이 마련되고 학교성교육의 의무화가 진행되었다. 하지만 이 과정에서 발생하는 제도화의 문제에 대한 결론이 나기도 전에 보수적인 정권이 들어서면서 여성단체를 위축시켰다. 2008년 들어선 보수정권은 여성문제보다는 4대강사업 등 개발 사업이 주요한 정책이었기에 사람과의 문제, 성에 대해서는 별 관심을 보이지 않았다. 굵직굵직한 성폭력 사건이 터질 때마다 보수정권에서 여성은 보호해야 할 대상으로 전락하였다. 특히 박근혜 정부가 들어서면서 성폭력은 4대악으로 규정되어 성폭력범죄에 초점이 맞추어짐으로써 여성의 성적자기결정권, 당당한 여성은 사라지고 끔찍한 범죄로부터 보호받아야 하는 나약한 여성만이 존재하게 된다. 그 예로 2015년 교육부에서 발표한 '성교육표준매뉴얼'은 성적 자율성보다는 통제와 형식적인 내용들로 구성되어 있다. 여성계로부터 비판을 받았지만 이 표준안은 학교 현장에 적용되고 있다. 뿐만 아니라 성폭력, 가정폭력, 성매매 예방 교육이 전 국민 대상으로 의무화되면서 이를 제외한 성교육은 위축되었다. 또한 제도화에 기반한 성교육의 변화는 양적 증가는 가져왔지만 여성주의에 기반한 성교육 담론을 제대로 펼쳐내고 있지 못하다. 제도화로 생겨난 갖은 행정업무를 수행하느라 여성단체의 운동단체 활동가는 점차 '직장인'이 되어가고 있으며, 여성주의적 성교육은 점차 그 목소리를 읽어갔다.

「성폭력특별법」과 성폭력상담소

성폭력특별법 제정은 성교육에 매우 중요한 역할을 하였다. 여성단체는 여성의 지위향상을 위해 함께 활동하는 조직이다. 여성단체는 여성의 정치적 지위향상과 다양한 여성문제를 중심으로 활동을 펼친다. 성폭력상담소의 개소와 확대는 '성'이라는 주제를 중심으로 사업을 펼칠 수 있는 단체가 생겨났다는 것을 의미하며 성폭력상담소를 중심으로 여성주의적 성교육이 확산되기 시작하였다. 학부모성교육에서 유아성교육까지 각종 프로그램을 개발하여 사업을 진행하였다. 여성단체의 활동에 힘입어 1994년 성폭력특별법이 제정되었고 정부의 지원이 시작되었다. 이에 성폭력상담소는 확대되어 2015년 121개소에 이른다.[2] 지역에 따라 차이가 있지만 주요한 역할이 성폭력피해자에 대한 상담과 지원활동, 그리고 성폭력예방활동의 일환으로 성교육과 성폭력예방 교육이다. 성폭력상담소들은 보건복지부 여성복지시설협의회 성폭력분과로 활동을 하였다. 전국적으로 성폭력에 공동 대응이 시작되었다고 할 수 있다. 이는 2001년 여성부의 출범과 함께 전국성폭력상담소·피해자보호시설협의회로 바뀌었다. 전국성폭력상담소협의회[3]의 활동은 주로 성폭력사건에 대한 걸림돌, 디딤돌을 선정하는 등 법적 지원에 그 초점이 맞추어졌다. 성폭력상담소는 1인의 소장과 2인의 상담원을 두게 되어 있으며 상담원은 100시간의 상담원 교육을 이수해야만 그 자격이 주어진다. 전국성폭력상담소협의회의 초기 목적을 보면 소속 상담소의 질적 향상이 그 목적이었다. 이는 성폭력특별법이 제정되면서 전국에 우후죽순으로 생겨난 성폭력상담소의 전문성을 확보하는 것이 초기의 과제였기 때문이다. 하지만 2013년 총회에서 성폭력을 추방하고 성차별 없는 사회를 만들기 위해 노력하며, 성폭력피해자의 인권 보호와 지원을 위한 정책과 제도 및 사회의 변호를 도모하는 것으로 그 목적을 변경하였다. 다른 협의회와 달리 전국성폭력상담소협의회는 정부로부터 자율성을 갖기 위한 노력들을 하고 있다. 2015년 학교성교육 표준안이 발표되자 국가수준의 학교 성교육 표준안 철회를 위한 대응회의를 하는 등 적극적으로 나서고 있다. 성폭력 피해자에 대한 지원활동과 제도적 장치를 마련하기 위한 활동들이 활발해지면서 성폭력상담소를 중심으로 한 성교육은 성폭력예방 교육에 그 초점이 옮겨간다. 2013년 성폭력특별법은 처벌법과 피해자보호법으로 분리되었다. 「성폭력 방지 및 피해자보호 등에 관한 법률」 제5조에 따라 성폭력 예방교육이 의무화된다. 또한 이를 시행하기 위해 전문강사를 양성하고 제5조 2항에 따라 성폭력 예방교육 지원기관을 설치 운영하도록 하였다. 이 법에 중앙지원기관(한국양성평등교육진흥원)이 사업관리를 위탁받아 권역별 지역지원기관을 지정하여 사업을 수행하게 하였다. 중앙기관에서는 매뉴얼을 개발하고 전문강사를 양성하고 모니터링을 실시하고 있다. 2013년 사업시행시 지역지원기관을 살펴보면 10개 기관[4] 중 성폭력관련기관이 6개기관, 성문화센타가 2개 기관으로 성폭력상담소에서 사업을 진행하였다. 하지만 강사는 중앙에서 관리하여 지역기관의 독자적인 활동에는 한계가 있다.

성교육, 그리고 성폭력예방교육 등에 대해 성폭력상담소들은 피해자지원과 법제도 개선에 치중하면서 내실화를 내어오지 못하였을 뿐만 아니라 담론도 마련하지 못하였다. 이는 열악한 상담소들의 현실이 반영된 결과이기도 하다. 그 결과 여성주의적 섹슈얼리티 성교육이 설 자리는 점점 좁아졌다.

「아동 · 청소년의 성보호에 관한 법률」과 청소년성문화센터

청소년성교육을 체계적으로 실시하기 위해 청소년성문화센터가 개소되었다. 특히, 아동 · 청소년성폭력사건이 이슈화[5]되면서 「아동 · 청소년의 성보호에 관한 법률」의 제정되어 청소년 성교육의 제도적 틀을 마련하였다. 「아동 · 청소년의 성보호에 관한 법률」 제47조(아동 · 청소년 대상 성교육 전문기관의 설치 · 운영)에 따라 서울에서 시작하여 전국적으로 청소년성문화센터가 개소되었다. 청소년성문화센터 사업의 추진 배경을 보면 아동청소년들이 성폭력이나 성매매, 음란물 등 위기경험에 노출되고 있으나, 성에 대해 올바른 가치관을 가지지 못한 채 그릇된 내용을 습득하고 있는 실정으로, 아동청소년의 특성과 발달단계에 맞는 실천적이고, 체험중심적인 성교육 실시가 필요하기 때문이라고 한다. 사업으로는 아동 · 청소년 성교육 및 성폭력예방교육, 학교에서의 창의적 체험활동을 활용한 성교육, 학교관리자 및 성교육담당교사 대상 교육프로그램 운영, 농 · 산 · 어촌 지역 아동청소년 및 지역주민에게 찾아가는 성교육, 관내 학교, 아동복지시설, 지역주민등 지역사회내 홍보활동등 공통사업과 캠프, 동아리활동, 성폭력 피 · 가해 학생 상담 및 교육들이 있다. 청소년성문화센터는 2007년 이전에 5개소이던 것이 법제정에 따라 전국적으로 38개소로 증가하였다. 이어 2010년 설치 · 운영의 법적 근거, 즉 지원 근거가 마련되어 더욱 체계를 갖추기 시작하였다. 2011년부터는 이동형[6]이 추가되어 2014년에는 고정형 45개소,

이동형 6개소 등 51개소가 설치 운영 중이며 실무자는 각센터별 5명으로 총 270명이 활동 중이다. 초기에 성교육의 내용을 내어오기 위하여 아하청소년성문화센터, 탁틴내일, 늘푸른여성센터의 활동가들을 중심으로 국가청소년위원회 청소년성문화센터 표준 콘텐츠(SAY[7]1)를 개발하기 위하여 TF팀이 운영되었다. 2008년 12월 한국청소년성문화센터협의회를 발족하여 아동청소년 성보호 프로그램 매뉴얼 SAY2를 2010년에 개발하고 아동 · 청소년 성보호를 위한 창의적 체험활동 프로그램 매뉴얼 SAY3를 개발하였다. 한국청소년성문화센터협의회는 성폭력추방주간 캠페인을 전국적으로 진행하며 워크숍을 해마다 실시하여 전문적인 역량을 높여내려고 노력하고 있다. 하지만 그 수행단체들이 대체적으로 여성단체보다는 청소년수련관등 청소년 관련기관에서 운영하고 있다.[8] 그러하기에 섹슈얼리티 교육을 여성주의 시각에서 진행하는 데 그 어려움이 있다. 현재의 성문화센터의 교육은 실적 위주이며, 실적은 달성하면 다음해 더 높아지는 등 그 내실을 기하는 데 어려움이 있다.

2015년 대한민국청소년 성교육 정책바로세우기 대토론회에서 한국청소년성문화센터협의회 상임대표인 이명화는 "센터의 성교육사업은 기본적으로 '성평등(gender equality)'에 기반을 둔 섹슈얼리티 교육, 즉 성인지적 성교육의 패러다임을 도입하고 적용한 사업이라는 특성을 갖는다. 이는 기존의 성교육이 안고 있던 생물학적 패러다임과 성차별적 관점의 문제점을 개선하기 위한 노력의 일환이었고 또한 섹슈얼리티 교육의 개념에 기반을 둔 성교육은 성을 단순히 성적 욕망이나 쾌락, 위험 등의 단편적 측면에서 접근하기보다 사회구성론적인 관점으로 인권이나 성적 자기결정권 등의 개념을 중시하는 전인적, 통합적 성교육(CSE: comprehensive sexuality education) 패러다임에서 이루어지고 있다는 점에서 매우 중요한 의의를 갖는다. 이러한 성교육은 패러다임은 성적 주체인 청소년들의 성적자기결정권과 의사소통력을 향상시키고, 성적 가치관이나 행동의 '변화'를 추구함으로써 보다 성숙한 시민으로 성장할 수 있도록 지원한다. 나아가 성교육을 통해 사회적 변화와 성평등을 추구한다는 점에서 사회적 의미를 갖는다"라고 밝히고 있다. 청소년성문화센터는 '성'이라는 주제를 중심으로 활동하는 전문기관이기에 섹슈얼리티 교육에서 가지는 의의는 매우 크다. 하지만 센터들을 운영하는 주체들의 성의식과 섹슈얼리티 성교육의 방향과 내용에 대한 합의가 부족하기에 이에 대한 대안이 필요하다.

●●• 섹슈얼리티 교육의 내용

섹슈얼리티 교육, 성교육에 관한 합의점은 있는가? 진보적인 여성운동은 성적자기결정권을 주장하고 있으며 성적자기결정권을 제대로 행사하기 위해 섹슈얼리티 교육이 필수적이라고 생각한다. 그럼에도 불구하고 우리사회에서 성교육의 내용에 대한 제대로 된 이야기가 없다.

성교육의 내용과 방향성 및 목적은 해당 사회의 성 이념과 성도덕에 따라 상이하게 나타나며 시대적 변화에 따라 변화하고 있다. 현대 성교육에 영향을 미치고 있는 성 이념은 일반적으로 크게 두 가지 조류로 분류된다(Archard, 1998: 438).

첫 번째 관점은 제한적 또는 전통적인 기독교적 관점으로서 성을 결혼과 사랑의 맥락에서 다루며 청소년의 성경험, 동성애나 구강성교와 같이 비전통적인 방식의 성행동은 자연적 질서에 위배되는 것으로 배격한다. 이러한 제한적 관점은 기본적으로 가부장적 맥락과 연관되어 있으며 여성의 순결을 중시하는 비기독교 문명에서의 가부장적 성교육 역시 이 조류에 속한다. 이 관점에서 볼 때는 결혼한 남녀간의 성관계만이 유일하게 사회적으로 용인된 것으로 볼 수 있다(Corngold, 2013: 461).

두 번째 관점은 허용적, 또는 자유주의적 관점으로 성을 개인 간의 합의에 근거한 사적 영역으로 보며 타인에 위해가 되지 않는 한 광범위한 자유가 허용되는 영역으로 본다. 물론, 자신의 성적 욕망을 실현할 자유는 서로의 자율권에 대한 존중을 전제하며 어떤 식으로든 타인의 성적 자유를 폭력적으로 침해하지 않는다는 것을 전제로 한다(유진숙, 2015: 25 재인용). 우리의 성교육은 두 번째 조류에 속한다고 할 수 있다. 기존의 가부장적, 생물학적 성교육에서 벗어나 자신의 정체성, 그리고 욕망, 몸에 대한 이야기이기 때문이다. 그렇다면 우리의 성교육 내용에서는 과연 이러한 섹슈얼리티를 담아내고 있는지 살펴보고자 한다.

실체가 없는 아름다운 성

섹슈얼리티 교육은 성에 대한 종합적인 교육이다. 섹스로 이야기되어지는 성교, 그리고 남녀의 성역할에 관한 것과 가장 중요한 자신의 성적 정체성에 대한 이야기이다. 그럼에도 불구하고 섹슈얼리티 교육에서는 이러한 것들이 제대로 다루어지지 않는다. 한국 사회에서 성교육의 중요성이 대두될 때, 구성애의 성교육의 제목은 '아우성'('아름다운 우리들의 성'의 약자)이었다. 대부분의 성교육 프로그램에서는 '아름다운 우리들의 성'이라는 표현을 많이 쓴다. 성은 정말 아름다운 것인가? '성을 알면 세상이 보여요', '아이들의 아름다운 성을 위하여'라는 제목을 교육에서 많이 사용한다. 아름다운 성과 함께 소중한 성에 대한 이야기를 많이 한다. 아름다운 우리들의 성이기에 몸에 대한 이야기는 소중하게 다루어지고 자신의 팔을 펴서 가슴과 성기를 삼각모양으로 보여 주며 이 부분이 소중하다고 한다. 하지만 몸에 있어 딱히 무엇이 더 소중하다고 이야기할 수는 없다. 성기부분이 특히 소중하다고 성교육을 할 때 아이들에게 가르친다. 왜일까 의문이 생긴다. 우리의 몸에서 눈, 코, 귀, 입 어떤 것 하나 소중하지 않는 부분은 없다. 그럼에도 불구하고 우리의 성교육에서는 성기의 중요성을 강조한다. 부산시교육청에서 2015년도 성교육 운영 자료를 만들어 배포하였다. 그 제목은 〈소중한 나를 가꾸는 교실 속 성(性)교육 이야기〉이다. 자료의 머리말을 보면 성교육 자료를 만들게 된 이유가 아동성범죄의 흉악성으로 위기감이 고조되기 때문이며 이 교재를 기초로 성폭력 없는 행복한 학교, 안전한 학교를 만들고자 한다. 2011년 한국청소년성문화센터협의회에서 SAY Ver. 3이 나왔다. 그 제목이 "아동 · 청소년 성보호를 위한 창의적 체험활동 프로그램"으로, 초등 2~3학년 대상 성보호프로그램으로 '성보호'라는 말이 소제목에도 붙어 있다. 보호를 위한 창의적 체험활동 프로그램이란 무엇인가? 보호와 창의가 같이 갈 수 있을까? 그 내용면에서도 성폭력예방이 추가되었다. 성이 아름답고 소중하다고 이야기를 하지만, 이러한 이야기는 단지 성폭력을 예방하기 위한 전제일 뿐이다. 성폭력에 대한 두려움 속에서 받게 되는 성교육은 성이란 모르면 좋은 것이기에 성에 대해 제대로 교육이 이루어지지 않는다. 우리의 성은 아름답지만 무엇이 아름다운지 그 실체가 없으며 여전히 추상적인 개념이다. 섹슈얼리티 교육에서 아름다운 우리들의 성은 결국 가부장적 여성성, 남성성과 그 맥락이 닿아 있다.

차별을 고착화시키는 차이

남녀차이를 인정한 후 남녀평등을 이야기한다. 차이는 있지만 그것으로 인해 차별은 안 된다는 것이 성교육의 한 부분을 차지한다. 이러한 교육은 한켠에서 차이를 계속 만들고 있으며 이는 남녀의 대립구도로 이어지기도 한다. 각종통계나 과학적 혹은 의학적 결과물이 남녀차이를 이야기한다. 남자는 성에 있어서 시각적이라는 것, 남자아이는 로봇과 게임을 여자아이는 인형을 가지고 논다고 이야기하며 이러한 차이를 고착화시키는 작업들이 진행되고 있다. 차이를 인정하며 서로 사이좋게 살자는 것이 현재 성교육의 내용들이다. 더 나아가 동성애의 경우는 차이조차 언급되지 않는다.

섹슈얼리티에서 가장 중요하게 작동하는 것 중의 하나는 성정체성의 문제이다. 자신의 성적행위와 성정체성에 관련된 문제이다. 특히, 동성애에 관해서는 거의 다루어지지 않고 있다. 성폭력상담원 교육을 받거나 성교육강사양성 과정을 수료한 강사들의 경우에도 동성애를 인정한다는 응답이 낮게 나온다. 자위행위에 관해서는 나쁜 것은 아니라는 합의가 어느 정도 되고 있지만 여전히 남녀 간의 준비된 섹스 외에는 건강하지 못한 것으로 치부되고 있다. 여성단체 성교육 현장에서 퀴어공간이라는 주제로 짧은 글을 쓴 적이 있다. 그 결과 여성단체의 성교육자들도 스스로의 정체성과 성적 욕구를 실천하는 데 불편함을 갖고 있었으며 성교육현장에서 퀴어공간은 존재하지 않았다(이재희, 2013). 젠더적 관점이 작동되는 성교육 또한 자칫 차이를 인정하는 담론으로 이어진다. 이는 성적 자율성, 정체성은 사람마다 모두 다름에도 이러한 것들에 대한 폭넓은 이야기를 하지 못하게 한다.

●•• 학교 성교육 들여다보기

우리나라의 공식적인 성교육은 1966년 문교부가 성교육에 대한 방침을 발표하면서 학교교육 안에 포함되었다(양원정, 2002). 문교부의 성교육은 대체적으로 순결을 중심으로 한 교육이었다. 이후 1982년 문교부가 공식 발표를 통해 '성교육'이라는 용어를 공식적으로 사용하면서 1983년 초·중·고등학교별로 개발된 성교육자료 및 성교육지도서를 바탕으로 관련 교과를 통해 성교육이 이루어졌지만 이때까지의 성교육 역시 순결교육에 생물학적 지식 전달을 추가한 수준에 그쳤다(황은자. 1993) 이러한 경향은 1995년 「여성발전기본법」이 제정되기 되면서 내용면에서는 공식적으로 여성을 대상으로 하는 순결교육이 사라졌다. 교육인적자원부는 2000년을 '성교육 원년의 해'로 지정하고 2001년 「학교성교육활성화 지침」을 내렸다. 지침은 1교 1명 담당교사 지정 및 업무 분장표시, 연간 10시간의 성교육 실시권장, 성교육예산확보, 담당교사 연수 및 연구학교 지정 운영, 지방자치단체와의 연계 방안 강구 등이다. 이후 교육인적자원부는 학교성교육프로그램을 마련하기 위한 연구를 수행하였다. 당시에는 학생들의 성적 주체성 형성과 의식변화, 효과적인 성교육을 하기 위한 다양한 시청각자료와 전문성에 대한 요구가 높았다. 하지만 이러한 노력에도 불구하고 정규과목이 아니었기에 학교에 따라 다르게 나타났다. 대체적으로 보건교사에 의해 이루어졌으나 보건교과 역시 필수가 아닌 선택이기에 학교마다 관리자의 의지에 따라 성교육 실시여부가 결정되었다.

성교육의 시대적 요구에 따라 교육부에서도 교육프로그램을 개발하는등 노력을 하였다. 하지만 2015년 발표된 교육부의 성교육표준매뉴얼은 많은 문제를 내포하고 있다. 그간의 노력들을 후퇴시키는 결과를 가져왔기에 많은 비판을 받았다. 이제 학교 성교육 현장을 들여다보자.

함께 풀어가는 성이야기

1990년대 접어들면서 학교 성교육을 활성화하기 위해 교과과정에 성교육 시간을 확보하기 위해 노력하였다. 1995년부터 체육, 가정 등 관련 교과와 특별활동 시간에, 2000년부터는 재량시간에 성교육을 실시하게 되었다. 2007년 학교보건법이 통과되면서 보건의 한 영역으로 성교육이 자리를 잡기 시작하였다. 학교보건법에 따르면 성교육의 의무와 학교장의 책무, 담당보건교사의 책무 및 시수 등을 규정하고 있다. 2008년에 접어들면서 성교육이 국가교육과정으로 바뀌면서 교육부와 지역 교육청에서 성교육교과서를 만들게 되었다. 그 일환으로 〈함께 풀어가는 성이야기〉라는 제목의 성교육 교과서가 만들어져 교육현장에 배포되었다. 〈함께 풀어가는 성이야기〉 중 교사용 지도지침서 초등 고학년(4~6년)용의 성교육 내용을 살펴보자.

목표는 남녀의 신체적 · 심리적 특성을 이해함으로써 긍정적인 자아 개념을 형성하고 남녀의 사회적 역할을 이해함으로써 원만한 사회생활을 영위하며 양성 평등한 성역할을 이해함으로써 책임 있는 성행동을 할 수 있도록 하는 것이다. 이에 따라 성교육은 신체 및 심리 발달 영역, 이해관계 이해 영역, 성문화 및 성윤리 영역으로 구성되어 있다. 내용을 보면 성교육은 신체발달과 성건강, 성심리, 결혼, 가족, 이성친구, 올바른 의사결정, 성폭력, 음란물들로 구성되어 있다. 이 지침서의 특징은 양성평등이 포함되어 있다는 것이다. 성차이, 성고정관념이 교육내용에 포함되어 있어 의의가 있다. 하지만 우리가 섹슈얼리티 교육이라고 했을 때 포함되어야 할 것 중에 하나가 동성애와 관련된 성적 정체성에 관한 것이다. 이 부분은 제도화 과정에서 진행되는 교육에는 포함되어 있지 않다. 또한 섹스, 젠더, 섹슈얼리티 용어를 찾아보기 어렵다. 생물학적 성지식 전달과 성폭력예방에 양성평등이 잠깐 언급될 뿐이다. 하지만 이 교과서는 평등과 존중에 초점을 맞추려고 노력을 하였지만 아동성폭력이 이슈화되면서 성교육은 안전과 보호 쪽으로 돌아선다.

성교육 표준매뉴얼

2015년 1월 교육부(학생건강정책과)에서 학교 성교육 표준안을 발표하였다. 이는 유치원에서 고등학교에 이르기까지 교육을 통해 반드시 성취해야 할 성교육의 준거를 마련하고 이를 통해 성에 대한 올바른 가치관과 성의식, 성태도를 지닐 수 있도록 하고자 하는데 그 목적이 있다고 하였다. 성 개방 풍조에 영향을 받아 성의식이 개방되어 공교육기관이 더 이상 방관할 수 없는 상황에 이르렀기에 국가수준의 「성교육 표준안」을 만들어 내실화를 기하고자 한다고 하였다. 관련단체들은 국가수준의 학교 성교육 표준안 철회를 위한 대응회의[9]를 가지고 국민신문고에 민원을 보내고 기자회견 등을 개최하였다. 교육을 담당하는 보건교사들 또한 이 표준안에 문제제기를 하였다. 교육부는 수정하겠다고 하였으나 후속대책이 나오지는 않았다. 교육부의 성교육 표준매뉴얼의 내용을 살펴보면 전체적으로 남녀가 서로 다른 성이기에 생활방식이 차이가 남을 강조하여 성역할 고정관념을 강화시키고 있다. 성건강의 활동내용을 보면 성별에 따른 안전하고 편안한 옷차림, 사회생활에서 바람직한 남녀의 역할이 강조되고 있으며 고학년이 될수록 사춘기의 신체적 변화를 중심으로 다루고 있다. 또한 결혼과 배우자 선택이 강조되고 있다. 매뉴얼에 따르면 '자위행위'와 '동성애'라는 용어를 사용하지 못한다. 또한 성폭력예방법으로 남녀가 한곳에 있지 않기, 남성의 성충동은 참기 어렵기에 여성이 조심하기 등 성폭력의 편견을 고착화시키고 있다. 교육부가 제시한 성교육 표준안은 금욕주의의 강조, 청소년의 성적자기결정권 침해, 생물학적 성지식 중심, 성역할고정 관념과 성차별 조장, 정상가족 강조, 권력의 문제인 성폭력 문제에 대한 왜곡, 동성애 등 성소수자 배제 등으로 여성계로부터 비판을 받았다. 하지만 이 표준안은 학교 현장에 적용되고 있다. 한편으로는 성폭력, 가정폭력, 성매매 예방 교육이 전 국민 대상 의무화가 되면서 이를 제외한 성교육은 위축되었다. 의무교육 시간도 부족한 현실에서 성교육을 전개한다는 것은 어려운 일이기 때문이다. 이는 성폭력, 가정폭력, 성매매의 원인이 사회적 문제가 아니라 마치 예방 교육을 받지 못한 국민의 무지함에 의한 것이라고 작동되어지는 교육현실에서 더더욱 자기결정권에 기반한 여성주의적 성교육은 제대로 이루어지고 있지 못하고 있다.

●●● 작은 현장 이야기

이제 이러한 변화 속에서 부산지역의 작은 현장에서 어떻게 성교육이 진행되는지 살펴보고자 한다. 부산성폭력상담소는 초기부터 한국여성단체연합에 소속되어 여성주의적 활동의 일환으로 성교육을 하고 있다. 부산성폭력상담소는 부산여성회(통합이전) 부설로 1992년 개소하였다. 이후 1995년 부산성폭력상담소로 독립하였다. 이후 부산성폭력상담소는 상담 및 성폭력예방교육과 함께 성교육을 활발히 실시하였으며 2008년 청소년성문화센터 운영을 통해 체험형 성교육으로 확대하여 운영하고 있다. 지역 상담소이지만 전국기관과 연대하여 제도를 개선하는 데 앞장섰으며 현장에서 성교육을 꾸준히 실천하고 있기에 부산성폭력상담소의 성교육을 중심으로 그 변화를 살펴보는 것은 의의가 있다고 본다. 먼저 그 현장에 대해서 구체적으로 살펴보고자 한다.

작은 현장은 어떤 곳?

부산지역에서는 1988년 사무직여성노동자를 중심으로 새날여성회와 부산민주청년회 소속 여성분과가 있었다. 이 두 조직이 1989 합쳐지면서 '부산여성회'가 창립되었다. 부산여성회는 주부와 사무직여성을 중심으로 여성운동의 저변확대와 평등사회와 민주사회를 만들고자 하였다. 대중강좌인 여성학교를 개최하였으며 각종 소모임을 통해 조직적 기반을 탄탄히 다졌다. 1995년 부산여성회는 부산여성노동자회와 통합하였고 그 정체성이 모호해졌다. 통합이전 부산여성회는 한국여성단체연합에 개별단위[10]로 다양한 여성운동을 전개하였다. 1992년 한국여성단체연합은 주요

사업으로 반성폭력활동을 그 과제로 삼았고 함께 "성폭력특별법제정 특별위원회"를 구성하여 전국적으로 반성폭력활동을 펼쳤다. 1992년 7월 부산여성회 상임집행위원회에서 성폭력상담소 개소를 논의하여 지역인사 131명의 발기인으로 상담소를 개소하였다. 어린이성폭력사건, 가정폭력피해여성인 김형자 씨 무죄석방을 위한 활동 등을 펼쳤다. 성폭력특별법 제정으로 성폭력상담소는 제도권으로 진입을 해야만 하였다. 상근자도 없이 활동가들이 돌아가며 사무실 업무를 보았던 현장에서 상근자와 상담실을 두어야했다. 부산성폭력상담소는 1995년 통합부산여성회에서 독립하였고 1997년 사단법인화하였다. 초기에는 3명에서 시작하여 4~5명의 상근자들이 활동을 하였다. 당시 활동가들은 이사들을 구성하고 법률, 의료, 상담, 학계의 자문위원을 조직하고, 각종 소모임을 중심으로 활동을 펼쳤다. 회원들과 함께 공부하고 사업을 만들고 진행하고 아이디어를 통해 괄목할 성장을 가져왔다. 정부의 지원이 늘어나고 많은 사업들이 프로젝트화되고 성문화센터를 위탁받으면서 활동가들이 10명이 넘었다. 여전히 여성주의 맥락을 지켜나가려 하지만 시대가 변화하면서 활동가들도 변화하였다. 때론 직장인으로 때론 활동가로 모호한 정체성들을 갖고 있다. 회원들의 활동력은 떨어지고 있으며 정부위탁사업과 프로젝트 사업으로 인한 행정적인 일의 증가는 이 작은 현장의 발목을 잡고 있다.

작은 현장의 성교육 흐름

'부산성폭력상담소 성교육 백서'와 '총회자료집', 기타 내부 자료를 바탕으로 성교육의 흐름을 정리하고자 한다. 부산성폭력상담소의 자료는 정기적인 자료집으로는 해마다 개최하는 총회자료집과 상담통계자료집, 그리고 늘함께소식지가 있다. 이외는 사업에 따라 자료집 또는 보고서를 만들고 있다. 현장에서 자료를 정리하는 것은 매우 어렵다. 그럼으로 이 글은 부분적 자료를 참고로 하고 있다. 다행히 백서를 발간한 적이 있어 그 자료가 남아있다. '부산성폭력상담소 성교육 백서(1995~2003)'는 성교육이 시작되고 전개됨에도 불구하고 그 자료들이 없어지기도 하고 활동들이 정리되지 않는다는 자기반성에서 나왔다고 할 수 있다. 백서를 발간하면서 고민한 내용을 보면 "어떻게 성교육을 할까?" "청소년의 성에 대한 고민은 무엇일까" "변화하는 세대인 우리 청소년들에게 어떤 방법으로 성교육을 실시할까"등에 대한 고민을 교사, 회원들과 함께 공부하고 토론했다. 한편 해마다 총회를 개최하고 총회자료집을 발간한다. 총회자료집은 한해의 사업을 총 정리한 자료이며 보고서이다. 팀별로 사업별로 사업을 정리하고 평가하고 점검하고 새해 계획을 세운다. 한해를 정리하고 새해를 맞이하기 위해 분주하게 움직이며 고민을 많이 해야 하는 고통들의 시간이기도 하다.

부산성폭력상담소의 성교육 흐름을 세 시기로 정리하고자 한다. 먼저, 1995년에서 1999년으로 자체 성교육을 개발하고 진행하던 시기이다. 이어 2000년에서 2007년으로 여성관련 제도들이 만들어지면서 성교육에 대해 정부차원에서 관심을 갖게 되는 시기로 상담소의 제도화가 시작된 시기로 볼 수 있다. 또한 2008년에서 2014년은 성교육이 청소년성문화센터를 중심으로 전개되었던 시기이다. 구체적으로 시기별 성교육의 흐름을 살펴보자.

1995년~1999년

1995년~1999년 성폭력과 성에 대한 문제가 사회적 이슈로 등장하면서 성교육의 필요성이 제기되어 그 물꼬를 트기 위한 활동들을 시작하였다. 정기적인 학부모성교육 교실을 개최하고, 일본의 성교육 전문가 기타자와 쿄코선생님과 함께 성교육 워크숍을 실시하였다. 청소년자원봉사성교육캠프를 개최하여 청소년모임을 만들었으며 교사성교육워크숍을 통해 '성교육을 생각하는 모임'을 탄생시켰으며 정기적인 워크숍 개최를 통해 지속적인 연구와 프로그램을 개발하여 '성교육위원회'로 모임이 격상되었다. '성교육강사양성교육'을 실시함으로써 '호기심성교육강사'를 조직하여 증가하는 학교성교육을 진행하였다. 또한 '부산교대 참빛학교 성교육분과 활동'을 통하여 초등성교육모임, 인형극을 통한 유아교사모임까지 이어졌다. 1995년 초창기

교육을 살펴보면 구성애강사를 초청하여 3일간 학부모성교육을 실시하였다. 교육이 연 10회 정도 였으며 그 내용은 학부모대상 성교육, 고 3 대상 예비직장인을 위한 성교육이었다. 1996년에는 월 2~3회 성교육이 진행되었고 학부모성교육 교실을 개최하였으며 출강은 성폭력예방교육이 주를 이루었다. 1997년~1999년 월 3~5회 교육이 이루어졌다. 주부 및 학부모대상 성교육, 청소년대상 성교육이 주를 이루었다. 자체적으로 실시한 성교육은 성폭력상담원 교육이다. 1995년 5월 제1기 성폭력상담원교육을 실시하였다. 성폭력상담자원봉사자 혹은 상담원 교육은 매년 1~2회 실시하였고 이후 가정폭력상담원 교육도 해마다 실시하고 있다.[11] 1995년에 시작한 학부모성교육 교실을 1996년 매월 실시하였다. 그 내용을 보면 자녀와 대화트기(자녀 성장에 따른 부모자녀 간의 갈등해소), 눈높이 성교육(아동기 단계별 성발달 과정의 이해), 자녀가 알아야 할 성지식(임신, 피임, 낙태, 성폭력), 함께 배우는 성(가족 속에서 성의 올바른 이해)이라는 주제로 실시하였다. 1999년 성희롱관련법이 시행되면서 직장 내 성희롱 예방교육이 의무화되었다. 1994년 제정된 성폭력범죄의 처벌 및 피해자보호에 관한 법률에 의거하여 성교육이 의무화된다. 이러한 의무규정은 필요에 의해 성교육을 개최하고 교육을 진행하던 상담소에 영향을 미치게 된다. 스스로 공부하고 진행하였던 상담소의 성교육 활동은 의무교육에 따른 출강이 많아지기 시작한다.

2000년~2007년

2000년도 접어들면서 정부의 성교육에 대한 관심이 높아지면서 학교성교육이 양적으로 급속하게 늘어나기 시작하였다. 아동청소년회관 위탁 80개 학교(초등 40개교, 중등 40개교), 각종 프로젝트를 통해 성교육이 활발히 전개되었다. 활동가들이 직접 출강을 많이 나감으로써 청소년들의 성의식 및 요구정도를 생동감 있게 파악하며 눈높이에 맞는 성교육을 실시하였다. 이 시기 활동가들은 스스로가 여성주의적 성교육이 무엇인지 그 내용을 만들기 위한 활동을 펼쳤으며 그 사업을 중심으로 조직활동을 통해 성교육의 내용을 채워가는 데 주력하였다. 성교육백서를 보면 청소년동아리와 지킴이단 또는 성교육을 생각하는 사람들의 모임, 성교육위원회 등 조직을 만들어 함께 하려는 활동이 강했다. 또한 워크숍을 통해 성교육의 내용들을 채워나가려는 활동들이 중심으로 전개되었다. 성교육의 내용을 함께 고민하고 공부하는 시간들속에서 체계적인 성교육 방법을 모색했으며 회원들과 함께 고민하고 진행하였다는 것이 그 특색이라고 할 수 있다. 이는 상담소의 활동이 회원들과 함께 하려는 여성단체의 성격이 매우 강했음을 알 수 있다. 또한 이슈화된 성폭력사건들로 인해 성교육보다는 성폭력예방 교육에 더욱 치중하게 된다. 해마다 300회를 넘는 출강교육은 상담소의 활동에 새로운 전환을 모색하게 만들었다. 이시기의 평가를 보면 늘어나는 양에 대한 질적 향상과 다양한 프로그램 개발이 되지 않는 것에 대한 평가들이 대부분이다. 2004년에 접어들면서 프로젝트를 통한 성교육사업이 활발히 전개되었다. 성교육강사를 양성하여 '호기심성교육강사'를 배출하여 프로젝트를 통해 강의를 나가고 인형극, 영화 상영, 장애인대상프로그램 등 다양한 프로그램을 각종 공모사업을 통해 수행하였다. 하지만 이러한 공모사업은 그 내용보다는 그 사업을 수행하기 위해 급급하게 되었으며 이는 또 다른 제도화의 한 면이라 할 수 있다.

2008년 이후

상담소는 전문적인 성교육을 실시하고자 2008년에 청소년성문화센터를 운영하게 되었다. 청소년성문화센터 운영을 통해 활동가를 확대하고 여성주의적 성교육의 메카로서 역할을 다하고자 하였다. 체험관 운영을 통해 아이들의 눈높이에 맞는 체험형 성교육들이 다양하게 진행되었으며 특수반 성교육 프로그램 운영, 그리고 워크숍을 통해 섹슈얼리티 성교육의 내용들을 내어오고자 하였다. 그 결과 다양한 프로그램들이 대상에 따라 진행되었으며 성교육의 양도 매우 증가하여 그 실적이 해마다 3만에서 4만이 넘었다. 하지만 정부로부터 위탁 운영되는 성문화센터는 자율성보다는 행정과 실적 맞추기의 문제가 발생하였다. 독자적으로 프로그램을 개발하고 진행하였던 상담소는 해마다 내려오는 실적에 따라 활동을 해야 했다. 활동가들은 늘었으나 여성주의적 시각을 가진 활동가를 찾아보기 어렵고 해마다 담론을 만들고 소통하는 성교육을 실시하기를 원했으나 제도화의 현실은 언제나 발목을 잡고 있다. 양적으로 증가하는 성교육에 비해 강사의 수도 부족하였으며 질적으로 만족할 만한 성취를 이루어내지 못하였다. 또한 사회적 이슈가 되는 아동성폭력문제로 인해 성폭력예방교육이 성교육의 대부분을 차지하게 된다. 지역별 성폭력예방교육기관이 지정되고 강사양성과정이 정부주도로 진행되면서 양적인 교육은 더욱 증가하였다. 하지만 이러한 정부 주도의 성교육은 관련기관의 활동을 위축시키게 되었다.

부산성폭력상담소의 성교육은 초기에는 여성주의적 입장에서 그것이 어떤 의미인지를 회원들과 함께 공부하며 실천해 나갔다. 하지만 제도화가 진행되고 정부의 위탁사업을 받으면서 교육의 양적인 증대는 이루었으나 섹슈얼리티 교육의 내용이 변화하는 시대에 맞지 못하였다. 또한 성폭력이 이슈화되어 성폭력예방교육이 곳곳에서 진행되고 있다. 하지만 성폭력을 중심으로 전개되는 성교육은 여성의 성적 자기결정권의 문제와 성에 대한 담론은 위축시키는 결과를 낳았다.

앞으로 성폭력예방교육은 어떤 담론을, 그리고 여성주의적 섹슈얼리티 교육을 어떻게 확대할 것인지 진지한 고민이 필요하다.

●●● 섹슈얼리티교육을 꿈꾸며

이 글은 섹슈얼리티 교육에 대한 현장의 작은 이야기다. 전체적인 큰 이야기를 쓸 용기도 시간도 나지 않은 상황에서 성교육의 시작과 그 흐름, 그리고 그 내용을 작은 현장의 이야기로 담을 수밖에 없었다.

현장에 오래 있었다는 이유만으로 쓰게 된 글이지만 섹슈얼리티 교육에 대해 다시 묻게 된다. 우리 잘하고 있는가? 초기에 '성'이라는 말을 자연스럽게 하지 못했던 우리들은 함께 공부하고 이야기 나누며 다양한 시도들을 하였다. 그리고 그것은 지금까지 이어지고 있다. 그리고 매일매일 일상처럼 성교육은 진행되고 있다. 그런데 여전히 우리에게 '성'은 어려운 단어이며 자연스럽지 못한 단어이다.

섹슈얼리티 교육을 왜 하려고 했던가? 성폭력 예방 또는 양성평등의식 향상 등 여러 가지 이유가 있다. 하지만 가장 중요한 것은 인간으로서의 행복한 삶에 조금이라도 근접하기 위해서였다. 섹슈얼리티 교육에 영향을 가장 크게 미치는 것은 정치적 지형이다. 우리의 활동 또한 정치적 지형에 따라 많이 변화되고 있다. 정치와 멀리 있을 것 같은 지역의 작은 현장도 정치적 지형에 따라 좌지우지되고 있다. 그리고 중심을 형성했던 열정들은 노화되고 있다. 돌아 다시 제자리로 온 느낌도 있다.

활동을 시작한 시기가 1992년부터이니 20년도 지났다. 처음에 여성운동가로 시작하였던 나는 결혼하고 아이 낳고 일한 시간만큼이나 결혼 속에 있었다. 하지만 나는 나를 여성주의자라 부르고 싶다. 페미니스트에 대한 혐오, 여성주의자라는 말에 대한 비판도 많지만 여성주의가 가지고 있는 다양성이 좋다. 이분법이 아니라서, 머릿속에서 이해하고 아는 것과 내 몸이 기억하는 것과 나의 감정들을 생각나게 해서 좋다. 성이 아름다운 것이라고 말하고 생각하면서도 진정 아름다운 것인가에 대한 느낌은 자연스럽지 못하지만 언젠가 이 또한 변화할 것이니깐 진정 자신의 생각과 마음, 몸을 알고 이것이 존중받는 사회를 꿈꾸어 본다.

이재희

1992년 여성단체 활동을 시작하였으며 1994년 본격적으로 성폭력상담소 상근활동가로 지금까지 활동하고 있다. 2004년 신라대여성학대학원을, 2014년 부산대여성학박사과정을 수료하였다. 부산여성단체연합, 전국성폭력상담소 상임대표 등의 활동을 하였다. 현장에서 여성주의를 공부하고 실천하려고 노력하고 있다.

1) 구성애(1956년 2월 20일~)는 대한민국의 사회 운동가이자 대표적인 성교육 강사이다. 서울특별시 출신으로 연세대학교 간호학과를 졸업하였다. 2001년 '아름다운 우리 아이들의 성을 위하여'라는 뜻의 성(性) 상담 센터 '아우성'을 개소하였으며, 활발한 강연 활동을 하는 것은 물론, 성교육과 관련해 여러 권의 책을 썼다. 노동 운동을 하던 1987년 무렵 그는 병원에서의 경험을 살려 동료 노동자들에게 성에 관한 유익한 지식들을 여러 차례 이야기한 적이 있었고, 노동조합 차원에서 강의도 여러 차례 했다. 그때부턴 성교육 활동에 전념하여, 10여 년 넘게 전국 각지에서 성교육 강사 활동을 하였다. 1993년에는 지인들과 함께 현재 대학내일로 유명한 내일신문을 창간하였다. 그러던 1998년 7월 22일, 드디어 그는 MBC '10시 임성훈입니다' 프로그램을 통해 공중파에서 3차례에 걸친 성교육을 하게 되었다. 시청자들의 폭발적인 반응이 뒤따랐으며, 3회로 예정된 강의는 7회로 연장되었다. 이 성공으로 인해 그는 10월에 '구성애의 아우성'이라는 프로그램으로 2주간 공중파 성교육 강의를 진행하게 되었다. 밤 11시 편성에도 불구하고 이 프로그램은 초반 30%가 넘는 시청률을 기록했으며, 강의도 1주일 연장되었다(위키백과).
2) 2015년 서울인천권역 14개소, 경기남부권역 14개소, 경기북부권역 7개소, 강원역 6개소, 대전충청 · 세종권역 14개소, 전남북광주제주권역 18개소, 대구경북권역 11개소, 부산울산경남권역 17개소, 장애권역 22개소이다.
3) 전국성폭력상담소 · 피해자보호시설협의회는 2011년 피해자보호시설협의회가 독립하여 전국성폭력상담소협의회로 활동하고 있다.
4) 한국청소년성문화센터협의회, (사)씨알여성회 부설 성폭력상담소, (사)에코젠더, (사)인천광역시아동 · 여성안전지역연대실무협의회, 강원도청소년성문화센터, 대전YWCA성폭력 · 가정폭력상담소, (재)전남여성플라자, (사)부산성폭력상담소, 대구여성폭력통합상담소, (사)제주여성인권연대부설 제주여성상담소 등이다.
5) 2000년대 접어들면서 아동성폭력 사건이 이슈화되었다. 이를 계기로 성교육보다는 성폭력예방교육이 더 우선시되고 지역 내에서 여성의 지위보다는 성인권이 강화되는 계기가 되었다. 이후 성교육 용어들이 '성인권' 교육으로 변화하며 그 내용들도 아동 · 여성 보호를 위한 성교육이 되었다. 또한 성폭력가해자에 대한 재범방지교육으로 이어져 교정프로그램이 활성화되는 계기가 되었다.
6) 고정형은 연면적 165제곱미터 이상의 체험공간으로 교육장, 사무실을 별도 구비를 해야 하며 몇개의 구역으로 구성, 각구역을 순회하면서 체험교육을 받을 수 있도록 표준 콘텐츠 활용을 해야 한다. 이동형의 경우 45인승 버스를 개조하여 고정형처럼 공간을 재배치하여 맞춤형 체험 교육이 가능하도록 해야 한다.
7) SAY는 청소년성문화센터의 또다른 이름이다. 그 뜻은 Sexuality About The Youth로 청소

년의 성적 자기결정권을 의미하는 것으로, 청소년 스스로 성인권 찾기의 출발이 Yes와 No를 분명하게 표현하고 존중하는 데 있음을 의미한다.

8) 청소년부서에서 업무를 담당하기에 정보부족도 있었으며 사업초기에 이명박정권이 들어서면서 촛불시위에 연루된 단체에 보조금을 주지 않겠다고 나오면서 여성단체들은 정부와의 갈등이 깊어지고 있었던 시점이라 성문화센터 위탁사업에 여성단체와 성폭력상담소에서는 크게 관심이 없었다

9) 전국성폭력상담소협의회, 대구지역성교육협의회, 무지개행동, 서울지역교육협의회, 아하청소년성문화센터, 탁틴내일여성센터, 한국성폭력상담소, 한국여성민우회, 한국여성의전화연합, 한국청소년성문화센터협의회로 구성되어 표준매뉴얼 철회를 위한 대응활동, 모니터활동을 하고 있다.

10) 통합이후 부산여성회는 한국여성노동자회 단위단체로 가입되어 한국여성단체연합 개별단체로서의 활동은 중단되었다.

11) 상담원 교육은 성폭력특별법, 가정폭력특례법이 시행되면서 훈련시설을 두어 상담원 교육을 실시하게 하였다. 부산성폭력상담소는 늘함께성폭력상담원훈련시설과 가정폭력훈련시설을 두고 있다.

9

CHAPTER

여성리더십 교육, 여성의 영향력 확대로 사회의 재편성을 꿈꾼다

여성리더십교육은 여성의 리더십 역량을 강화하고 각 분야에서 주도적으로 의사결정에 참여하여 여성의 영향력을 확대함으로써 성 평등한 사회를 실현하는 것을 목적으로 한다. 한국 여성의 교육 수준은 OECD국가 중 최상위 수준임에도 불구하고, 여성이 공적 영역에 참여하여 영향력을 발휘하는 수준은 선진국에 비해 많이 뒤쳐져 있는 실정으로서, 여성의 리더십 역량을 강화하는 것 뿐 아니라 여성의 영향력 확대의 필요성에 대해 강조하기 위하여 여성리더십교육의 확대가 필요하다.

여성의 대표성을 확대하기 위한 여성리더십교육의 실천 현장은 정부가 주도하는 여성리더십교육과 민간단체 혹은 대학이 주도하는 여성리더십교육으로 구분할 수 있다.

각 분야에서 다양한 여성리더십교육이 실시되고 있으나 이들을 묶을 수 있는 공통의 비전은 여성의 영향력 확대를 통해 여성주의적 가치를 확산하는 것이어야 하며, 여성리더십교육의 목적은 이를 실현하기 위한 역량을 강화하는 것이어야 한다. 교육 실천현장에서 교육의 목적과 방향이 명확하지 않으면 여성주의 가치 확산이라는 성과를 기대하기 어렵다.

본고에서는 첫째, 여성의 영향력 확대가 필요한 사회 각 분야의 대표성 현황을 살펴보고, 이를 지원하는 정부 정책을 살펴본다. 둘째, 공공과 민간에서 실시하는 여성리더십교육 실천현장을 살펴본다. 마지막으로 여성리더십교육이 지향해야할 방향을 모색하고자 한다.

●●● 한국여성의 대표성 현황과 대표성 확대를 위한 정책적 노력

한국의 여성 대표성은 타 국가에 비해서 낮은 편이다. 세계경제포럼(World Economic Forum: WEF)이 발표한 2015년 글로벌 성 격차지수에 따르면 우리나라는 145개국 중 115위에 머무르고 있다. 성 격차지수는 남성과 여성의 차이를 경제적 참여와 기회, 교육적 성취, 건강과 생존, 정치적 권한이라는 4개 분야별로 지수화하여 비교한다. 한국의 경우 교육적 성취와 건강과 생존은 각각 0.965, 0.973으로 성별차이가 없는 1.0에 가까워 남녀 간 격차가 거의 없는 것으로 나타났다. 반면 경제참여는 0.557, 정치적권한은 0.107로 남성에 비해 크게 뒤지는 실정으로 이는 한국여성의 경제적 정치적 리더십 성취가 낮음을 수치로 보여 준다.

경제적 참여와 기회 분야의 세부 지표를 살펴보면 경제활동 참가 0.73, 동일노동 임금 형평성 0.55, 성별 임금격차 0.56, 관리직 참가 0.12, 전문직 참가 0.83으로 관리직 참가에서 특히 낮은 점수를 보이고 있다. 정치적 권한 분야의 세부 지표는 여성 국회의원 0.20, 여성 수상 0.06, 여성 수상재직 기간 0.07로 여성의 참여는 더 낮게 나타난다.

여성 대표성을 국제적으로 지표를 만들어서 점검하고 개선안을 제언하는 이유는 무엇인가? 즉 여성의 의사결정직 진출은 왜 필요한가? 첫째, 여성의 의사결정직 진출 필요성은 다양성 정책(diversity policy)의 일환으로 성, 인종, 연령 등 다양한 배경의 인적자원을 활용하여 정책결정 과정의 다양성, 대표성, 민주성을 확보하기 위함이다(임희정, 2007). 정부의 반차별, 혹은 균형인사정책 등이'다양성'에 초점이 맞추어지기까지 일반적으로 기회의 평등을 제공하는 '평등고용기회'에서 사회적 소수자에 우선대우를 하는 '적극적 조치', 차별받는 집단이 없이 다양한 인적자원 관리를 통한 생산성 향상을 위한 '다양성 관리' 순과 같은 과정을 거친다(문미경 외, 2006). 정부와 기업은 얼마나 다양성을 잘 관리하는가에 따라 효용도를 극대화할 수 있으며 여성인력의 활용은 중요성을 갖는다.

둘째, 여성관리자의 활용이 기업경영의 투명성을 높여 기업성과를 증대한다. 카탈리스트의 '기업경영과 남녀 다양성의 상관관계' 보고서에 따르면(2004) 여성임원수와 자기자본이익률(ROE), 주주총수익률(TRS)를 비교하여 성별 다양성이 증가하면 기업경영이 투명해지고 성과도 높아진다는 결과를 제시하고 있다.[1] 또한 맥킨지사가 영국, 프랑스, 독일 등 6개 유럽국가와 브릭스(BRICs) 기업 279개를 대상으로 조사한 결과 최고경영진 내 여성비율이 높은 기업은 그렇지 않은 기업에 비해 평균 자기자본수익률(ROE)과 마진 등 재무실적이 월등히 높게 나타나고 있다.

민간부문

지금부터는 한국 여성의 대표성 현황과 정책을 민간기업과 공공부문 그리고 정치분야로 구분하여 살펴본다. 우선 여성의 민간기업 의사결정직 비율은 전 세계 대부분 기업에서 편이다. 2014년 58개국 6,566개사를 대상으로 실시한 여성임원 GMI등급(GMI rating-Women on Boards)[2]에 따르면. 임원 중 여성 비율 평균은 12%이다. 여성비율이 가장 높은 국가는 노르웨이 39%, 스웨덴 29%, 프랑스 28% 순이다. 그 중 한국의 여성임원 비율은 2%에 불과하여 남성 중심 기업경영 실태가 심각한 것으로 나타났다. 여성임원 GMI등급 조사 보고서에서 발표한 분석 결과에 따르면 여성임원 비율이 높은 기업이 지난 3년 간 사기, 회계, 뇌물수수, 비리 등의 문제가 적었던 것으로 나타났다. 또한 여성임원 비율이 높은 기업이 탄소배출, 독소배출, 고용, 보건안전 스트레스 관리에서 높은 점수를 받았다. 이 결과에서 한국에서도 민간기업에 여성임원이 많아야 하는 이유를 찾을 수 있다.

임원 중 여성 비율은 12%이지만 조사대상 기업 중 64%는 여성임원이 최소 1명 이상 있는 것으로 나타났다. 북유럽 국가들은 조사된 모든 기업에 여성임원이 1명 이상 있으며 서유럽국가들도 80%이상은 여성임원을 1명 이상 보유하고 있다. 그러나 아시아권은 가부장적인 문화를 반영하듯 타일랜드와 말레이시아를 제외하고는 여성임원 보유 비율이 평균보다 낮은 편이며 싱가폴은 62%, 인도 61%, 중국 61%, 홍콩 59%, 타이완 37%, 인도네시아 26%, 일본 20% 순으로 낮게 나타났다. 한국은 이보다 더 낮아 여성임원이 1명 이상 있는 기업이 11%에 불과하다. 또한 여성임원이 3명 이상 있는 기업 비율은 13%인데 비해 한국은 0%로 나타났다.

한국은 민간기업의 여성관리직 비율이 낮은 것은 여성은 가사, 남성은 직장으로 성역할을 구분하는 전통에 기인한다. 실제로 15세 이상 여성인구 중 경제활동에 참가하는 여성은 2015년 기준 51.8%로 남성에 비해 22.0%p가 뒤처져 있다. 그러다 보니 취업자 중 관리자의 여성 비율은 2011년 기준 1.9%에 머무르고 있다(국가통계포털, 경제활동인구조사). 15세~64세까지의 여성고용률을 비교한 OECD 자료에서도 한국의 여성고용률은 53.5%로 34개국 중 25위에 머무르고 있다.

민간기업 관리직 비율을 제고하기 위한 정책의 하나로 정부는 2006년도부터 남녀고용평등과 일 · 가정양립지원에 관한 법률 제17조 3항에 의거 여성근로자 및 여성관리자 고용비율이 여성고용기준에 미달하는 사업주에게 적극적 고용개선조치 시행계획을 수립 · 제출토록 요구하는'적극적 고용개선조치'를 시행하고 있다. 정책초기에는 정부산하기관 · 정부투자기관, 상시근로자 1,000인 이상 사업장에게만 적용 대상이던 것을 2008년부터는 50인 이상 공공기관, 상시근로자 500인 이상 근로자를 사용하는 사업장으로 확대했다. 그 결과 적극적고용개선조치 적용 사업장은 2006년 546개 사업장에서 2014년에는 1,945개 사업장으로 늘어났다. 적용대상 사업장은 여성고용 비율 현황을 제출하고 동종 업종 여성 평균 고용비율의 60%에 미달하는 사업장에 대하여는 여성고용 목표 등 개선계획을 수립하게 하는 제도로서 동시에 적극적 고용개선조치 제도의 효과를 높이기 위하여 심사, 평가를 통해 부진기업은 지도감독을 실시하며, 우수한 기업에게는 표창을 시행, 홍보하고 있다.

공공부문

공공부문을 살펴보면 여성의 공공부문 진출은 늘어나고 있는 추세이나 아직 여성의 의사결정직 비율은 낮은 편이다. 공무원의 경우, 2014년 기준으로 공무원 중 여성 비율은 49%를 차지하고 있으며 2016년에는 50%를 넘어설 것으로 예측하고 있다. 그러나 2014년 기준 4급 이상 여성공무원 비율은 11.0%에 불과하다. 공공부문 관리직 비율을 제고하기 위한 정책으로는 양성평등채용목표제를 실시하고 있다. 정부는 매년 '여성대표성 제고 계획'을 수립하여 실적을 관리하고 있으며 2017년까지 15%를 달성할 목표를 발표했다. 2005년부터는 균형인사지침을 발령하여 과장(급) 이상의 직위에 여성 1명 이상 임용을 유지하도록 특별채용, 부처간 인사교류, 내부 승진 등을 적극 활용하게 하였다. 또한 승진후보자명부 서열상 승진예정인원수 범위 내에 여성공무원이 포함되어 있는 경우에는 최소한 그 인원비율만큼 여성공무원이 승진, 임용될 수 있도록 하는 등의 노력을 기울이고 있다.

관계부처 합동으로 발표한 '2015년 부문별 여성대표성 제고 계획'에 따르면 2014년 기준으로 군 장교 중 여성 비율은 6.6%, 경찰 중 여성 비율은 9.0%에 머무르고 있다. 2017년까지 여군 장교를 7%, 경찰을 10%로 확대할 계획을 발표했다. 각종 정부위원회 위촉위원 중 여성 비율은 31.7%로 2017년까지는 40% 이상 확대할 것을 목표로 하고 있다.

공공기관은 여성임원 비율이 낮은 것으로 알려지고 있으나 집계된 자료는 없다. 공공기관에서 여성관리직을 확대하기 위해 지침이 규정화되어 있다. '공공기관의 운영에 관한 법률'에 근거하여 공공기관 인사운영 세부사항을 규정하고 있는 '공공기관 인사운영 지침'에 따르면 '사회형평적 인력활용이 활성화되도록 여성관리직 임용목표제를 수립하고 이행하도록 노력'(제5조)할 것과 '비상임이사 임명 시 여성비율이 30%가 되도록 노력'(제20조)하라고 규정되어 있다. 그러나 의무규정이 아니라 권장사항으로 제시되는 문항이어서 구속력이 적다. 공공기관의 여성관리직 확대를 장려하기 위해서는 공공기관 경영평가에 여성관리자 비율을 평가 지표에 추가하는 방안이 필요하다.

교육공무원의 여성 비중이 높다는 것은 잘 알려진 사실이다. 그럼에도 불구하고 의사결정직인 교장 · 교감 중 여성 비율은 29.4%에 불과하다. 여성비율 제고를 위하여 특별히 제도적 장치를 마련하지는 않았으나 각 시 · 도 교육청에 지침을 내려 독려하는 등 간접적인 정책추진을 실시하고 있다. 여성교원의 관리직 확대를 위한 세부적인 지침들에는 교육공무원 근무성적평정 시 남녀 구분 없이 평정, 인사관리기준 상 여성교원 우대정책, 각종 위원회 여성위원 위촉을 통한 여성차별 방지 장치 마련, 자격연수 및 직무연수를 통한 양성평등교육 강화, 여교원의 교육장 및 기관장 진출 예비 인력 확보를 위한 노력, 교육장 여성할당제 실시, 능력과 실적에 따른 여성장학관 · 교육연구관의 주요 보직 임용, 교육전문직 전형 시 남녀기회 균등을 위한 제도 개선 등이 있다. 정부는 2015년 관계부처 합동 '부문별 여성대표성 제고 계획'을 통해 여성 교장 · 교감을 2017년까지 36%까지 확대할 목표를 설정하고 있다.

표 9-1 2015년 부문별 여성대표성 제고 계획

분 야	2014년 실적	2017년 목표
정부위원회 여성 위촉위원	31.7%	40% 이상 확대
4급이상 여성공무원	11.0%(잠정)	15%
여군	장교 6.6%	장교 7%('15)
여성 경찰	9.0%	10%
여성 해양경찰	여성가용정원의 9.3%	10%
여성 교장 · 교감	29.4%	36% (*종전 33%)
공공기관 여성 관리자	'14년 경영평가 후('15.6.) 산출	18.6%

출처: 관계부처합동(2015). 2015년 부문별 여성대표성 제고 계획.

UN여성이 발표한 '2013년 전세계 행정부 현황'에 따르면 여성장관 비율이 30% 이상인 국가는 36개국이다. 니카라과가 여성장관 수 14명으로 1위를 기록했으며 스웨덴, 핀란드, 프랑스, 카보베르데, 노르웨이가 그 뒤를 잇고 있다. UN여성은 그동안 여성이 장관을 맡는 분야는 대부분 사회부, 교육부, 여성부였으나 국방부, 외무부, 환경부에도 여성장관이 증가하고 있다고 발표했다. 미주대륙이 여성장관 비율이 22.9%로 가장 높으며 아프리카(20.4%), 유럽(18.2%), 북유럽국가의 경우 48.9%, 태평양(12.4%), 아시아(8.7%), 아랍(6.3%)순으로 나타났다. 2013년 여성 대통령 또는 총리의 수는 18명이며 태평양 지역은 여성 국가수장이나 총리가 한 명도 없는 유일한 지역으로 나타났다. 한국은 2013년 여성이 대통령으로 취임하여 탄생하여 여성의 대표성을 높였다. 그러나 장관직에 여성가족부에만 여성이 1명으로 5.9%에 해당한다.

2013년 전세계 여성 국회의원 비율은 UN여성 발표에 따르면 21.8%를 기록한다. 미주대륙이 여성 국회의원 비율 25.2%로 가장 높으며 아프리카 22.5%, 유럽 24.6%, 아시아 18.4%, 태평양 지역 16.2%, 아랍지역 16%로 나타났다. 189개국 대상으로 한 조사에서 르완다가 1위를 차지(60% 이상)하였으며 여성 국회의원 비율이 30% 이상인 국가는 39개에 달한다(한국여성정책연구원, 2014)

한국은 19대 국회의원 300명 중 여성의원은 49명(16.3%)로서 전세계 의원 비율에 못 미치고 있다. 1996년 15대 총선에서는 3%였던 여성국회의원 비율은 2000년 비례대표 여성할당 30% 규정에 힘입어 16대 총선에서는 5.9%로 약간 늘었다가 2004년 정당법 개정 후 17대 총선에서 13.3%로 그 비율이 크게 증가한 이후 2008년 18대 총선에서는 13.7%, 2012년 19대 총선에서는 15.7%로 지속적으로 증가하고 있다.

정치권은 현저히 낮은 여성참여율을 높이기 위하여 관련 법 및 제도 개선 노력을 기울여왔다. 그런 노력이 실질적으로 실현되기 시작한 것은 2000년부터라 볼 수 있다. 정치 분야에서 여성후보 할당제는 2000년 제16대 총선을 앞두고 국회의원 비례대표제 여성후보할당 30%를 정당법에 명문화한데서 비롯된다. 그후 2002년 제3차 동시지방선거를 앞두고 광역의회 비례대표제 당선권 범위 내 여성을 50% 이상 공천하고, 광역의회의원 지역구 할당제 30%를 노력사항으로 공천할 것을 정당법에 명시하였다. 2005년 8월 공직선거법 제47조 3항의 개정을 통하여 정당이 비례대표국회의원선거 및 비례대표지방의회의원선거에 후보자를 추천하는 때는 그 후보자 중 50% 이상을 여성으로 추천하되, 그 후보자 명부 순위의 매 홀수에는 여성을 추천하도록 하였다. 또한 정당이 국회의원 선거 및 지방의회의원선거에 후보자를 추천할 때는 전국지역구총수의 30% 이상을 여성으로 추천하도록 노력해야 한다는 '여성할당제 권고조항'(공직선거법 제47조 4항)도 신설하였다(강희영 외, 2012).

2010년에는 지방선거를 앞두고 지방의회의 경우 국회의원 선거구별로 여성후보를 1인 이상 의무적으로 추천하도록 공직선거법 제47조 5항을 개정하였으며, 현재 공직선거법에 국회 및 지방의회 지역구의 경우 여성후보 공천 30%가 노력사항으로 되어 있고, 비례대표의 경우 지방의회는 1, 3, 5번순으로 교호순번제 의무제를 시행하고 있다.

●●● 여성리더십교육 실천 현장

여성의 의사결정직 진출과제는 사회통합 및 우수한 자원 활용의 측면으로 글로벌 아젠다로 인정되어 여성 개인의 문제를 넘어서 국가사회의 경쟁력을 높이기 위한 전략으로 채택되고 있다. 여성의 대표성을 확대하기 위한 세부 과제로 빠지지 않는 과제가 여성의 의사결정직 진출에 필요한 역량을 개발하기 위한 여성리더십교육이다.

여성리더십교육을 주체별로 구분하면 정부, 학교, 민간단체 등으로 구분할 수 있다. 정부는 여성인재 10만 명 육성을 목표로 2014년 여성인재아카데미사업을 국정과제로 착수했다. 여성인재아카데미는 교육을 통해 인재풀을 구축하여 각종 위원회 등에 즉각적으로 활용될 수 있도록 하는 데 목적을 두고 있다. 한국양성평등교육진흥원이 수행기관으로서 프로그램 개발을 담당하고, 부산여성가족개발원, 광주여성재단, 전남여성플라자, 전북여성교육문화센터, 충청남도여성정책개발원, 경북여성정책연구원, 한국여성수련원 등 지역의 여성전문기관이 지역거점기관으로 참여하여 여성관리자를 발굴하고 육성하는 역할을 수행함으로써 여성리더십교육의 효과성을 높이고 있다.

지자체에서는 전국 각 지자체에 설립되어 있는 여성전문기관들이 중심이 되어 여성의 의사결정직 진출을 지원하기 위해 여성인재 발굴과 육성사업을 수행하고 있다. 부산여성가족개발원은 2007년부터 2020년까지 3,000명의 여성인재 육성을 목표로 부산여성인재육프로젝트를 추진하고 있다. 서울특별시여성가족재단은 전국 지방자치단체 여성공무원 및 여성단체지도자 등을 대상으로 위탁에 의한 맞춤연수 형식으로 '지역여성지도자 맞춤연수'를 실시하였으며, 경기가족여성연구원은 지역에서 요구가 있을 시 프로그램 제공하고 있다. 이처럼 지역별로 지자체가 시행하는 교육을 제외하고는 대상별로 단기교육에 그치는 경향이 있다.

우리주변에서도 여성을 대상으로 하는 리더십교육이 기초자치단체, 언론사, 대학, 여성단체 등 다양한 주체에 의해 시행되고 있다. 부산의 사례들을 살펴보면, 기초자치단체의 여성교육으로는 연제구청의 '연제여성아카데미', 남구청의 '오륙도여성대학'이 있으며 이들 교육과정은 주로 교양 중심이고 대중강연 중심의 성격을 띠고 있다. 언론사의 교육으로는 부산일보의 '부산여성대학' 강좌로 교양강좌와 현장탐방 위주로 진행되고 있다. 대학이 주관하는 교육들은 부산대학교 교육대학원의 '여성지도자과정', 신라대 사회교육원의 '21세기여성지도자대학', 경성대 평생교육원의 '여성지도자과정' 등이 있다. 여성단체 중심의 교육으로는 부산여성사회교육원의 '여성리더십 교육', 여성정책연구소의 '여성정치교실', 여성단체협의회의 '여성지도자교육' 등이 있다. 여대생 리더십 교육은 여대생커리어개발센터와 부산대 여성연구소에서 찾아볼 수 있다. 주로 여학생의 커리어 관리, 취업전략, 진로상담, 생애설계와 진로탐색 프로그램을 내용으로 운영되며, 대학 내 위치하고 학점이 인정되는 과목 개설로 인해 여대생의 참여를 유도하고 있으나, 교양강좌와 진로 관련 교육으로 한정되어 운영되고 있는 실정이다.

대학에서 여성리더십교육을 실시하는 경우 지방자치단체에서 위탁을 받아 실시하는 경우와 대학에서 자체적으로 교육과정을 개설하는 경우로 나눌 수 있다. 또한 기관과 대학 간의 협력에 의한 교육의 사례도 존재했다. 먼저, 지자체에서 위탁을 받아 실시하는 경우로 인제대/창원대/경남대/경상대 평생교육원은 경상남도로부터 교육을 위탁받아 '경남여성지도자양성과정'을 운영한다. 교육비는 지자체 50%, 대학 20%, 개인이 30%를 부담한다. 인제대 평생교육원은 김해시로부터 '김해여성자치대학'을 위탁받아 운영하였다. 양산시는 동원과학기술대학교 평생교육원에 위탁하여 양산여성리더대학을 운영하였다. 선린대 평생교육원은 포항시로부터 여성지도자양성과정을 위탁받아 10주간의 교육을 실시했다. 장안대학은 경기도로부터 여성지도자 과정을 위탁받아 30주 90시간 과정으로 운영하고 했으며 교육비는 경기도가 50%, 대학이 25%, 개인이 25%를 부담했다. 아주대는 수원시로부터 위탁받은 여성지도자대학, 경기도로부터 위탁받은 지방자치여성후보 양성과정을 운영했으며, 이화여대 평생교육원은 지자체 여성지도자 중 각 구청에서 위탁한 자를 대상으로 여성지도자양성과정을 운영하고 있으며 강동 · 강서 · 노원 · 성동구 등이 참여했다. 지자체에서 대학에 위탁하여 리더십교육을 실시하는 경우 대학의 교육전문성을 활용하여 교육의 질을 유지할 수 있으며, 특히 10년 이상의 지속성을 갖고 있는 교육과정은 자체적인 네트워킹 기능을 갖게 된다. 그러나 대학은 교육기능을 우선으로 하며 네트워킹 기능은 기별 동문회 형식으로 이관된다.

다음으로 대학에서 자체적으로 교육과정을 개설하는 경우로, 아주대와 이화여자대학교는 자체적으로 리더십관련기구를 설립하여 여성리더십교육을 실시하고 있다. 아주대 여성리더십센터는 성공적인 직장생활을 위한 여성리더 프로그램을 운영하고 있으며, 여성리더십 아카데미를 운영하고 있다. 이화여대의 이화리더십개발원은 기업여성, 공직여성, 여성NPO, 어린이, 청소년 대상 리더십과정을 운영하며 이화여대 여성지도력개발센터는 여성최고지도자과정을 운영한다. 대학 내 리더십연구소의 교육은 연구와 교육을 병행할 수 있다는 강점을 갖고 있다.

기관과 대학의 협력에 의한 교육사례로, 중소기업청과 한국여성경제인협회는 여대생을 대상으로 '차세대 글로벌 여성CEO과정'을 운영했다. 각 지역별로 대학과 MOU를 체결하여 학점을 인정하고, 재원은 중소기업청에서 담당하여 연 2회 16주간 4개 대학을 순회하며 교육한다. 이 교육은 대학 간의 교류 효과 및 학교 교과과정으로 인정이 되어 장기간의 교육임에도 불구하고 학생들에게 좋은 반응을 얻고 있다. 그러나 일반적인 리더십 교육과는 달리 기본적인 교육의 목적이 창업성공률을 높이는 것으로 내용상 창업을 특화 · 한정시킨 것이 이 교육의 특징이다.

이처럼 다양한 주체들이 여성리더십교육을 실시하고 있으나 그 목적과 내용이 성인지적 관점으로 접근하고 있는지 검토가 필요하다.

●●● 여성리더십교육이 지향하여야 할 방향

그렇다면 여성리더십교육의 목적과 내용은 무엇인가? 여성리더십교육에 들어서기 전에 리더십의 개념부터 살펴본다. 리더십(leadership)의 '리더(leader)'는 라틴 동사로 '움직이게 하다'라는 뜻의 'agere'에서 유래되었으며, 영어 'lead'에서 나온 말로 '앞선다, 앞지르다' 외에 '지도하다, 선도하다'라는 뜻을 가지고 있다. 리더와 리더십에 대한 정의는 학자에 따라 다양하다.[3)]

오랫동안 리더와 리더십은 남성의 영역으로 치부되어 왔고, 이로 인해 리더십 또한 남성중심으로 연구되어 왔다. 1940~1950년대 리더십 특성이론은 개인적인 자질과 특성에 초점을 맞춰 리더와 비리더를 구분하였으며, 일반적으로 리더의 자질과 특성으로 신장, 인내력, 건강, 용모, 지능, 자신감, 우월감, 판단력 등으로 종합되고 있다. 또한 권위, 통제, 지배, 조작 등을 중시하는 전통적 리더십에서 조직구성원은 가치로움이나 소속감, 진실성을 느끼지 못하고 소외감과 좌절감을 경험하게 된다. 따라서 최근에서는 '사람을 활용하는' 리더십으로부터 '사람을 계발하는' 리더십으로 전환이 강하게 제기되면서 대안적 리더십 개념으로 변혁적 리더십, 문화적 리더십, 윤리적 리더십, 참여적 리더십 등이 등장하고 있다. 아울러 리더십은 타고나는 것이 아니라 교육과 훈련을 통해 후천적으로 습득되는 것이라는 인식으로 전환하고 있다. 현대사회는 정보화의 진전과 지식사회로의 이동, 날로 복잡해지고 다원화되는 현대사회, 사회와 조직의 민주화, 수평적 조직구조와 팀에 기반한 관리 등을 특징으로 하기 때문에 보다 참여적이며 민주적인 인간 중심의 리더십에 대한 요구가 높아지면서 여성리더십이 주목을 받기 시작하였다.

여성리더십에 대한 관심에도 불구하고 그 개념은 아직 모호한 실정이다. '여성'과 '리더십'을 연결하는 논의에는 대체로 '여성리더', '여성적 리더십', '여성주의적 리더십'이라는 3가지 개념이 혼재되어 있다(장필화, 2004). 첫 번째는 여성리더십의 개념을 여성의 권력획득과 사회참여로 보는 관점이다. 이는 여성이 사적인 영역에 머물며 공적 영역에의 참여가 미흡하다는 문제로부터 시작하며 여성리더십의 목표를 여성의 지위향상과 사회참여 확대에 두고 여성리더가 얼마나 많이 있는가에 초점을 맞춘다. 여성리더들이 사회 각 분야에서 결정과 실행에 참여하여 영향력을 행사함으로써 자신을 실현하고 사회발전에 공헌하는 것은 사회적으로 중요한 일임에 불구하고, 여성은 사적 영역, 남성은 공적 영역이라는 성역할 구분에 의해 여성의 참여는 매우 미약한 상황에서 여성의 사회참여를 촉진하기 위한 정책이 추진된다. 앞 장에서 논의한 여성의 대표성 현황과 정책은 이러한 관점을 토대로 진행되는 경향이 있다. 이러한 문제를 해결하기 위한 방안으로 여성리더를 발굴하고 여성에게 리더십역량을 강화하기 위한 훈련프로그램을 제공해야하는 필요성이 제기된다. 즉 여성을 인적자원으로 활용하기 위한 역량강화교육을 여성리더십교육으로 정의할 수 있다.

두 번째 입장은 보살핌의 원리, 비권위주의적이고 관계지향적 성향인 여성성 특성을 반영한 리더십유형의 장점을 부각시키는 입장이다. 여성의 장점을 부각시키며 여성들의 리더로서의 능력이 남성에 뒤지지 않다는 것을 주장한다. Loden(1985)은 여성의 리더십 스타일은 개방성, 신의, 동정과 이해심으로 묘사되며 개인보다는 팀을 통한 참여적 의사결정과정을 선호한다고 여성리더십을 구분한다. 그러나 이러한 구분은 또다시 여성과 남성의 성역할을 구분하는 우를 범할 우려가 있다.

그리고, 세 번째는 여성주의적 리더십으로서 여성이냐 남성이냐를 떠나서 리더 위치에 있는 사람이 자신의 리더 역할을 통해 여성주의적 가치를 실천하고 여성주의적 목표를 달성하는 방향으로 협력해 나가는 것을 뜻한다. 여성주의가 중시하는 가치는 상호의존과 협동, 자양, 지원, 참여, 자기결정, 임파워먼트, 개인적 · 집단적 전환 등이며, 이러한 가치를 실천하기 위해 타인과의 협동과 상호작용을 통한 학습, 민주성과 참여 증진, 부하 직원의 세력화 증진, 자양과 보살핌 증진, 전환적 결과 구축 등이 중요한 과제가 된다(김양희, 2006). 여성리더십교육은 여성들의 영향력 확대를 통한 사회의 재편성이라는 여성주의적인 비전을 토대로 여성의 사회참여를 확대하고 지위를 향상하기 위한 교육으로 여성리더십교육은 이러한 교육목표를 달성하기 위하여 여성이 주체가 되는 학습자 중심의 학습경험을 선정하여 조직하도록 하여, 여성의 영향력 발휘가 학습의 목표일뿐만 아니라 리더십훈련 과정에서 여성리더십을 경험하며 학습하게 된다(전혜숙 외, 2009).

여성주의 리더십의 방향은 여성들의 리더십 스타일을 제시하는 것이 아니라, 여성들의 영향력 확대를 통한 사회의 재편성이라는 비전에 있다. 여성리더십의 비전은 성별구분 없이 모든 사람이 주체적으로 자신의 삶을 이끌어갈 수 있는 능력을 갖고, 그러한 삶을 살 수 있는 환경이 마련되며, 서로에게 힘이 될 수 있는 공동체를 만드는 데 있다. 이를 위해 여성의 영향력을 확대하여 여성과 남성이 공동참여하는 상호 환경을 만들고 여성성의 가치가 회복되는 양성평등사회의 실현이 필수 요건이다. 이 과정에서 소수가 존중받고 모든 인간이 주체로서 성차별적 고정관념과 불필요한 억압으로부터 벗어나 변화의 중심에 선다. 모든 인간은 각각이 하나의 우주로 스스로를 인지하고 자아존중감을 높일 수 있도록 계발되어야 한다. 이러한 사회가 실현되면 더 이상 여성리더십이라는 용어에서 '여성'은 더 이상 사용될 필요가 없어질 것이다.

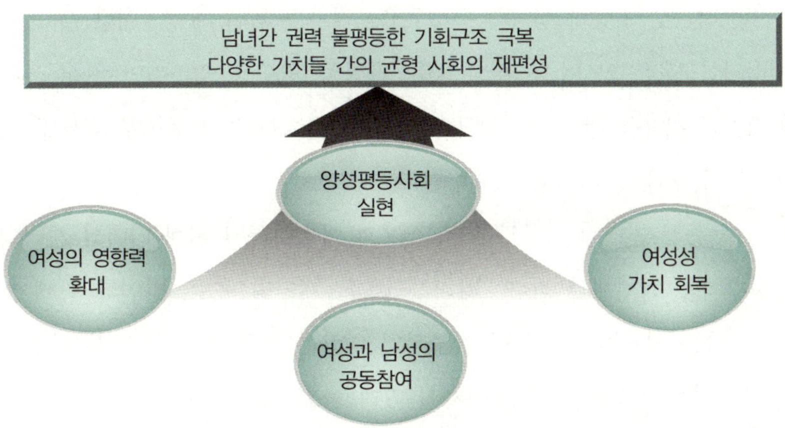

❚그림 9-1❚ 여성주의 리더십의 비전

여성리더십교육 프로그램은 이러한 비전과 일치하여야 한다. 다양한 현장에서 여성리더십교육이 실행되고 있으나 교육의 비전이 함께 논의되는 장은 부족한 실정이다. 필자가 생각하는 여성리더십교육에서 필수적으로 지향해야 할 방향은 다음과 같다.

첫째, 여성리더십교육은 여성과 남성의 차이를 인정하고 다양성을 자원으로 존중하는 양성평등 의식교육을 포함하여야 한다. 인간은 남성이거나 여성이기만 한 것이 아니라 각자 개성을 가진 존재이다. 남성이나 여성 모두에게 남성성과 여성성은 공존하고 있으며 여성과 남성의 차별은 생물학적 성(sex) 외에 문화적 · 사회적 성(gender)에 의함을 인식시킨다. 성인지적 감수성을 개발하여 소수자의 요구를 읽고 해결하기 위한 의지를 갖도록 한다. 성별 역할고정관념을 탈피하고 남성성과 여성성을 고루 사용할 수 있는 능력을 갖추는 게 교육의 목적이기도 하지만, 그뿐 아니라 그동안 열등하다고 여겨지고 사회적으로 가치를 인정받지 못했던 여성성에 대한 자존감을 회복하여 여성성을 활용한 잠재력 개발을 돕는다. 궁극적으로는 자연스러운 여성으로서의 모습을 잃지 않으면서 강인한 결단력과 추진력을 개발하는 것이 교육 목표 중 하나이다.

둘째, 여성리더십교육은 비전을 공유하고 헌신을 끌어내는 리더십을 지향한다. 리더십은 일정한 상황에서 목표 달성을 위하여 개인이나 환경에 영향력을 행사하는 과정이다. 일반적으로 영향력 행사를 통해 얻는 결과는 헌신, 순종, 저항 셋 중 하나이다. 여성리더십교육은 의사소통, 상호 공유, 개방성, 민주성, 임파워먼트(empowerment)을 통해 비전과 전략을 개발하고 의사소통과 협력을 확보하고 동기부여와 영감고취를 통해 헌신을 끌어내는 리더십을 지향한다.

셋째, 남성 중심 리더십 이론과 조직 이론과 차별화하기 위해 리더십 개념에 대한 성별 고정관념을 해체해야 한다. 리더십역량은 개인적 유형, 타인과 함께 일하기, 과정을 개선하는 기술이 필요하며 세부적인 역량은 다음 그림과 같다. 남성 중심적인 조직 문화에서 여성이 여성성을 자신 있게 활용하면서 자신의 리더십 역량을 최대한 발휘하기 위해서는 여성과 남성의 리더십 방식의 차이를 이해하고 상황에 따라 필요한 역량을 선택적으로 사용할 수 있도록 지도할 필요가 있다.

넷째, 여성리더십교육은 한국뿐 아니라 국제적으로 남녀 간 권력의 불균형이 존재함을 이해시키고 이러한 성별 격차를 줄이기 위해 민간영역뿐 아니라 공적 영역에서 활동하도록 격려해야 한다. 이를 위해 영향력의 원천인 합법적 · 관계적 · 전문적 · 정보적 · 인간적 힘(power)을 구축하도록 돕는다. 리더십은 타고나는 것이 아니라 훈련을 통해 습득되는 것임을 인지시키고 리더십 개발을 위한 노력을 지속하도록 격려한다.

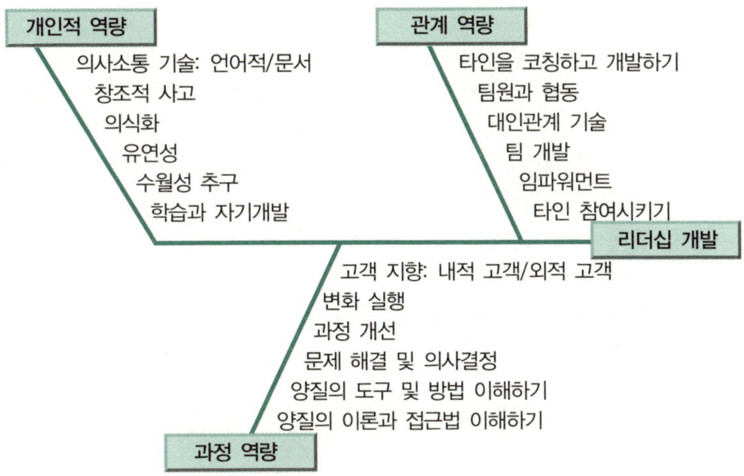

그림 9-2 **리더십역량**

마지막으로 여성리더십교육은 여성주의 리더십을 공유하는 사람들의 사회적 네트워크를 구축하는 것을 목표에 두어야 한다. 성 차별 없이 여성, 남성 모두 함께 가정과 사회를 꾸려나가려는 여성주의 리더십의 비전에 동참하는 사람들의 네트워크가 만들어지면, 현재 각자가 겪는 여성리더십 목표 달성의 어려움을 공유하고 같이 문제를 해결하기 위해 힘을 합할 것이다. 또한 각자의 꿈과 목표를 공유하고 격려하고 자극을 주고받게 될 것이다. 이처럼 서로에게 힘을 주는 공간이 여성리더십교육의 장이 될 것이다.

전혜숙

부산여성가족개발원에서 선임연구위원으로 재직 중이며 남성에 비해 뒤떨어진 여성의 지위를 향상시키기 위해 여성의 경제활동 참여, 일과 가정의 양립, 여성인력개발 전달체계 구축 등에 관한 연구와 사업을 수행하고 있다.

참고자료

1) 카탈리스트는 지난 1996~2000년까지 포천 500대 기업 중 여성임원이 있는 353개 기업을 대상으로 여성임원수가 많은 순으로 4개 그룹으로 나눠 자기자본이익율(ROE)과 주주총수익률(TRS)를 비교함. 조사결과 여성임원수가 많은 88개 기업의 ROE는 17.7%로 여성임원수가 가장 적은 89개 기업들의 13.1%보다 4.6%가 높았음. TRS도 여성임원들이 많은 기업들은 127.3%로 여성임원 수가 적은 기업들의 95.3%보다 32%가 높았다.
2) 2009부터 환경, 사회, 지배 구조(ESG) 및 기업의 성과에 영향을 미치는 데이터를 조사 분석하여 GMI 등급은 여성임원 현황을 매년 조사하여 국가별로 비교하여 발표한다.
3) 리더는 '사람과 조직을 움직여가면서 목표를 향한 여정을 이끌어 가는 사람'으로, 리더십은 '목표달성을 위해 집단에 영향력을 행사할 수 있는 능력'으로 정의하고자 한다.

10

CHAPTER

여성주의 교육의 지역 현장을 보다: '부산여성사회교육원' 이야기

1995년 부산지역의 진보적 여성들이 결집하여 '지역의 새로운 여성사회교육 실천'을 목표로 '부산여성사회교육원'을 창립하였고, 1996년 '사단법인 부산여성사회교육원'으로 재창립하여 이제 이십 년의 역사를 가진 단체로 성장하였다. 문화, 예술, 교육 등 많은 영역에서의 변화와 성장의 역사가 서울 지역을 중심으로 하는 '중앙'이라는 곳에서 이루어지고 있는 현실에서 '서울 것들'이 보기에 하나의 변방에 지나지 않는 '부산'이라는 지역에서 '여성주의 교육'을 표방하면서 단체를 만들고 성장하고 유지하는 것이 쉬운 일이 아니었다.

물론 부산지역에서 부산여성사회교육원이 갖는 위치가 부산여성사회교육원 내부의 구성원들이 생각하는 만큼 큰 의미를 갖거나 중요한 역할을 하고 있는 것이 아닐 수도 있다. 그러나 가부장제와 자본으로부터 독립적인 교육을 꿈꾸었기에 재정적인 자립을 지향하면서 창립 때부터 현재까지 오로지 회원의 회비와 개인의 자발적인 후원으로만 운영하고 있는 부산여성사회교육원의 존재는 나름 의미가 크다고 하겠다.

부산여성사회교육원은 현재 회원들의 세미나 모임인 가족복지위원회, 여성학위원회, 교육위원회, 인문문화위원회를 중심으로 평등, 정의, 공평 등의 가치를 지향하면서 여성주의 관점에서 여성들의 다양한 삶과 관련된 다양한 주제와 그에 맞는 다양한 방식의 교육을 하고 있다. 지속적인 사업으로는 여성학교재 출판, 여성학 강사 워크숍, 회원을 포함한 지역 활동가들을 위한 세미나, 콜로키움, 토론난장, 열린 배움터, 그리고 제4회까지 개최한 부산여성영화제 등이 있다. 부설기관으로 결혼이주여성의 경제적 자립을 지원하기 위한 사회적 기업 'Talk Play Learn'을 운영하면서 인종적 · 민족적 · 성적 소수자로서의 결혼이주여성들의 삶이 보다 자유롭고 주체적일 수 있도록 하는 도전을 하고 있다.

이 글에서 지역에서 여성주의 교육을 통해 여성의 주체적인 삶을 가능하게 하고자 한 자그마한 시도와 노력의 발전 과정을 담고 싶다. 그리고 그 과정에서 나타난 지역여성교육의 특성을 통해 앞으로 여성주의 교육의 전망을 같이 고민하고 싶다.

••• 손 잡고 일어서다: 여성의 일상에 대한 도전

80년대 한국사회는 정치적 격동기였다. 동시에 60년 후반부터 시작된 경제발전은 여성노동력의 산업체 유입을 증가시켜 저소득층 여성, 사무직 여성노동자, 농민여성 등으로 대상별 여성운동을 촉진시켰고(1977년 결성된 카톨릭여성농민회가 가장 최초의 부문별 조직이었으며 교육사업이 가장 주된 사업이었음), 이 시기에 민주화운동에 참여한 고학력중산층 여성들은 노동현장과 민주운동체 내에서 남녀 지위와 불평등한 관계에 대해 성찰하게 되었고, 이런 고민은 현실적으로 탁아문제, 가정폭력 등과 만나면서 구체적 운동체 결성으로 나타났다. 즉 1983년 '여성평우회', 1987년 '한국여성민우회', 1992년 '한국여성노동자협의회', 1993년 '여성사회교육원' 등과 같은 노동, 성, 가족 문제를 포함한 여성문제 해결 및 양성평등 사회 구현을 위한 시민단체가 탄생하기에 이르렀다(이기숙, 1993; 이송희, 1992).

특히 주부아카데미출신들로 구성된 고학력여성운동단체(대표적으로는 '한국여성민우회'의 주부아카데미 출신들로 결성된 '성 · 가족상담소' 등)가 나타나면서 여성들의 관심이 정치, 지방자치, 지역활동, 여성 의식화교육에까지 확대되었고, 1998년(김대중 정부) '대통령직속 여성특별위원회'가 신설되면서 평등사회 실현을 위한 입법활동이 전개되었고 여성운동은 보다 활발해지게 되었다. 즉 남녀고용평등법, 성폭력특별법, 영유아보육법, 윤락행위방지법 등이 제 · 개정되었고, 이 법들을 통해 보다 실질적으로 여성의 권익향상을 위한 사업들이 수행되었다.

1990년 당시 부산지역에도 많은 여성단체들이 있었으나 주체적으로 결성된 단체라기보다는 중앙여성단체의 지부형식으로 활동하였고, 그 사업들도 아동과 청소년 복지사업, 봉사활동, 생활개선 등에 한정되었다. 그러나 1980년대 지역 노동운동단체에서 여성노동자들의 운동성이 돋보였고(안정남, 1992), 여성들의 사회교육에 대한 관심이 고조되면서('부산YWCA'의 여성대학, '주부교실부산지부'의 주부대학 등) 대중여성들 대상의 교육 프로그램이 등장하였으나 그 내용들이 주체적 여성상을 정립하는 데에는 미흡하였다. 1988년 부산여자대학교(현재의 신라대학교)가 한강 이남에서 최초로 '교양 여성학' 강좌를 개설하였고 '여성문제연구소'를 발족시킨 것은 부산지역에 새로운 진보여성운동체가 발기될 수 있는 기틀을 만들었다고 볼 수 있다.

부산에서 1990년 초부터 활동한 '부산여성노동자회'와 '부산여성회'는 여성노동자 권리보장운동에서 시작하여 모성보호, 성폭력추방운동 등을 실천하고 있었으나 보다 폭넓은 여성대중운동을 위해서는 진보지식인 여성들의 활발한 참여가 필요하였다. 당시 부산대학교 출신 여성들을 중심으로 지역현실과 여성에 대한 관심이 커지면서 결성된 '지역여성연구회'는 그런 분위기를 반증한 사례였다.[1] 이 무렵 다양한 직종에 종사하는 전문직 여성들을 중심으로 '여성연구회' '여성발전회' 등이 만들어져 여성의 지위를 향상시키려는 노력이 있었으나 결집력이 약해 구체적으로 가족문화, 여성문화, 성문화에 대한 대안적 사업 등의 제기에 실패하였다.

●•• 부산의 진보여성들이 함께

'부산여성사회교육원'의 시작

어떤 일이든 그 일이 시작되는 초기에는 열정을 가진 몇 분의 적극적 노력 없이는 일이 이루어지지 않는다는 것은 우리가 잘 아는 사실이다. 부산여성사회교육원도 예외 없이 여성사회교육의 새로운 지평을 열고 싶어 하는 몇 분의, '무(無)에서 유(有)'를 창조하는 정신이 없었더라면 발족되지 않았을 것이다.

1994년 봄, 이전에 일면식도 없었던 이재은(당시 36세) 선생님[2]과 필자(당시 45세)가 만나 여성들의 일상부터 여성의 사회적 권익, 우리사회의 성차별적 관행 등에 이어 우리 딸들은 좀 변한 세상에서 살아야하지 않겠는가로 이어지면서 이야기가 발전하였다. 추후 만남을 거듭하면서 우리는 서울에 비해 부산의 여성인권과 성평등에 대한 인식이 대단히 낮은 현실의 문제를 해결하기 위해 '지역 여성리더'들의 모임이 필요하다는 데 동의하였다. 함께 꿈을 이루어보자고 결심하였다. 이 단체를 통해 더 많은 여성들이 행복한 삶을 살 수 있도록 노력하자는 것에 의기투합하였다.

두 사람의 '의지와 능력', 그리고 '사회관계망과 열정'으로 우리는 '부산여성사회교육원'의 밑그림을 그려보기 시작하였다. 가장 중요한 것은 뜻을 함께 하는 지역 여성들을 발굴하는 일이었다. 먼저 준비위원회를 구성하였다.[3] 사무실을 얻고[4], 여섯 번의 준비위원회와 두 번의 강도 높은 세미나를 통해 활동 목표, 조직, 사업 내용을 검토하면서 함께 할 분들을 찾아다녔다. 창립 당시 '이사'는 15명이었다.[5]

창립선언문을 만들고, 1995년 2월 4일 허화자 외 109명의 발기인이 참여하여 '부산여성사회교육원'(이하 '교육원')을 창립하였다. 당시 이 발기인에는 학계 40여 명, 시민단체 20여 명, 언론계 12명이 참여하였는데, 특히 부산지역 주요 신문사의 젊은 여성 언론인들이 거의 다 참여하는 대단히 이례적인 사건이 되었는데 이는 진보여성교육에의 시대적 요구에 공감한 결과라고 본다. 창립대회 당일 생태주의 가수 안혜경이 참석하여 축하공연을 해준 모습은 지금도 잊히지 않는다. 창립선언문에 의하면 교육원은 '미래지향적 가족문화' '여성인력 개발' '새로운 사회교육 모델 제시' 등을 주요 활동 주제로 제시하였다. 이 일들을 이루어내기 위하여 운영위원들을 중심으로 위원회에서 구체적 사업들을 진행하였다.

창립당시 '부산여성사회교육원'의 주요 조직으로는 먼저 회의체로 '이사회-원장과 부원장-운영위원회'를 두었고, 운영위원회 옆에 교육자문위원회, 아래로는 여성학교육연구위원회, 성교육위원회, 여성/가족상담교육위원회, 여성문화교육위원회를 배치하였다. 활동대상은 양성평등지향적 여성교육 및 여성문화에 관심 있는 일반시민, 지역 전문가 여성들과 다양한 연령층의 여성들로 초점을 잡았다.

참고 **창립선언문**

21세기를 눈앞에 둔 지금 우리는 역사의 격동을 목격하고 있습니다. 정치, 경제, 문화 등 사회 각 분야에서 진행되고 있는 급격한 변화는 지난 시대와 질적으로 구별되는 새로운 시대의 개막을 예고합니다. 이 새로운 시대는 개방과 자율, 그리고 참여와 연대가 중심 가치가 되어야 할 것입니다.

이 새로운 시대적 흐름 속에서 '교육'과 '학습'의 중요성은 더욱 커지고 있습니다. 다원화, 전문화, 지식 정보화되는 사회일수록 교육과 학습은 학교 제도 안에서만 이루어질 수 없습니다. 시민들이 급변하는 사회에 적응하고 진정한 자아실현을 이룩하기 위해서는 평생학습사회가 되지 않으면 안 됩니다. 그런 만큼 사회교육의 중요성은 더욱 커지고 있습니다. (중략)

조화롭고 자유로운 새 시대를 준비해 나갈 여성의 주체성과 창의력 함양이 그 어느 때 보다 절실히 요구됩니다. 이 일을 담당할 여성사회교육의 기회 확충을 한시라도 늦출 수 없는 이유가 여기에 있습니다.

부산여성사회교육원은 이러한 사회적 시대적 요구에 부응한 여성 사회교육 전문기관으로서 다음과 같은 일을 하고자 합니다.

첫째, 조화롭고 평등한 동반자로서의 남성과 여성관을 확립하며 미래지향적 새로운 가족에 관한 인식을 확산하기 위한 교육을 담당할 것입니다.

둘째, 미래사회의 변화에 능동적으로 대처하고 새로운 사회를 주도할 수 있도록 여성의 잠재력을 개발하고 전문성을 고양시키고자 합니다.

셋째, 여성 인력자원개발과 지방자치에서의 여성들의 참여가 활성화되도록 노력해서 부산지역사회발전에 초석의 역할을 담당하고자 합니다.

넷째, 여성들의 다양한 욕구와 관심을 수용하여 자율과 참여를 기반으로 한 학습자 중심의 휴먼서비스형의 교육모델을 제시함으로서 사회교육의 새로운 장을 열고자 합니다.

이런 우리의 노력들이 진정한 남녀 협력 시대와 시민 주체의 지방화 시대를 여는 데 밑거름이 되길 바라면서 오늘 작은 주춧돌 하나를 놓습니다.

1995년 2월 4일

창립 이후 교육원은 많은 활동들을 하였다. 1995년 3월 11일, 첫 이사회에서 창립대회 평가가 이루어졌고, 각 위원회의 사업계획이 발표되었다. 동시에 가족, 성, 여성인력을 주요 의제로 하여 '성교육센터', '여성리더십센터' 등의 부설기관이 제안되었고, 초창기 행정실무의 어려움들이 제기되었다. 1995년 5월, 제1회 여성아카데미 '행복한 가정, 존중받는 나의 삶'이 8강으로 구성되어 발표되면서 시민대상의 '부산여성사회교육' 활동이 공개적으로 시작되었다. 동시에 각 위원회에서는 유치원교사를 위한 양성평등 교육, 대학의 여성학 교육 실태(여성학교육위원회), 자아를 찾는 여행, 여성주의 상담(가족상담교육위원회), 여성문화활동(여성문화교육위원회), 교사를 위한 성교육(성교육위원회) 등의 사업으로 표적집단을 통해 여성교육의 새로운 주제들을 선점하였다. 동시에 지역활동가 양성을 위한 '지방자치와 주부의 역할' 등의 특강이 개설되었고 내부적으로는 지속적으로 학습 세미나가 이루어지면서 여성운동체로서의 가치 발견과 의미 부여 등을 게을리하지 않았다.

참고 **여성아카데미 포스터 사진**

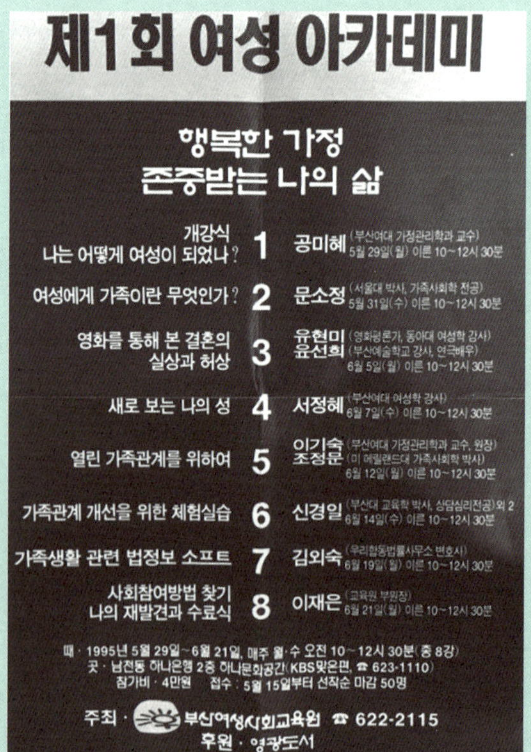

초기 재정은 물론 열악하였다. 1995년 3월의 이사회 자료에 근거해 볼 때 회원들의 회비와 후원금 의존도가 매우 높았다.[6] 초기의 열악한 상황에서 교육원이 다양한 사업을 할 수 있었던 힘은 외부기관의 지속적인 후원이 있었기 때문이었다. 즉 당시 이재은 부원장은 '여성사회교육원(이사장 지은희, 원장 김은희)'의 고문이셨던 이효재 선생님의 도움으로 '독일아데나워재단한국대표부(Konrad-Adenauer- Shifting)'의 NGO 지원기금을 우리 단체가 받도록 노력하였으며 그 결과 3년간 후원금 형식으로 수입원이 확보되어 그나마 사업들을 수행할 수 있었다.

교육원이 창립된 1995년 전후하여 부산지역에는 다양한 진보여성단체들이 설립되었다. 80년 이후 활성화된 노동운동을 통해 여성노동자들의 인권침해가 드러나면서 민주화운동이라는 시대적 소명에 '여성문제'를 포함시켜야 한다는 인식들이 주장되면서 기존의 여성단체들과 다른 새로운 가치를 선명하게 표방하는 여성단체의 필요성이 제기되었고, 이런 배경들이 여성단체 출현의 중요한 이념을 제공해 주었다. 이후 교육원은 부산의 진보여성단체협의기구인 '부산여성단체연합' 출범에 적극 나서기도 하였다(부산여성단체연합, 2006).

'사단법인 부산여성사회교육원'으로 다시 태어나다

교육원은 1년여의 활동에서 다음과 같은 점을 깨달았다. 첫째, 부산지역의 진보여성단체와의 연대를 통한 여성주의 관점의 여성교육은 지속적으로 필요하다. 둘째, 보다 많은 분들의 관심과 지원을 도출하고, 동시에 안정적인 기관 운영을 위해서는 법인 등록이 필요하다. 셋째, 깨어있는 시민이 사회발전에 기여함이 당연하지만, 이들을 함께 모아 의식변화와 사회적 변화를 이끌어 나가는 여성활동가 역량강화를 위한 노력은 필요하며, 여성사회교육원이 그 역할을 해나가야 할 것이다.

1995년 총회에서 이런 논의들이 있은 후, 법인 준비에 들어가 정관 제정, 새로운 이사회 구성 등이 논의되었고 1996년 12월 23일 법인창립 총회를 개최하였다(1997년 2월 25일 법인등록).[7]

법인 설립 시 내세운 주요 사업목적으로는 '첫째, 교육원의 기반 확대를 위해 홍보 사업과 새로운 사업 개발에 노력한다. 둘째, 일반 여성을 위한 대중적인 여성교육 프로그램을 개발한다. 셋째, 분과별 사업 수행에 회원들의 참여를 확대한다' 등이었다. 주요 사업내용은 교육프로그램(열린 대화교실, 워크숍, 다양한 사회교육 등), 위탁교육, 분과 세미나, 외부 파견교육, 출판사업, 대외 연대활동 등이었다.

분과위원회로 여성학교육연구위원회, 성교육위원회, 여성문화교육위원회, 리더십위원회를 두었다. 여성인력의 사회적 평가에 대한 관심이 제기되면서 여성주의 리더십 계발을 위해 리더십위원회가 필요하였고, 1997년 가족복지위원회가, 2001년에는 여성노동위원회가 신설되었다. 분과위원회는 분과활동을 리딩하는 적극적 회원 없이는 활동이 힘들어 다소의 부침이 발생한 적도 있었지만, 2015년 기준 가족, 여성학, 교육, 인문 · 문화 관련 위원회 등 4개의 위원회가 활동하고 있으며 적극적으로 회원 세미나와 다른 분과와의 협력 사업이나 다른 단체와의 연대사업 등을 수행하고 있다.

특히 법인 창립이후, 대중적 인지도를 높이기 위하여 소위 실용 혹은 대중 프로그램이라 말해지는 다도교육, 영상비디오교육, 글쓰기 교육, 찾아가는 여성학 교육, 학부모 성교육 등이 수행되었고, 동시에 여성학 강사, 초중등 교사, 상담사, 지역 여성활동가, 대학교수 등을 상대로 전문 사회교육 프로그램이 수행되었다.

●•• 손모아 애쓰다: 부산여성 사회교육의 진보성 확보

교육원은 창립 초기, 과연 부산에서 여성의식화 교육이 가능할까라는 우려를 가지고 출발하였으나 2년여의 활동 결과, 그런 우려는 불식되었다고 했다(부산여성사회교육원 발간, '여성사회교육', 창간호 참조). 설립 초기 운영위원회 중심으로 꾸준히 지역 여성문제에 대해 새로운 인식을 전달하려고 노력하였다. 즉 여성의 자기개발, 새로운 여성역할, 가족모델과 성 가치관을 주제로 하여 일반 교육과 전문 교육을 양립하였으며, 다양성과 개방성을 모토로 이사, 운영위원, 회원들이 함께 민주적 시민단체를 만들려고 노력하였다.

1994년부터 1998년까지 5년여 간의 준비기를 거쳐 교육원은 1999년부터는 성장기에 들어선다. 이 시기 교육원은 부산지역에서 성평등을 목표로 하는 여성운동을 전개하는 운동단체이면서 여성활동가들의 역량강화와 재교육에 노력을 기울이는 역할로 자리를 잡아갔다.[8)]

1994년 12월 발기인대회부터 2015년 12월까지, 20여 년간 교육원이 수행한 사업들을 정리해 보면 아래와 같다.

첫째, 교육원은 초기부터 여성, 성[9)], 문화[10)], 가족[11)], 상담, 리더십 등을 중심으로 여성사회교육에 주력하였다. 먼저 활동가와 강사 중심으로 월례회, 세미나, 콜로키움, 토론난장, 워크숍 형식으로 분과별, 때로는 통합분과별로 새로운 주제를 발굴하면서 시대정신과 여성변혁운동을 함께해 나갔고, 대중여성들 대상으로는 아카데미, 열린배움터, 특강 형식으로 다양한 주제를 다루었다. 2001년부터는 여성노동, 2012년부터는 여성문화위원회를 인문 · 문화위원회로, 그리고 평생교육의 확대와 함께 여성의 생활공간과 경험이 다양화됨에 따라 이를 지원할 여성사회교육의 기반을 다지기 위해 교육위원회를 설치하는 등 활동범위를 넓혀 나갔다. 교육위원회에는 평생교육 분야에서 활동하거나 관심을 가진 회원이 많이 참가하였다.

둘째, 교육원은 설립초기인 1995년부터 매년 '여성학강사 워크숍'을 개최하면서 명실상부 부산지역의 여성학강사, 대학외래강사, 여성활동가의 역량강화에 노력해왔다. '여성학강사 워크숍'은 2015년 기준 제19차에 이르며, 그 주제들도 여성학교육, 여성강사네트워킹, 여성노동, 여성주의 글쓰기, 토론기법, 여성영화, 감정노동, 다문화주의 등으로 다양하다. 이 워크숍과 함께 교육원은 회원, 여성활동가, 대학외래강사 등을 중심으로 시의성 있는 주제들을 선정하여 연 2~3회 정도 개방교육에 주력하였다. 특히 다른 여성단체와 함께 시의적절한 주제들(예를 들면 페미니즘과 여성의 몸, 여성과 통일, 여성리더십, 페미니즘 정치학, 의료제도와 성차별, 성매매, 생협운동 등)로 젠더 관점을 확산해 나갔다.

셋째, 교육원은 2001년 처음으로 중앙정부(여성부)의 공모사업을 수행하게 되면서 해마다 여성가족부, 부산광역시의 다양한 사업들을 기획하고 집행해 왔다. 2009년에는 문화체육관광부의 양성평등의식확산사업으로 '부산여성영화제'가 선정되어 제1회 부산여성영화제(Busan Women's Film Festival: BWFF)[12]를 시작할 수 있었고, 그 뒤로 한국여성재단, 부산문화재단, 부산광역시교육청 등과 함께 프로젝트를 수행하기도 하였다. 이런 공모사업(흔히 '프로젝트 사업'이라 함)은 재정이 필요한 새로운 일을 만들 기회를 가진다는 점에서 도움이 되기도 하지만 인력이 부족한 사무국 자원으로 교육원 고유활동과 함께 공모사업을 수행하느라 실무자(상근 활동가)들의 수고가 아주 많았고 회원들이 이런 사업에 집중하면서 위원회 활동이 위축되기도 하였다.

넷째, 교육원은 2008년 고용노동부의 '예비사회적 기업(Talk Play Learn 사업단)'에 선정되어 결혼이주여성들의 안정적 취업활동과 정착을 지원하기 시작하였다. 이 사업단은 2010년 7월 고용노동부의 '사회적 기업 Talk Play Learn 사업단' 으로 지정되어 30여 명에 이르는 결혼이주여성들의 '외국어전문강사'로서의 활동을 지원하고 있다.

다섯째, 교육원은 책 발간 및 소식지[13] 발간의 출판사업도 꾸준히 수행해 오고 있다. 1995년 회지 창간호를 낸 후 한 해도 거르지 않고 꾸준히 발간해 와 2015년 12월 기준 45호까지 발간하였다. 이 회지는 교육원 회원들뿐 아니라 외부인사들까지 필진으로 모아, 시의적절한 이슈에 대한 폭넓은 정보와 견해들을 전달하고 있다. 그리고 교육원만의 주요사업으로 '여성학 교재' 출간 사업이 있다. 1996년 첫 교재 '지역여성학강의'를 출판한 이후로 3, 4년 간격으로 꾸준히 새로운 이름으로 교재를 발간해 왔으며 부산경남지역 대학의 여성학 교재로 널리 사용되고 있다.

2000년경부터는 교육원도 NGO단체로 활동가 영입과 열성적인 회원활동이 점점 필요해지는 시기에 서게 되었다. 사회 변혁을 목표로 다양한 활동들을 기획하고 실행하는 멀티플레이어의 노동강도에 비해 임금은 낮아 새로운 활동가 영입이 어려운 여건이었다. 교육원도 예외가 아니었다. 즐기지 않으면 그 일들을 수행하기가 힘든 정도에 이르게 되었다. 그래서 자신이 하는 일의 의미를 찾으면서 새로운 마음으로

서로 즐겁게 사명감을 가지고 고유한 단체 설립 목적에 맞게 업무를 수행하기 위해서는 활동가들에게도 휴식이 필요하고 재미가 있어야 된다는 반성이 뒤따랐다. 교육원은 나름 '함께 영화보기', '산악회 동아리', '하계수련회', '송년회' 등을 통해 인간적 교류를 다지면서 의미 있는 활동을 하고 있다고 자부할 수 있는 그런 단체분위기 마련에 노력하고 있다.

●•• 손을 다시 잡다: 새로운 도전을 찾아

여성주의교육의 실천사례로 1995년 2월 4일 창립한 '사단법인 부산여성사회교육원'의 20년간의 발전과 활동내용을 간략히 정리해 보았다. 교육원은 20여 년간 한해도 빠지지 않고 '여성학 (강사) 워크숍'과 '회지 발간' 그리고 대내외적으로 많은 주제의 세미나와 열린 배움터를 수행해 오면서 명실상부 부산지역의 여성주의 교육공동체로서의 그 역할을 잘 수행해 왔었다. 그래서 필자는 이런 활동의 동력으로 20년간 한결같이 교육원에 힘과 애정을 부어 준 많은 회원들을 꼽고 싶다. 특히 교육원은 정기적인 재정지원 없이, 순전히 회원들의 회비와 후원회원들의 후원으로 사업을 수행해 왔다는 점에서 놀라운 일이 아닐 수 없다.

그러나 여성주의 가치 확산에 노력해 왔음에도 불구하고 20년 전과 비교해 볼 때 우리 사회가 얼마나 평등해졌을까, 여성의 사회적 지위가 얼마나 향상 되었을까는 질문이 여전히 유효한 세상에 우리는 살고 있다. 더욱이 '여성혐오' 같은 사회적 이슈들을 만나면 우리가 전개하는 사업들의 전달방법이나 전달체계에 대해 다시 검토하기도 하고, 단체의 운영 방식이 회원 중심의 민주적 운영에서 벗어나지는 않았는지 등을 점검하기도 했다. 실제적으로 부산지역의 여성활동가 내지 여성대학외래강사들의 네트워킹이 약한 환경에서 그래도 '공부(교육, 세미나)'를 통해 꾸준히 서로 모이면서 젠더로 세상읽기에 함께 노력하고 있는 점은 교육원의 존재를 확실히 해주는 지점이다.

민주화와 노동을 중심에 둔 운동이 지배적이었던 1980년대를 거치면서 한국 사회에는 다양한 소수집단에 대한 관심이 증대되었으며, 여성주의와 여성학은 그 흐름을 이끈 중요한 사회적 운동이자 이론이었다. 부산 지역에서도 여성주의와 여성 인권을 옹호하는 다양한 그룹들이 생겨났으며, 이 중 교육원은 교육에 방점을 두고 여성주의를 확산함과 동시에 여성의 사회활동지지 기반을 만드는 데 주력하여 상담, 인권 및 문화 만들기에 초점을 두었던 대부분의 여성단체와는 차별적인 지점에 있었다. 설립 이후 지금까지 설립 취지를 살려서 활동을 지속하고 있으나 향후 좀더 발전적인 활동을 위해 다음과 같은 몇 가지를 제언하고자 한다.

첫째, 시민사회 개혁과 함께 개인의 성장에 중심을 두기를 바란다.

필자는 향후 시민단체로서의 교육원이 '여성 개인의 성장'에 더 많은 관심을 가져야된다고 본다. 이는 각 개인의 자율성을 강조하는 바, 여성주의에서 '차이의 정치학'을 강조하는 것과 같은 맥락이라고 볼 수 있다. 과거의 여성시민운동이 여성들을 단일집단으로 보고 여성들의 이해관계를 동일한 것으로 간주하여 하나의 깃발 아래 모이기를 기대하였다면, 이제부터는 여성개인의 다양한 지점과 이해관계에서 나타나는 현실적 문제들을 젠더 관점에서 볼 수 있는 운동이 필요하다고 본다. 성과 계급 사이에서 더 긴박한 과제는 무엇일까? 정규직 남성과 비정규직 여성의 경제적 격차가 가장 크기는 하나, 그 사이에 정규직 여성과 비정규직 남성으로 순위 매겨지는 소득 차에서 당장의 경제적 이해관계를 달리하는 것은 성별 문제가 아니라 직업 지위의 문제일 것이다. 우리가 처한 현실이 이럴진대, 동일한 하나의 여성 그룹을 상정하는 것은 타당하지도 않으며 현실성도 없다. 결국 여성사회교육이 관심을 가져야 하는 대상은 다양한 입장과 상황과 처지에 있는 개별 여성들이어야 하며 각 개인의 절실한 요구를 찾아내고 해결하는 데 함께 고민할 일이다.

2014년 교육원에서 진행했던 "여성운동판 언어 다시 짜기 프로젝트"에서 신입활동가들조차 '여성해방', '여성운동', '여성주의' 등의 단어에 대해서 모호하거나 거북함을 느끼는 경우들이 있었다. 특정한 집단(여성)을 전제한 '운동'과 '해방'과 '주의'에서 생명력이 사라져버린 데에는 그 단어에 수렴될 수 있는 사람의 범주가 모호하기 때문일 것이라고 본다. 이런 의미에서 앞으로 여성사회교육은 보다 차이에 주목하여 개별적 존재로서의 개별 여성을 만나야 할 것이다. 이러한 작업은 방법론적으로도 고도의 질적인 수준을 유지할 때만이 가능할 것이다. 나아가 이러한 과정에서 대상으로서의 (집단)여성이 아니라 주체로서의 개별(여성)을 만날 수 있을 것이다.

둘째, 개인들의 성장이 여성들의 사회적 연대까지 확장될 수 있도록 노력해야 한다.

앞서 우리는 개인의 성장에 목표를 두자고 하였지만 개인의 성장은 개인만의 성장으로 그치지 않으며 개인이 발 딛고 있는 사회 속에서 의지를 드러내며 나름의 역할을 수행하게 된다. 이런 점에서 개인은 정치적 존재가 되며, 개인의 정치성은 삶의 전반에 걸쳐 일어나게 되는데, 안타깝게도 개인의 정치성이 발현될 사회는 개인의 힘과 의지와 능력을 능가한다. 어떤 사회의 지향이 개인의 지향과 다를 때, 각 개인은 어떤 선택을 할 것인가? 여성주의 교육은 차이를 인정하며 차이를 가진 개인 및 집단이 차별받지 않도록 공론의 장이 만들어져야 한다고 본다. 결국 차이를 가진 개인들은 사회 혹은 집단 내에서 차이를 인정받을 수 있어야 하는데, 개인의 힘으로 인정을 끌어내지 못한다. 이럴 때 우리는 성장한 개인들 간의 연대가 필요하게 된다. 물론 연대는 개인과 개인 간의 연대뿐 아니라 개인과 집단의 연대도 가능할 것이다. 연대는 차이를 인정하는 데에서 출발하며 차이에 대한 존중에서 성장하게 되고, 차이에 기반한 공감 속에서 행동이 나오게 된다. 따라서 현대사회에서 여성주의 교육의 핵심은 이제 개인의 성장과 그에 기반한 연대로 나아가도록 지지되어야 하며, 이러한 연대가 이루어질 수 있도록 기획되어야 한다. 교육원이 여성일반을 대상으로 성평등과 여성주의, 여성리더십 등을 교육하여 왔고, 다양한 여성이슈를 발굴하고 지역사회에 이론적 기반을 제공하여 온 것은 충분히 의미가 있으나, 한 발 나아가 개인의 연대에 기반한 삶의 변화를 추동하지 못한다면, 이 시대 여성주의 교육의 요구를 충분히 실천하지 못하고 있는 것이라 할 것이다.

셋째, 관심 주제의 다양성과 탈이념화를 지향해야 한다.

지금까지의 제언들과 궤를 같이 하는 것으로, 개인의 성장에 초점을 둔 여성사회교육은 결국 프로그램의 다변화로 이어질 수밖에 없다. 개인의 다양한 관심과 이해는 자신의 성장과 행복한 삶의 성취를 위한 선택으로 이어지게 될 것이며, 나아가 이는 결국 사회의 변화 또는 성장을 촉진하게 될 것이다.

교육원에서 운영하고 있는 사회적 기업 "Talk Play Learn 사업단"은 한국사회에 결혼을 통해 이주한 외국인 여성의 독립적 삶을 지지하기 위한 기획으로, 교육 역량이 있는 고학력자들을 대상으로 외국어 강사 양성과정을 거친 후 개별수업 및 집합수업의 강사로 파견하는 사업이다. 대체로 결혼이주여성을 위한 직업 교육이 그들의 학력 수준을 제대로 인정받기 어렵거나 학력이 필요하지 않은, 그래서 저임금 직종에 제한적이었으나 교육원의 시도는 결혼이주여성의 차이에 기반한 프로그램 설계라는 데 의의가 있다. 더욱이 지역사회는 "Talk Play Learn 사업단"의 원어민 강사로부터 적절한 방식의 외국어 학습 기회를 가질 수 있게 되었으며, 각종 매스컴을 통해 능력이 저평가된 결혼이주여성들에 대한 편견을 극복할 수 있는 환경을 조성하고 있다고 할 수 있다.

한편 탈이념화의 과제란 일종의 '주의'에서 벗어날 필요가 있음을 의미한다. 즉, 과거에는 '여성주의' 자체에 대한 직접 교육을 통해 시민들의 생각을 바꾸려고 하는 방식이 지배적이었다면, 이제는 삶과 실천에 기반해야 함을 말한다. "Talk Play Learn 사업단"의 기획은 실제로 주체적인 여성의 삶을 위한 경제적 자립을 실현하기 위한 실질적 활동을 통해 가부장적 한국사회에서 여성이자 외국인으로 살아가는데 한계를 벗어날 수 있는 기회를 제공하였다는 점에서 탈이념화 시도를 하였다고 볼 수 있을 것이다. 다소 비약적일 수 있으나, 여성인권관련 법률 제 · 개정 및 호주제의 폐지 등을 이끌어내었던 2000년대 초반까지 여성운동의 역동성이 주춤하게 된 것은 지나친 이념지향성에 일부 혐의가 있다고 본다. 즉, 삶이 터하고 있는 지반, 즉 형이하학의 세계를 그대로 둔 채 제도와 구조의 변화를 견인하다 보니 상부이념체계는 바뀌었으나 하부의 생활세계는 여전하거나 혹은 오히려 '여성혐오'와 같은 새로운 전장을 초래한 것이다. 따라서 우리는 생활세계에서 호흡하고 있는 개별적인 개인의 삶을 지지하는 활동을 통해 지속가능한 여성교육을 해나갈 수 있을 것이다.

1995년 설립 이후, 20여 년 동안 부산지역에서 활동한 여성교육단체인 교육원의 활동을 여성교육의 한 사례로 정리하여 보았다. 시대적 요구를 읽어내고 헌신적으로 활동한 초기 활동가들의 노고로 만들어지고 이후 다양한 여성주의자들이 합류하여 끊임없이 변화하고 있는 한 여성단체가 지역사회에서 어떠한 역할을 하며 어떻게 성장, 변화해 왔는가를 통해 여성교육 변화의 실제적 사례를 보이고자 하였다. 이 글을 통해 여성주의의 확산과 여성의 성장을 위해 함께 하고 있는 많은 단체에 경의를 표한다.

이기숙

신라대학교 가족학과 교수로 정년퇴직을 하였으며, 현재는 여성인권지원센터 살림의 이사장을 맡고 있다. 오랜 기간 교육을 중심에 둔 여러 활동을 해왔는데, 특히 여성 교육과 인연이 깊다. 초대 원장을 지내면서 부산여성사회교육원과 역사를 함께하고 있다.

●●● 〈부록〉 부산여성사회교육원 주제별 연속 프로그램 목록

〈여성학 워크숍〉

일자	주제
1995. 6. 23	부산지역대학 여성학 관련 교육현황 및 분석, 여성학 교육 진행 및 내용사례 발표 및 각 대학 여성학 교육상황에 대한 교육 및 토론
1996. 7. 1	지역에서 어떻게 활동할 것인가? 지방자치 시대 지역 활동 모델 개발
1997. 2. 24	남성학의 등장과 남성의 정체성, 최근 여성학 이론의 동향
1998. 2. 26	IMF가 여성의 노동, 가족생활에 미친 영향
1999. 2. 27	성희롱의 법적 규제의 전개과정, 부산지역 대학가를 중심으로 본 성희롱 사례
2000. 1. 20	새천년 21C 여성실현을 위한 여성학교육의 방향-여성학관련 교과목 개발 및 여성학 교수기법
2001. 2. 8	여성학강의 즐겁게 하기
2002. 2. 20	페미니즘의 학문 간 여행-페미니즘의 간학문성
2003. 3. 15	A+여성: 강의안 길라잡이 및 〈여성 · 지역 · 문화〉출판기념회
2004. 7. 23	나눔과 이음을 위한 여성학강사 워크샵 및 네트워킹
2005. 8. 23	여성주의 글쓰기 찜질방 가다
2006. 8. 17	돌봄노동의 사회화, impossible dream?
2007. 6. 6	토하라, 통할 것이다: 토론기법 향상을 위한 워크숍
2008. 7. 23	탈식민주의, 페미니즘, 다문화주의: 긴장과 연대
2009. 10. 6	영화, 여성 그리고 여성영화제
2011. 2. 25	웃는게 웃는 게 아닌 우리는 감정노동 중
2013. 8. 30	페미니즘, 길 위에서 길을 찾다
2014. 11. 17	여성영화제를 통해 본 여성의 문화 만들기와 문화 즐기기
2015. 8. 21	여성주의 연구방법론의 이론과 적용

〈콜로키움〉

일자	주제	발표자
1997. 11. 12	나의 여성학	
1997. 11. 29	여성과 직장, 가정 병존적 고용	정영애
1997. 12. 20	페미니즘과 여성의 몸	김은실
1998. 1. 23	가부장제에 대한 이론적 고찰	김경화
1998. 2. 26	여성주의 문화이론	김현미
1998. 3. 21	21세기 가족변화에 따른 전망	조정문
1998. 4. 21	여성주의 상담의 이론과 실제	김예숙
1998. 5. 30	여성학적 관점에서의 설	변혜정
1998. 6. 19	여성이 바라본 통일에 대한 전망과 과제	이효재
1998. 8. 20	의료체계에서의 남성중심성	고효정
1998. 9. 10	여성복지에 대한 새로운 모델	신혜수
1999. 1. 30	정보사회에 대한 새로운 모델	조정문
1999. 3. 27	지배담론으로서의 인본주의	유현미
1999. 4. 17	여성의 리더쉽이란?	전혜숙
1999. 5. 29	성폭력 피해자, 가해자에 관한 연구	신경일
1999. 6. 26	한국의 구전문학에 나타난 여성의 저항성	김미경
1999. 10. 16	새로운 사회의 리더십	유판수
1999. 11. 27	혼, 육체, 그리고 집-페미니스트 진영	황영주
2000. 7. 12	군사회화된 사회에서의 여성의식과 문화	권인숙
2001. 4. 28	미디어 영토와 여성의 깃발	김명혜
2001. 5. 31	성 정치학의 현황과 전망	이영애
2001. 6. 30	북한의 여성정책과 여성의 일상생활	김석향
2001. 9. 15	모성보호법과 여성고용확대'	이은영
2002. 5. 18	박근혜와 페미니즘 정치학	황영주
2002. 11. 19	페미니즘, 그 미지의 세계 탐험하기	임옥희
2003. 5. 24	전쟁과 여성	김엘리

2003. 11. 22	여성과 환경	김혜림
2004. 5. 28	성매매에 대한 여성주의 논의, 어디까지 왔나? -합법화론과 대응 담론들	이성숙
2004. 10. 22	한국 의료제도내의 성별구조와 여성의사의 지위	김상현
2005. 5. 10	글로벌거버넌스로서의 국제기구와 한국의 군위안부 정책변화	최현실
2005. 8. 17	탈식민주의 페미니즘 세계화와 여성노동	이나영 문경희
2006. 6. 15	여성정책 누가 어떻게 결정하는가	주경미
2006. 9. 10	생태주의와 여성	지율스님, 신종권
2007. 4. 18	다시보는 청소년정책 클릭!!:청소년 정책의 성인지적 접근을 위한 분석	김희경
2007. 9. 19	결혼이주여성의 사회통합지원체계	김현숙
2008. 5. 3	다문화사회의 교육문화 과제 탐색: 여성결혼이민자의 체험에 관한 질적연구	권미경
2009. 5. 19	다큐멘터리에서의 극영화적연출:〈워낭소리〉와 〈북극의 나누크〉를 중심으로	계운경
2010. 1. 20	저소득 여성가장의 생활전략유형에 관한 연구-부산지역을 중심으로	이연화
2010. 8. 20	김영희 의원에게 듣는 여성의원으로서의 의정활동	김영희
2011. 4. 27	페미니스트 나혜석을 말하다	류진아
2012. 2. 13	생협운동을 통한 여성들의 살림가치에 관한 의미고찰	백은미
2013. 2. 26	'자발적 성매매' 헌재가 말하기 전에 우리가 말한다	토론난장은 특정 발표자 없이 사회자의 진행에 따라 참가자가 자유롭게 발언
2013. 6. 17	성소수자 권리, 담론의 지형을 파헤치다	
2014. 3. 28	싱글여성의 삶, 골드미스와 고립무원 사이	
2014. 6. 12	대놓고 '낙태'를 말하자	
2014. 7. 7	솔직히 까놓고 말하자! 포르노	
2014. 12. 2	자궁과 난자, 누구의 것인가	
2015. 4. 30	연금개혁, 패자는 누구인가	
2015. 11. 20	기혼여성의 임금노동, 이상(理想, 以上, 異常)하자?!	

※2013년부터 '콜로키움'은 '토론난장'으로 대체되었음.

〈월례회〉

일자	주제	발표자
2001. 5. 29	왜 호주제 폐지를 말하는가?	박은경
2001. 6. 28	노인 부양 부담 분석에 따른 여성복지대책	성향숙
2001. 8. 1	여성과 영성	김예자
2002. 3. 30	MBTI를 통한 교육원 내 의사소통	김희경
2002. 4. 20	아줌마는 야하면 안 되나요?	구명숙
2002. 6. 29	치매노인 돌보기를 통한 한국가족의 간호경험	이봉숙
2002. 9. 14	다도 그리고 명상	김말기

〈정기세미나〉

일자	주제	발표자
2003. 9. 6	〈국가론〉에 나타난 플라톤의 여성상 여성의 에로티시즘	이안나 구명숙
2003. 12. 5	가치관 확립 프로그램	김현지
2004. 4. 24	공동체 리더십 여성과 과학의 마주보기	서용희 배혜정
2004. 9. 18	가정폭력 피해여성을 위한 위기개입서비스 연계망 모형	이인숙

〈열린배움터〉

일자	주제	발표자
2005. 4. 6	프로이드의 생애와 업적	최여원
2005. 4. 20	정신분석의 여러 이론	최여원
2005. 5. 4	성격 발달과정	최여원
2005. 5. 18	꿈, 실수, 그리고 여러 증상들	최여원
2005. 6. 8	주체로서의 여성	정수옥
2005. 6. 15	대상화된 여성	정수옥
2005. 6. 22	여성의 몸	정수옥
2005. 6. 29	여성성으로 읽혀지는 작품들	정수옥
2005. 9. 16	영화를 보는 다양한 방식들	심영섭

2005. 9. 21	여성주의자로서 영화보기	김은진
2005. 9. 23	한국영화 속 여성이미지	김보영
2005. 9. 28	서울여성영화제와 여성 그리고 부산	남인영
2005. 10. 4	여성들이 만든 영화와 여성 관객성	주유신
2005. 10. 8	BWEC 영화보기	문화위원회
2005. 10. 28	여성의 성, 남성의 성	구명숙
2005. 11. 4	오감과 성감	구명숙
2005. 11. 11	진짜오르가즘, 가짜오르가즘	구명숙
2005. 11. 18	Happy Sex	구명숙
2005. 12. 13	가부장제	김정화
2005. 12. 15	돌봄노동	안미수
2005. 12. 20	섹슈얼리티	성윤애
2005. 12. 22	공적영역, 사적영역	오미영
2006. 6. 7	살맛나는 상담	이경희
2006. 6. 14	나를 내려놓고	이경희
2006. 6. 21	이런 질문으로	이경희
2006. 6. 28	원하는 것 찾기	이경희
2006. 11. 28	여성과 몸	지추련
2006. 11. 30	건강한 성 생활	구명숙
2006. 12. 5	여성의학상식	장희경
2006. 12. 6	변화를 위하여	이미란
2007. 7. 21	가족과 가부장제	이기숙
2007. 7. 28	성의 개념과 변화	공미혜
2007. 8. 4	한국 여성사	이송희
2007. 8. 11	여성과 노동	김현숙
2007. 7. 13/20	MMPI-2 검사와 해석	주영희
2007. 11. 16	애니어그램워크숍	유채은
2012. 7. 31	가족을 이해하고 사랑하고 다가가기 위한 영화교실	박해숙

〈연속특강〉

일자	주제	발표자
2013. 3. 29	페미니스트, 사회학자 그리고 현장	조은(전 동국대 교수)
2013. 5. 29	여행, 나를 바꾸고 세상을 변화시키는 힘	김남희(칼럼니스트, 도보여행전문가)
2013. 7. 26	비정규직 그리고 여성, 아직 희망을 버릴 때가 아닌가?	하종강(성공회대학교 노동대학장)
2013. 9. 27	미쓰마마의 달콤쌉싸름한 수다	최형숙(비혼모 당사자 활동가, 입양인 원가족 민들레회 사무국장)
2013. 11. 12	귀찮음과 두려움을 넘어서는 SNS를 허하라	정민규(오마이뉴스 기자)
2014. 5.3	여성의 삶과 환경, 그리고 운동	이계삼(밀양 송전탑대책위 사무국장)
2014. 11. 24	진실을 묻다	최승호(전 〈PD수첩〉 PD, 현 〈한국탐사저널리즘센터 뉴스타파〉 앵커)
2015. 5. 29	노동, 삶, 사람이야기 〈니가 필요해〉 감독을 만나다	김수목(영화 〈니가 필요해〉 감독)

〈출판사업〉

교재명	지은이	발행처	발행일
지역여성학강의	부산여성사회교육원 지역여성학강의집필팀	자유인공동체	1996. 2. 28
새지역여성학강의	부산여성사회교육원	춘해대학출판부	1999. 8. 30
여성·지역·문화	부산여성사회교육원	도서출판 신정	2003. 2. 25
함께하는 여성·지역·문화	부산여성사회교육원	도서출판 신정	2007. 2. 20
여성학:여성·지역·문화	부산여성사회교육원	도서출판 신정	2011. 3. 10
여성학 행복한 시작	부산여성사회교육원	도서출판 신정	2014. 2. 28

〈부산여성영화제〉

일자	주제	장소
2009.11. 5.~7	제1회 부산여성영화제 "아는 척마라"	롯데시네마 부산대
2010.11.19.~21	제2회 부산여성영화제 "일하는 여자들"	롯데시네마 서면
2012.11.1.~3	제3회 부산여성영화제 "악(惡)녀? 악(樂)녀! 우리 안의 그녀!!"	롯데시네마 사상
2014.11.6.~8	제4회 부산여성영화제 "여&남: 차이와 사이"	롯데시네마 사상

1) 연구회는 20대 중반 회원들로 구성되어, 그들의 진학, 이주 등으로 1994년 해체되었으나, 공부들을 다 마치고 다시 돌아와 지금 부산지역에서 활발한 여성관련 활동을 하고 있는 여성들이 많다.
2) 당시 이재은씨는 '한국여성노동자회 임원'으로 활동하다가 남편의 취업으로 부산으로 이사, 정착하였고, '부산여성노동자회'를 거쳐, 당시 대단지 아파트 지역이었던 남천동을 중심으로 구성된 '늘푸른 사회를 위한 남구지역 시민모임'의 부위원장이라고 자신을 소개하였다. 그때 필자는 '신라대학교(구 부산여자대학교)'에 근무하면서, 1988년 '여성문제연구소'를 설립하여 초대소장을 맡으면서 교내 다양한 전공 분야의 여교수님들과 함께 팀티칭으로 '교양 여성학' 수업 개설, 그리고 교외에서는 92년 설립된 '여성정책연구소'의 설립 초기 전문가 영입과 교육프로그램 개발, 부산YWCA의 교육부위원장, 여성의전화 부산지부 자문위원 등으로 시민단체 활동을 하고 있었다.
3) 전양숙, 서정혜, 유현미, 윤선희, 허화자, 신혜숙, 임정희, 신경일, 공미혜, 문소정 선생님들이 합류하였다. 그리고 초대 이사장으로 당시 계명대 여성학과에서 석사과정 중이던 허화자 원장(54세, 해운대 지역에서 유치원 경영), 사무국장으로는 당시 동아대 대학원 교육학과에서 수학하던 이양이 씨가 합류하여 '이기숙 원장-이재은 부원장 체제'로 출범하였다.
4) 부산시 남구 남천1동 11-13번지 소재
5) 김진옥, 김예자, 김해자, 손현숙, 이기숙(원장), 이계원, 이의자, 이순열, 이재은(부위원장), 전복희, 장윤미, 정해광, 최영순, 한미경, 허화자 등
6) 총 수입은 2,100,000원으로 회비(이사회비, 분과위원 회비)가 980,000원으로 47%, 후원금이 1,108,790원으로 50%의 비중을 차지했고 교육수입은 전무하였다.
7) 법인의 초대이사장에는 김예자(춘해전문대 교수, 당시 50세) 교수가 선출되었으며, 원장과 부원장은 교육원 초기단계의 안정적 발전을 위해 그대로 이기숙, 이재은이 맡게 되었다. 이사로는 김말기(전통다원 대표), 공미혜(신라대 교수), 이송희(신라대 교수), 이순열(신라대 교수), 이의자(경성대 교수), 박선옥(음악인), 손현숙(신라대 교수), 허영숙(동래대학 교수), 감사에는 최영순(인제대 교수), 윤정혜(동래대 교수) 회원이 선임되었다.
8) 1999년 2대 문소정 원장(사무국장 정경숙, 안미수), 2001년 2대 최영순 이사장, 3대 이송희 원장(사무국장 안미수, 주경미), 2003년 4대 공미혜 원장(사무국장 박해숙), 2006년 5대 이기숙 원장(사무국장 박지은), 2007년 3대 이기숙 이사장, 6대 박은경 원장(사무국장 박지은), 2008년 7대 김희경 원장(사무국장 남원경), 2010년 8대 김정화 원장(사무국장 남원경), 2012년 4대 이송희 이사장, 2013년 9대 박해숙 원장(사무국장 남원경), 2016년 10대 조은주 원장(사무국장 남원경)으로 이어지고 있다.
9) 성교육위원회(초기 위원장 서정혜)는 초기 활동부터 활발하였다. 발족 즉시 미국 AVNA사가 제작한 '청소년대상 성교육 슬라이드와 지침서'를 통번역하는 작업에 들어가, 공동스타디를 꾸준히 하면서 1997년 '성 바로알기(부산여성사회교육원 성교육위원회 엮음, 의암출

판. 교육원의 첫 출판사업임)'를 출간하였다. 이 책은 그 동안의 성교육 교재들이 생물학적 성에 중점을 둔 것에 반해 성 가치관의 확립과 평등한 성문화의 확산 등에 중점을 두면서 우리 사회의 성기중심 성문화를 바꾸는데 기여하고자 하였다.

10) 교육원은 초기부터 문화활동에 관심이 많았다. 초기에 윤선희 고순희, 유현미, 김말기 위원이 중심이 되어 춤, 연극, 영화, 다도를 매개로 하여 여성 주제를 풀어내려고 노력하였다. 이런 초기 활동가들의 노력이 15년 후 '부산여성영화제'를 기획하게 된 숨은 상속분이었는지 모르겠다. 이 영화제를 기획한 제7대 김희경 원장은 사실 그때는 활동하고 있지 않았음에도 불구하고 영화제 공모라는 큰 사업을 수행하였다는 점은 참 놀라운 업적이라고 필자는 생각한다.

11) 가족사업은 일관되게 가부장성에 대한 지속적 비판과 대안적 가족문화 만들기에 주력하였다. 초기에 신경일, 문소정, 박경희, 성향숙 위원이 활발히 활동하였고, 2005년 여성가족부 공동사업 지원에 의해 수행한 '이혼후 한가족 정서지원을 위한 프로그램 개발' 사업은 IMF 이후 증가한 이혼가정의 여성 정서치유 사업으로 아주 훌륭한 사업이었고 그 성과도 좋았다. 이 일을 주도한 박해숙(제9대 원장), 이복숙(현재 수영구건강가정지원센터 총괄팀장), 주국희(현재 부산시건강가정지원센터 총괄팀장)는 여전히 지역에서 가족과 여성 관련 사업에 헌신하고 있다.

12) 부산여성영화제는 '부산국제영화제(1995년 시작)'에 참여한 많은 여성활동가들이 그 좋은 영화제가 그래도 여성문제나 젠더관점에서 살펴볼 새로운 주제들의 발굴에 인색하다고 지적들을 하여, 여성들의 관점에서 새로운 관점의 영화를 발굴하자는 동기에서 시작되었다. 실제 문화관광부의 지원은 첫 해에 한정되었고, 그 뒤 2회는 지역문화단체와 공동으로 수행하였고, 3, 4회는 교육원의 자력으로 수행하였다. 3회부터는 격년으로 수행하고 있으며 2016년 제5회를 맞이하고 있다.

13) 소식지는 제26호부터 제호가 '여성사회교육'에서 'WITH(Women in True Herstory)'로 변경되어 현재에 이르고 있다.

참고문헌

[1장]

김중락 (2005). 케임브리지 대학과 여성교육, 1870-1948. **영국연구**, 14, pp. 43-74.

배혜정 (2012). 17세기 후반 잉글랜드 '여성논쟁'과 최초의 페미니스트들. 부산대박사학위 논문.

송태수 (2005). 영국1기 여성운동기 여성쟁점의 변천 연구. **아시아여성연구**, 44(1), pp. 190-225.

이성숙 (2005). 영국 여성들의 대학 교육과 직업-거튼 칼리지 졸업생들을 중심으로. **영국연구**, 14, pp. 75-100.

이영석 (2007). 딸들의 반란?-빅토리아 후기 새로운 여성성에 관한 비판적 담론. **영국연구**, 17, pp. 141-170.

Astell, M. (1694). *A Serious Proposal to the Ladies for the Advancement of their True and Greatest Interest.* London.

Astell, M. (1706, frist 1700). *Reflections upon Marriage, Occasion'd by the Duke and Duchess of Mazarine's Case; which is also consider'd.* London.

Axtell, J. L. (ed). (1968). *The Educational Writings of John Locke: A Critical Edition with Introduction and Notes.* Cambridge: Cambridge University Press.

Ballard, G. (1752). *Memoirs of Several Ladies of Great Britain.* Oxford.

Bennett, D. (1990). *Emily Davies and the liberation of women: 1830-1921.* London: André Deutsch.

Bowden, C. (2009). "Women in Educational Spaces," in *The Cambridge Companion to Early Modern Women's Writing*, ed. Laura Lunger Knoppers. Cambridge: Cambridge University Press, pp. 85-96.

Brink, J. R. (1991). "Bathsua Reginald Makin: 'Most Learned Matron'", *The Huntington Library Quarterly, 54*(4), pp. 313-326.

Bulckaert, B. (2010). "Self-Tuition and the Intellectual Achievement of Early Modern Women: Anna Maria van Schurman (1607-1678)." *Routledge Research in Gender and History*, 9, pp. 9-26.

Charlton, K. (1999). *Women, Religion and Education in Early Modern England.* London:

Routledge.

Charlton, K. (2002). Women and Education. In A. Pacheco (Ed.), *A Companion to Early Modern Women's Writing* (pp. 3–21). Oxford: Blackwell.

Crawford, P. (1985). Women's Published Writings 1600–1700. In N. Prior (Ed.), *Women in English Society* (pp. 211–281). London: Methuen.

David, C. (2006). *Literature and the Social Order: Reading and Writing in Tudor and Stuart England.* Cambridge: Cambridge University Press.

Davies, E. (1865). *The Application of Funds to the Education of Girls.* London: Longman.

Davies, E. (1910). *Thoughts on Some Questions Relating to Women.* Cambridge: Cambridge University Press.

Davies, E. (1988). *The Higher Education of Women (1866).* London: Hambledon.

de Pizan, C. (2014). 숙녀들의 도시. 이봉지 역. 서울: 지식을 만드는 지식.

Defoe, D. (1697). *An Essay upon Projects.* London.

Hill, B. (ed.) (1986). *The First English Feminist: Reflections on Marriage and Other Writings by Mary Astell.* New York: St. Martin's Press.

Jewell, H. M. (1998). *Education in Early Modern England*, London: Macmillan.

John Griffiths to Emily Davies (L 19 July 1862). in AmsS Family Chronicle(p. 266).

Loftis, J. (ed.) (1979). *The Memoirs of Anne, Lady Halkett and Anne, Lady Fanshawe.* Oxford: Clarendon Press.

Makin, B. (1673). *An Essay to Revive the Antient Education of Gentlewomen in Religion, Manners, Arts & Tongues.* London.

Mcdermid, J. (1995). Women and Education. In J. Purvis (Ed.), *Women's History: Britain 1850–1945* (pp. 107–130*).* London: UCL Press.

Montagu, M. W. (1967). In R. Halsband (Ed.), *The Complete Letters of Lady Mary Wortley Montagu, Vol. 3: 1752–1762* (p. 97*).* New York: Oxford University Press.

O'Day, R. (1982). *Education and Society, 1500–1800.* London: Longman.

Ong, W. (1967). *The Presence of the Word: Some Prolegomena for Cultural and Religious History.* New Haven: Yale University Press.

Perry, R. (1986). *The Celebrated Mary Astell: An Early English Feminist.* Chicago: University of Chicago Press.

Purvis, J. (1991). *A History of Women's Education in England.* Milton Keynes: Open University Press.

Raftery, D. (1997). *Women and Learning in English Writing, 1600–1900.* Portland: Four Courts Press.

Scott, S. (1762). *A Description of Millenium Hall and Country Adjacent.* (ed). G. Kelly. Peterborough: Broadview Press.

Scott, S. (1762). Millenium Hall.

Stephen, B. (1927). *Emily Davies and Girton College.* London: Constable.

Sutherland, C. M. (1991). "Outside the Rhetorical Tradition: Mary Astell's Advice to Women in Seventeenth-Century England," *Rhetorica, 9*(2), pp. 147–163.

Sutherland, G. (1998). Nasty forward minxes: Cambridge and the higher education of women. In S. J. Ormrod (Ed.), *Cambridge Contributions* (pp. 88–102). Cambridge: Cambridge University Press.

The Athenian Mercury (1961). no. 18.

Tuke, M. J. (1939). *A History of Bedford College for Women, 1860–1937.* London: Oxford university press.

Woolf, V. (2006). 자기만의 방. 이미애 역. 파주: 민음사.

Woolley, H. (1673). *The Gentlewoman's Companion or, a Guide to the Female Sex.* London.

[2장]

고홍홍 (2002). 중국의 전족이야기. 서울: 신아사.

곽위동 (2000). 기독교와 중국 근대 여자교육. 이화사학연구, 41.

구성희 (2013). 중국여성을 말하다. 파주: 이담북스.

김문희 (2006). 하향응의 사회인식 형성과 그 활동. 중국사학회, 43.

김미란 (2009). 현대중국여성의 삶을 찾아서. 서울: 소명출판.

리쯔윈, 천후이펀, 청핑 (2011). 렌즈에 비친 중국 여성 100년사. 서울: 어문학사.

이양자, 이은자, 김문희, 지현숙 (2006). 중국 근대화를 이끈 걸출한 여성들. 파주: 지식산업사.

이중톈 (2000). 중국의 남자와 여자. 서울: 법인문화사.

이화여대 중국여성사연구실 (2005). 중국 여성, 신화에서 혁명까지. 파주: 서해문집.

중화전국부녀연합회 (1992). 중국여성운동사(상). 박지훈 외 공역. 1992. 서울: 한국여성개발원.

천성림 (2005). 산업화가 유교체제하 중국여성의 지위에 미친 영향. 서울: 집문당.

천성림 (2013). 민국시기 중국 여자사범교육과 여교사의 사회경제적 지위. 중국근대사학연구, 59, 195.
毛澤東 (1968). 毛澤東 選集 1. 人民出版社.
中華全國婦女聯合會婦女運動歷史硏究室 편 (1990). '開放大學與婦女解放'. 少年中國, 제1권 4기, 五四時期婦女問題文選. 中國婦女出版社.
中華全國婦女聯合會婦女運動歷史硏究室 편 (1990). '北京大學男女共校記'. 少年中國, 제1권 7기. 五四時期婦女問題文選. 中國婦女出版社.
中華全國婦女聯合會婦女運動歷史硏究室 편 (1990). 五四時期婦女問題文選. 中國婦女出版社.
中華全國婦女聯合會婦女運動歷史硏究室 편 (1991). 論女學, 時務報. 中國婦女運動歷史資料 1940-1918. 中國婦女出版社.
檔案史料硏究室 (편) (1990). 南方局黨史資料. 重慶出版社.
熊月之 (1997). 上海通史, 9. 上海出版社.
杜學元 (2000). 中國女子教育通史. 贵州教育出版社.
Croll, E. (1985). 중국여성해방운동. 파주: 사계절.
Wolf, M. (1991). 현대중국의 여성. 서울: 한울.

[3장]

국사편찬위원회(편) (1965). 독립운동사 제1권.
국회도서관 (1971). 한말근대법령자료집 VI.
근대한국명논설집 (1966년 1월). 신동아 부록.
김재인 (2004).한국 여성교육의 변천과정 연구. 한국 여성개발원.
김정희 (1984). 한말 일제하 여성운동 연구. 효성여자대학교 대학원 석사학위논문.
노인화 (1982). 한말 개화자강파의 여성교육관. 한국학보, 27, 일지사.
동경여자유학생친목회 (1919년 9월). 여자계 3호.
박용옥 (1984). 한국근대여성운동사연구. 한국정신문화연구원, 18-21.
손인수 (1975). 한국근대 교육사, 연세대학교 출판부.
오숙희 (1988). 한국 여성운동에 관한 연구. 이화여대석사논문.
오천석 (1975). 한국신교육사 (상). 서울: 광명출판사.
유길준 (1895). 서유견문.
유봉호 (1999). 신여성교육론의 전개. 대한제국사연구. 백산자료원.
이만규 (1949). 조선교육사 (하). 서울: 을유문화사.
이만규 (1949). 조선교육사(하). 신교육편.
이송희 (1994). 1920년대 여성해방교육론에 관한 일고찰. 부산여대사학, 12.

이송희 (1994). 1920년대 여성해방론에 관한 연구. 부산사학, 25-26.
이송희 (1995). 대한제국말기 애국계몽단체의 여성교육론. 이대사원, 28. 이대 사학과.
이송희 (2005). 한말 일제하의 여성교육론과 여성교육정책. 여성연구논집, 16, 194-195. 신라대 여성문제연구소.
이옥진 (1979). 여성잡지를 통해 본 여권사상-1906년부터 1929년까지를 중심으로-. 이화여대석사논문.
이화여자대학교 (1971). 이화 80년사. 서울: 이화여대출판부.
정경숙 (1989). 대한제국 말기 여성운동의 성격연구. 이화여대 박사학위논문.
정미경 (2000). 일제시기 '배운 여성'의 근대교육 경험과 정체성에 관한 연구. 이화 여대 여성학과 석사학위 논문.
정세화 (1972). 일제치하의 여성교육. 한국여성사, 개화기-1945. 서울: 이대출판부.
정해은 (1999). 봉건체제의 동요와 여성의 성장. 우리 여성의 역사. 청년사, 229-237.
조선총독부 (1922). 시정연보.
조선총독부 (1935). 시정 25년사.
조선총독부 (편) (1940). 조선법령집람.
조선총독부 내무부 학무국 (1914). 조선교육요람.
조선총독부 학무국 (1926). 조선교육요람.
조선총독부 학무국 (1938). 조선에 있어서 교육 개혁의 전모.
조선통감부 (1911). 시정연보.
채성주 (2000). 1920년대 여성교육 연구. 고려대 교육학과 석사학위 논문.
최숙경 (1983). 한말 여성해방이론의 전개와 그 한계점. 한국문화연구원논총. 이화여자대학교.
高橋濱吉 (1927). 朝鮮教育史考, 제국지방행정학회.
大野謙一 (1936). 朝鮮教育問題管見, 조선교육회.

〈신문잡지〉
가정잡지
개벽4호
기호흥학회 월보
대동보
대한매일신보
대한일보

대한흥학보
독립신문
동아일보
만세보
부산일보
신여성
여자지남
제국신문
조선일보
중외일보
태극학보
한성순보
호남학보

[4장]

곽삼근 (2008). 여성주의 교육학. 서울: 이화여자대학교출판부.

심성보 (2014). 민주시민을 위한 도덕교육. 서울: 살림터.

유현옥 (2004). 페미니즘 교육사상. 서울: 학지사.

이재경 (2007). 여성학. 서울: 미래인.

정민승 (2013). 성인학습의 이해. 서울: 에피스테메.

Acker, S. (1994). *Gendered Education: Sociological reflections on Women, Teaching and Feminism.* Buckingham: Open University Press.

Adam A. (2005). *Gender, Ethics and Information Technology.* New York: Palgrave Macmillan.

Arnot, M., & Weiner, G. (eds.) (1987). *Gender and the Politics of Schooling.* London: Hutchinson.

Blackmore, J. (1999). *Troubling Women: Feminims, Leadership and Educational change.* Buckinmggham/Philadelphia: Open University Press.

Chodorow, N. (2008). 모성의 재생산. 김민예숙, 강문순 공역. 서울: 한국심리치료연구소.

Coffey, A., & Delamont, S. (2000). *Feminism and the Classroom Teacher.* London & New York: Routledge-Falmer.

Daly, M. (1978). *Gyn/ecology: The Metaethics of Radical Feminism.* Boston: Beacon.

Enslin, P. (2006). Democracy, Social Justice and Education: Feminist Strategies in a Globalising World, *Educational Philosophy and Theory, 38*(1), 57-67.

Foucault, M. (1989). 감시와 처벌. 박홍규 역. 강원: 강원대학교 출판부.

Gilligan, C. (1994). 심리이론과 여성의 발달. 허란주 역. 서울: 철학과 현실사.

Gore, J. M. (1993). *The Struggle for Pedagogies: Critical and Feminist Discourses as Regimes of Truth.* New York/London: Routledge.

Greene, M., & Griffiths, M. (2009). 현대교육철학의 다양한 흐름 II. 강선보 역. 서울: 학지사.

Harris, I. M., & Morrison, M. L. (2011). *Peace Education.* London: McFarland & Company.

Hicks, D. (1993). 평화교육의 이론과 실천. 고병헌 역. 서울: 서원.

Jaggar, A. M. (1991). Feminist ethics, C. Card, ed. *Feminist Ethics.* Lawrence: University of Kansas Press.

Jaggar, A. M. (1992). Feminist ethics. L. Becker & C. Becker, eds. *Encyclopedia of Ethics.* New York: Garland Press.

Jaggar, A. M., & Rothenberg, P. S. (1993). *Feminist Frameworks: Alternative Theoretical Accounts fo the Relations between Women and Men.* McGrawhill.

Jaggar, A. M., & Young, I. M. (2005). 여성주의 철학. 한국여성철학회 역. 서울: 서광사.

Kohli, W. R., & Burbules, N. C. (2013). *Feminisms and Educational Research.* Lanham: Rowan & Littlefield Education.

Laird, K. R. (2004). Gender and the Construction of Teaching, K. R. Kesson & E. A. Ross. *Defending Public Education.* Westport: Prager.

Luke, C., & Gore, J. (eds.) (1992). *Feminisms and Critical Pedagogy.* New York: Routledge.

Martin, J. R. (2002). 교육적 인간상과 여성. 유현옥 역. 서울: 학지사.

Mayo, C., & Stengel, B. (2013). 교육철학 1: 이론과 역사. 이지헌 역. 서울: 학지사.

McLeod, J. (2012). *Feminism.* In J. Arthur, & A. Peterson (Eds.), *The Routledge Companion to Education.* New York & London: Routledge.

Moore, N. (2007). Imagining Feminist Futures: The Third Wave, Postfeminism and Eco/feminism, *Third Wave Feminism: A Critical Exploration.* New York: Palgrave Macmillan.

Nicholson, L. (1980). Women and Schooling. *Educational Theory, 30*(3), 225-233.

Noddings, N. (2002). 배려교육론. 추병완 역. 서울: 다른우리.
Noddings, N. (2009). 배려: 윤리와 도덕교육에 대한 여성적 접근법. 한평수 역. 서울: 천지.
Noddings, N. (2010). 넬 나딩스의 교육철학. 박찬영 역. 서울: 아카데미프레스.
Noddings, N. (2016). 21세기 교육과 민주주의: 개인적 삶, 직업적 삶, 시민적 삶을 위한 교육. 심성보 역. 서울: 살림터.
Ruddick, S. (2002). 모성적 사유. 이혜정 역. 서울: 철학과 현실사.
Seewha, C. (2014). 비판적 페다고지는 세상을 변화시킬 수 있는가? 심성보 역. 서울: 살림터.
Slote, M. (2007). *The Ethics of Care and Empathy*. New York: Routledge.
Sterba, J. (2000). *Three Challenges to Ethics: Environmentalism, Feminism, and Multiculturalism*. Oxford: Oxford University Press.
Thayer-Bacon, B. J. (1993). *Relational (e)pistemologies*. New York: Pete Lang.
Thayer-Bacon, B. J. (1998). *Philosophy Applied to Education: Nurturing a Democratic Community in the Classroom*. New Jersey & Ohio: Merill.
Thayer-Bacon, B. J. (2011). Feminist Theory and Moral Education. In J. L. DeVitis, & T. Yu (Eds.), *Character and Moral Education*. New York: Peter Lang.
Thayer-Bacon, B. J. (2013). 도덕철학과 도덕심리학. 박병기 외 공역. 서울: 인간사랑.
Thayer-Bacon, B. J. Stone, L. & Sprecher, K. M. (eds.) (2013). *Education Feminism: Classic and Contemporary Readings*. Albany: Suny.
Tong, R. (2000). 페미니즘 사상: 종합적 사상. 이소영 역. 서울: 한신문화사.
Tronto, J. (1993). *Moral Boundary: A Political Argument for an Ethics of Care*. New York: Routledge.
Tronto, J. (2014). 돌봄 민주주의: 시장, 평등, 정의. 김희강, 나상원 공역. 서울: 아포리아.
Walkerdine, V. (1992). Progressive Pedagogy and Political Struggle. In C. Luke, & J. Gore (Eds.), *Feminisms and Critical Pedagogy*. New York: Routledge.
Weiler, K. (1996). Freire and a Feminist Pedagogy of Difference. R. Edwards, A. Hanson, & P. Raggatti (eds.). *Boundaries of Adult Learning*, London: Routledge.
Wendel, S. (2008). 여성주의 윤리학 입문. 송안정 역. 서울: 이화여대출판부.

[5장]

교육부 (1997). 중학교 도덕 3. 서울: 대한교과서주식회사.
교육부 (2008). 중학교 도덕과 교육과정 해설 (II). 서울: 교육부.
교육부 (2013). 중학교 도덕 1. 서울: 미래앤교과서.

교육부 (2015). 초등학교 도덕 5 교사용 지도서. 서울: 천재교육.

남경희 (2013). 사회과 수업론으로서 중간항의 고찰. 한국사회과수업학회, 2013년도 연차 학술대회.

이기범 (2009). 한국교육문화와 아동 · 청소년의 행복. 한국청소년연구, 20, 365-392.

이미식 (2003). 배려윤리의 활용방안에 관한 연구. 열린교육연구, 11(2), 109-129.

이미식 (2012). 예비교사들의 배려의미 인식과 경험에 관한 질적 연구. 초등도덕교육, 38, 155-176.

이미식 (2014). 공공질서의식 함양을 위한 도덕과 수업 방법에 관한 연구. 초등도덕교육, 46, 107-128.

이미식, 최용성 (2002). 도덕교육에 대한 새로운 접근. 부산: 부산대학교 출판부.

이왕주 (2002). 영화 속의 삶읽기. 부산: 으뜸 출판사.

정보통신정책연구원 (2012). 디지털 세대와 기성세대의 사고 및 행동양식 비교 연구.

조철기 (2012). 비판교육학의 공간적 관심과 지리교육의 재개념화. 대한지리학회지, 47(5), 775~790.

Butler, J. (2013). 윤리적 폭력비판. 양효실 역. 서울: 인간사랑.

Gilligan, C. (1994). 또 다른 목소리로: 심리학과 여성발달. 허란주 역. 서울: 철학과 현실사.

hooks, bell. (1984). *Feminist Theory: From Margin to Center*. Boston: South End Press.

hooks, bell. (2004). 사랑의 모든 것. 윤길순 역. 서울: 동녘.

hooks, bell. (2008). 경계넘기를 가르치기. 윤은진 역. 서울: 모티브북.

hooks, bell. (2009). 행복한 페미니즘. 박정애 역. 서울: 큰나.

Martin, J. R. (1990). The contradiction of the educated woman. In J. Antler, & S. K. Biklen (Eds.), *Changing education*. Albany. NY: Suny Press.

Tavris, C. (1999). 여성과 남성이 다르지도 똑같지도 않는 이유. 히스테리아 역. 서울: 또 하나의 문화.

[6장]

강정희, 이숙진 (1996). 기초여성학: 현실과 전망. 한국 여성학회 제3차 워크샵 자료집 발표문, 21-33.

김승경, 이나영 (2006). 학제간 학문으로서의 여성학: 여성학(과)의 정체성 및 제도화의 문제를 중심으로. 한국여성학, 22(1), 35-77.

김영선 (2010). 한국 여성학 제도화의 궤적과 과제. 현상과인식, 34(3), 323-399.

김원 (2008). 1987년 이후 진보적 지식생산의 변화: 진보적 지식공동체를 중심으로. 경제와 사회, 77, 33-57.
김은실 (1998). 한국 대학에서의 여성학 교육 개관. 여성학논집, 14(1), 293-300.
김태현 (2000). 21C 여성학의 과제와 전망: 여성학 협동과정을 중심으로. 성신여대 한국여성연구소(편). 여성연구논총 창간호, 203-209.
김혜경 외 (2009). 지역에서의 여성학 교육의 현재와 특성: 전북지역 및 전북대학을 중심으로. 한국여성학, 25(3), 151-193.
박홍태 (1996). 교양과정으로서의 여성학 교육의 현황과 과제. 동덕여성연구, 창간호, 27-69.
변혜정 외 (2011). 여성학 전공자의 재생산과 그 가능성: 여성학 제도화의 경계에서. 한국여성학회 2011년 추계학술대회 발표문.
서남수 (2010). 한국대학 교양교육의 구조적 난점과 과제. 교양교육연구, 4(2), 1-18.
손승영 (1999). 여성학의 사회과학적 특성과 재구성. 동덕여성연구, 4, 93-113.
윤택림 (1995). 회고와 전망: 역대 회장 초청 간담회. 한국여성학, 11.
이기홍 (2008). 사회과학에서 생산성 그리고 구상과 실행의 분리. 경제와 사회, 77, 10-32.
이나영, 정민우 (2010). 한국사회학(과)에서 '여성학'하기란?: 페미니스트 학문 후속세대의 경험을 중심으로. 한국사회학, 44(5), 176-223.
이영자 (1992). 페미니스트 패러다임의 사회학을 위한 시론. 한국사회학, 25 겨울호, 199-215.
이재경 (1999). 한국 여성학 교과과정의 현황과 과제. 여성학논집, 16, 31-48.
이재경 (2000). 사회학에서의 페미니즘의 수용과 영향. 여성학논집, 17, 93-114.
이재경 (2003). 한국 사회학에서 '여성'연구의 성장과 도전: 1964-2002. 사회과학연구논총, 11, 23-40.
이정옥 (1996). 여성사회학의 현황과 전망. 동덕여성연구, 창간호, 71-89.
이효재 (1994). 한국여성학과 여성운동. 한국여성학, 10, 7-17.
이효재 (1996). 한국의 여성운동: 어제와 오늘. 서울: 정학사.
장수명 (2009). 5·31 대학정책분석: 규제완화를 중심으로. 동향과전망, 77, 9-49.
장수명 (2011). 등록금 투쟁과 대학제도 혁신. 경제와 사회, 91, 69-102.
정일환 (2003). 여성교육론. 서울: 교육과학사.
조순경 (1992). 여성학의 발전과 한국 사회학의 변화. 여성학논집, 9, 85-112.
조순경 (1999). 한국여성학 지식의 사회적 형성. 한국여성학회 춘계학술대회 발표문.
조옥라 (1999). 여성학 입문서의 현황과 평가: 연구회와 대학부설 연구소 발간 교재를 중심으로. 한국여성학회(편). 한국여성학, 15(1), 215-223.

조주현 (1996a). 여성학 교육방법 및 교육과정. 한국여성학회 제3차 워크숍 자료집, 3-18.

조주현 (1996b). 여성 정체성의 정치학: 80-90년대 한국의 여성운동을 중심으로. 한국여성학, 12(1), 139-179.

조주현 (2000). 한국 여성학의 지식생산 구조와 향방: 한국여성학을 중심으로. 한국여성학, 16(2), 145-174.

조형 (1981). 여성지위에의 사회계층론적 접근. 한국사회학, 15, 9~19.

조형 (1990). 전국 대학 여성학강좌 실시현황에 관한 조사연구. 논총, 57, 199-232.

한경희 (2006). 이공계 대학특성화의 기회와 제약: 획일화된 다양성. 한국사회학, 40(1), 157-182.

한완상, 이기홍 (1987). 한국 사회학의 반성: 새로운 패러다임의 성격. 현상과 인식, 38, 171-216.

한준 (2002). 대학간 경쟁구조. 사회발전연구, 8, 1-18.

Allen, J. A., & Kitch, S. L. (1998). "Disciplined by Disciplines?: The Need for an Interdisciplinary Research Mission in Women's Studies," *Feminist Studies, 24*(2). pp. 275-300.

Brown, W. (1997). "The Impossibility of Women's Studies," *Differences, 9*(3). pp. 79-101.

Chang, P. (2008). "Feminist Consciousness and Women's Education: The Case of Women's Studies, Ewha Womans University," *AJWS, 14*(2). pp. 7-29.

Finger, A., & Rosner, V. (2001). "Forum: Doing Feminism in Interdisciplinary Contexts," *Feminist Studies, 27*(2). pp. 499-503.

Griffin, G. 2005). The Institutionalization of Women's Studies in Europe. In G. Griffin (Ed.), *Doing Women's Studies: Employment Opportunities, Personal Impacts, and Social Consequences* (pp. 89-110). New York: Zed Books.

Kathleen, B. (2002). Contending with Disciplinarity. In R. Wiegman (Ed.), *Women's Studies on Its Own.* Dunham, NC: Duke University Press.

Kim, E. S. (2010). "The Politics of Institutionalizing Feminist Knowledge: Discussing 'Asian' Women's Studies in South Korea," *AJWS 16*(3). pp. 7-34.

Klein, J. T. (1990). *Interdisciplinarity: History, Theory, & Practice,* Detroit. MI: Wayne State University Press.

May, V. M. (2002). "Disciplinary Desires and Undisciplined Daughters: Negotiating the Politics of a Women's Studies Doctoral Education," *NWSA, 14*(1). pp. 134-159.

Messer-Davidow, E. (2002). *Disciplining Feminism: From Social Activism to Academic Discourse,* Durham, NC: Duke University Press.

Romero, M. (2000). "Disciplining the Feminist Bodies of Knowledge: Are We Creating or Reproducing Academic Structure?," *NWSA, 12*(2). pp. 148-162.

Slaughter, S., & Leslie, L. L. (1997). *Academic Capitalism: Politics, Policies,and the Entrepreneurial University,* Baltimore: MD, The Johns Hopkins University Press.

Thorne, B. (2000). A Telling for Women's Studies. In J. A. Howard, & C. Allen (Eds.), *Feminisms at a Millennium.* Chicago: University of Chicago Press.

Wiegman, R. (2001). "Women's Studies: Interdisciplinary Imperatives, Again," *Feminist Studies, 27*(2). pp. 514-518.

Yuval-Davis, N. (1997). *Gender and Nation.* London: Sage.

[7장]

권영자 외 (1984). 평생교육을 위한 여성사회교육 실태조사연구. 한국여성개발원.

권인탁 외 (2013). 페미니즘 관점에서의 여성성인교육프로그램 분석. **평생학습사회**, 9(1).

김경아 (1988). 여성사회교육기관의 교육내용에 관한 연구. 이화여자대학교 석사논문.

김경희 (2008). 한국여성민우회 20년이 만들어온 여성운동. 한국여성민우회 20년운동사 연구위원회(편), **여성운동 새로 쓰기**. 서울: 한울.

김선희 외 (1996). 대구지역 여성단체활동분석, **한국행정논집**, 8(1).

김선희 외 (2010). 경기도 성평등교육 전문강사 양성실태 및 표준교육안 개발. 경기도가족연구원.

김수정 (2015). 풀뿌리 여성운동으로서의 여성주의 사회교육 프로그램 연구. 성공회대학교 석사논문.

김영숙 (1991). 평생교육 진흥을 위한 여성단체교육활동에 관한 연구. 명지대학교 석사논문.

김은경 (2008). 여성정책 거버넌스 유형에 관한 분석. **아시아여성연구**, 47(1).

김인순 외 (1995). 여성사회교육 프로그램 개발 및 지원에 관한 연구. 한국여성개발원.

나윤경 (2007). 여성주의 시각으로 분석한 여성인력개발센터 교육프로그램. **평생교육학연구**, 13(1).

박성정 (2004). 대학평생교육원 여성교육의 성과와 한계. **평생교육학연구**, 10(3).

박인혜 (2011). **여성운동 프레임과 주체의 변화: 여성인권담론을 중심으로**. 서울: 한울.

배유경 (2015). 여성주의 관점에서 본 한국양성평등교육에 관한 연구. 서울대학교 박사논문.

신상숙 (2008). 제도화과정과 갈등적 협력의 동학: 한국의 반성폭력운동과 국가정책, **한국**

여성학, 24(1).
양민석 (2004). 한국의 평생교육제도와 여성노동교육에 대한 탐색적 연구. 여성학논집, 21(2).
이미정 외 (2011). 여성폭력 피해자 관련 시설 종사자 자격강화 방안. 한국여성정책연구원.
이소정 (2006). 한국의 여성평생교육 동향에 관한 연구. 단국대학교 석사논문.
이재우 외 (1991). 한국여성단체의 사회교육프로그램 효과분석에 관한 연구. 중앙대학교 국제여성연구소 연구논총, 2(2).
이정자 (2014). 1970년대 크리스찬 아카데미의 여성인간화 교육. 젠더연구, 19.
정미자 (2013). 페미니즘에 기초한 여성성인교육 발전에 관한 연구. 전북대 박사학위 논문.
최유진 (2014). 여성친화도시 조성과 젠더 거버넌스에의 함의.
한국성폭력상담소 소식지. 나눔터.
한국여성단체연합 (1987-1995). 민주여성 합본호.
한정자 (1984). 여성단체 교육프로그램 분석 및 여성의식화 교육에 관한 연구. 이화여자대학교 석사논문.
홍선영 외 (2012). 성평등교육 프로그램 개선방안. 부산: 부산여성가족개발원.
Butler, J. (2015). 젠더 허물기. 조현준 역. 서울: 문학과 지성사.
hooks, bell. (2002). 행복한 페미니즘. 박정애 역. 서울: 백년글사랑.

〈신문자료〉

경향신문 (1980. 3. 4., 1983. 8. 24., 1993. 4. 29., 1996. 11. 5.)
동아일보 (1984. 3. 13., 1984. 8. 20., 1992. 6. 30.)
매일경제 (1982. 3. 16., 1985. 2. 23., 1985. 8. 24.)
여성신문 (2010. 1. 22.)
연합뉴스 (2009. 9. 3.)
한겨레 (1994. 3. 24., 1995. 8. 27.)

〈인터넷 자료〉

여성문화이론연구소 홈페이지
한국성폭력상담소 홈페이지
한국양성평등교육진흥원 홈페이지
한국여성민우회 홈페이지
한국여성의전화 홈페이지

한국여성인권진흥원 홈페이지

[8장]

교육부 (2015). 학교 성교육 표준안.
부산광역시교육청 (2014). 교과 교육과정과 연계한 성(학교)폭력 예방 교육.
부산광역시교육청 (2015). 소중한 나를 가꾸는 교실 속 성(性)교육 이야기.
부산성폭력상담소 (1995~2014). 늘함께 소식지.
부산성폭력상담소 (2004). 성교육백서.
부산성폭력상담소 (2004~2014). 정기총회자료집.
성폭력예방교육중앙지원기관 (2013). 성폭력예방교육지역지원기관 운영지침.
양원정 (2002). 학교 성교육에 대한 여성주의적 접근: 십대의 성교육 경험과 십대 성문화 분석을 바탕으로. 동덕여자대학교 대학원 석사학위청구논문.
여성가족부 (2013). 청소년성문화센터 운영지침.
여성가족부 (2016). 여성·아동권익증진사업운영지침.
유진숙 (2015). 대한민국 청소년 성교육 정책 바로세우기 대토론회 자료집, 25.
이재희 (2013). 여성단체 성교육 현장에서 퀴어 공간 – 부산성폭력상담소 성교육을 중심으로. 여성학연구, 23(3).
전국성폭력상담소협의회 (2013). 제13차정기총회자료집.
전국성폭력상담소협의회 (2016). 제16차 정기총회자료집.
한국청소년성문화센터협의회 (2011). 아동·청소년 성보호를 위한 창의적 체험활동 프로그램.
한국청소년성문화센터협의회 (2015). 대한민국 청소년 성교육 정책 바로세우기 대토론회.
한국청소년성문화센터협의회 (2016). 정기총회 자료집.
황은자 (1993). 성교육 지침서 분석을 통해 본 성 이중성. 한국여성학, 9, 147-194.

[9장]

강희영, 우지효 (2012). 부산지역 분야별 여성관리직 실태조사.
김양희 (2006). 여성, 리더 그리고 여성 리더십. 서울: 삼성경제연구소.
문미경 외 (2011). 공공부문, 고위관리직 여성참여 확대를 위한 해외사례와 시사점. 한국행정학회 동계학술발표논문집.
박선영, 박복순, 권혜자, 김원정 (2009). 여성인권보장 및 차별해소를 위한 관련법제 정비연구 (III): 남녀고용평등법 시행 20년의 성과와 과제. 서울: 한국여성정책연구원.

여성가족부 (2015. 5. 15.). 관계부처 합동 부문별 여성대표성 제고 계획.

윤혜린, 김영옥, 양민석, 조형, 정지영 (2007). **여성주의 리더십**. 서울: 이화여자대학교출판부.

임희정, 문미경, 김효선 (2007). **기업 내 여성 경영 참여 현황 및 향후 과제**. 서울: 한국여성정책연구원

전혜숙 (2001). 여성리더십 개념 재조명 – 부산지역의 여성리더십개발 현황을 중심으로 –, **여성사회교육**, 6, 148–176.

전혜숙, 강희영 (2009). 부산여성리더1040프로젝트 성과분석. 부산: 부산여성가족개발원.

전혜숙, 김현지, 우지효 (2012). 부산지역 기업의 가족친화경영 활성화 방안 연구. 부산여성가족개발원.

조병남 (2007). 젠더주류화와 21세기 여성 리더십 개발전략에 관한 연구. **숙명리더십연구**, 5(1), 203~235.

한국여성정책연구원 (2014. 3. 20). 국제여성동향.

Catalyst (2004). The Bottom Line: Correcting Corporate Performance and Gender Diversity.

GMI (2012). GMI Ratings' 2012 Women on Boards Survey.

Loden, M. (1985). *Femine Leadership, or how to succeed in business without being one of the boys*. New York: Random House.

Mckinsey & Company (2012). Women Matter: An Asian Perspective.

MSCI (2014). governance Issue Report Survery of women on Boards.

OECD (2012). OECD Gender Initiative data browser.

OECD (2015). Employment at a Glance.

OECD (2015). How was Life? Global Well-being since 1820.

UNDP (2008). Human Development Report.

World Economic Forum (2015). The Global Gender Gap Report 2015.

Yukl, G. (1998). *Leadership in organizations (4th ed.)*. New Jrsey: Prentice-Hall, Inc.

[10장]

부산여성가족개발원 (2011). 역사 속의 **부산여성 (현대판)**. 부산: 부산여성가족개발원.

부산여성단체연합 (2000). **부산여성단체연합백서**. 부산: 부산여성단체연합.

부산여성사회교육원 (1995~2015). 소식지. 사단법인 부산여성사회교육원.

부산여성사회교육원 (1995~2015). 이사회 및 운영위원회 회의자료. 사단법인 부산여성사회교육원.

안정남 (1992). 부산지역 여성노동운동에서 나타난 여성문제에 관한 연구. 계명대학교 대학원 석사학위논문.
이기숙 (1993). 부산지역 여성운동의 현황과 과제. 도시과학 12. 도시발전연구소.
이송희 (1992). 80년대 한국여성운동. 여성연구, 3. 신라대학교 여성문제연구소.
하승창 (2015). 나의 시민운동 이야기. 서울: 휴머니스트.
한국여성민우회 (1989). 사무직 여성의 현실과 운동. 서울: 한국여성민우회.
한국여성연구회 (편) (1991). 여성과 사회, 2. 파주: 창비.

여성주의교육, 시공을 묻다

2016년 8월 20일 1판 1쇄 인쇄
2016년 8월 25일 1판 1쇄 발행
2017년 10월 5일 1판 2쇄 발행

역 은 이 (사)부산여성사회교육원
펴 낸 이 최용구
펴 낸 곳 도서출판 신정

주 소 (04316) 서울시 용산구 원효로 89길 19 (원효로1가)
전 화 3211-4782(영업부), 3211-4783(편집부), 3211-4784(팩스)
이 메 일 shinjeong72@naver.com
홈페이지 wwww.sjbook.co.kr
등 록 2001년 5월 11일 제13-702호

기획마케팅 최용구 장만동 송대용 최충구
책임편집 석기은 황가연
본문편집 예나루
표지디자인 SDY

ISBN 978-89-5912-402-2 93370

정가 15,000원

…와의 협의에 따라 인지는 생략합니다. 파본은 구입처에서 교환해 드립니다.
… 무단 전재 또는 복제 행위 시 저작권법에 따라 처벌을 받게 됩니다.